W0029585
© Nadine Feil

BASTEI
LÜBBE
TASCHENBUCH

Weitere Titel von Britta Sabbag:

Pinguinwetter
Pandablues
Das Leben ist (k)ein Ponyhof

Stolperherz
Herzriss

Titel in der Regel auch als Hörbuch und E-Book erhältlich

Über die Autorinnen:

Mit *Pinguinwetter* landete Britta Sabbag 2012 auf Anhieb einen *Spiegel*-Bestseller, weitere Romane, Jugend- und Kinderbücher sowie Drehbücher folgten.
Maite Kelly, 1979 als zweitjüngstes Kind der berühmten Kelly Family geboren, ist Sängerin, Schauspielerin und Tänzerin. Ihre Leidenschaft ist das Schreiben von Texten aller Art für sich und andere Künstler.
Britta und Maite lernten sich bei einem Filmprojekt kennen, und sofort war klar: Die Chemie stimmt. Gemeinsam entwickelten sie die Idee bis hin zum Buch.

Britta Sabbag & Maite Kelly

HERZFISCHEN

Roman

BASTEI LÜBBE TASCHENBUCH
Band 17261

Dieser Titel ist auch als E-Book erschienen

Originalausgabe

Dieses Werk wurde vermittelt
durch die Michael Meller Literary Agency GmbH, München.

Textredaktion: Ulla Mothes, Berlin
Daumenkino-Illustrationen: Peter Frommann, Köln
Titelillustration: © shutterstock/ankudi; © shutterstock/Eric Isselee;
© shutterstock/Aleks Melnik
Umschlaggestaltung: Christin Wilhelm, www.grafic4u.de
Satz: Urban SatzKonzept, Düsseldorf
Gesetzt aus der Garamond
Druck und Verarbeitung: GGP Media GmbH, Pößneck
Printed in Germany
ISBN 978-3-404-17261-0

5 4 3 2 1

Vielleicht muss man das loslassen, was man war,
um das zu werden, was man ist.

Prolog

Einen passenden Partner über das Internet zu finden, ist eine erfolgsversprechende Alternative zu traditionellen Kennenlern-Methoden. Seriöse Online-Partnervermittler wie Edelpartner *legen großen Wert auf Ihre Sicherheit. Sie kontrollieren alle Anmeldungen auf Seriosität und Plausibilität, geben Ratschläge zum richtigen Verhalten bei der Online-Partnersuche und stehen Ihnen bei Fragen und Beschwerden unterstützend zur Seite. Leider gibt es unter den Usern auch immer wieder schwarze Schafe, welche die Leichtsinnigkeit anderer ausnutzen und versuchen, ihnen mithilfe verschiedener Methoden das Geld aus der Tasche zu ziehen.*

Ich scrollte mit der Maus das Textfeld hinunter, an dem mich rechts und links Bilder von scheinbar glücklichen, frisch verliebten Pärchen ansahen, deren beseelte Blicke mich zu verhöhnen schienen. *Schau her*, schienen sie mir zu sagen, *wir haben den perfekten Seelenpartner gefunden. Und du bist immer noch allein und wirst es immer bleiben!*

Am Ende des Textfeldes angekommen, blinkte ein grauer, auf den ersten Blick unscheinbarer Button auf.

Abmelden stand da.

Ich klickte mit der Maus darauf.

Wollen Sie sich wirklich abmelden? erschien.

Ich klickte ein zweites Mal.

Ihre Daten werden unwiderruflich gelöscht tauchte nun auf.

Hoffentlich, dachte ich. Hoffentlich wird alles unwiderruflich gelöscht, und nicht nur da, am liebsten würde ich alles, was ich getan hatte, löschen. Nicht nur im World Wide Web, sondern auch in meinem Kopf, in meinem Herzen. Einfach überall.

Ich hatte den größten Fehler meines Lebens begangen. Ich hatte die Liebe meines Lebens verloren. *Sie sind unwiderruflich abgemeldet* blinkte jetzt vor mir auf. *Ihr Konto kann nicht mehr wiederhergestellt werden.* Ich hatte zugelassen, dass meine Vergangenheit über meine Zukunft bestimmte.

Seufzend klappte ich den Laptop zu.

Ich hatte einfach alles verloren.

1. Kapitel: Josefine

»Guten Tag, hier spricht Josefine Bach. Können Sie mich mit Frau Drop verbinden bitte?«

»Wer?«

»Josefine Bach.«

»Der Name ist mir leider nicht bekannt ...«

Ich seufzte tief. »Hier spricht ... Jojo.«

»Ahhhhhhhhh!«

Es war dieselbe Reaktion wie immer, auf das erstaunte Ahhhhhhhhh! folgte meist ein gluckerndes Uhhhhhhhh!, und ich hielt das Telefon prophylaktisch einige Zentimeter von meinem Ohr weg.

»Uhhhhhhhh! DIE Jojo! Wer hätte gedacht, dass ich dich mal an die Strippe bekomme! Du warst praktisch die Heldin meiner Jugend! Ich meine, wessen nicht? Chichichiii!«

Das Kichern der mir unbekannten Assistentin am anderen Ende der Leitung hallte in meinem Kopf nach. Auch das war so eine Sache, die immer passierte, wenn ich meinen Serien-Namen sagte: Alle, sogar völlig Fremde, duzten mich augenblicklich, so als ob wir uns schon Jahre kennen würden.

»Weißt du, Jojo, dass sie damals die Serie eingestellt haben, war ein großer Fehler. Die hätten sie einfach ewig weiterlaufen lassen sollen, so wie die Lindenstraße, verstehst du? Ich meine, das ganze Land liebt dich!«

Ich nickte stumm in den Hörer. Die Dame am anderen Ende der Leitung hatte ein winzig kleines Detail vergessen.

Das *e* an liebt. Das ganze Land liebt*e* Jojo, und das, obwohl es jetzt bereits zehn Jahre her war, dass die letzte Jojo-Folge gedreht wurde. Zehn Jahre war ich inzwischen nicht mehr die Jojo aus der gleichnamigen Serie, und trotzdem gab es in der Regel für mein Gegenüber nie einen Hauch von Zweifel, dass ich immer die kleine Jojo bleiben würde.

»Sorry, ich will dich nicht vollquatschen, aber du musst wissen, ich bin ein echtes Fangirl!«

»Kein Problem«, antwortete ich.

»Ich verbinde dich jetzt, Jojo. Aber natürlich nicht, ohne dir alles Gute zu wünschen! Wag doch mal ein Comeback! Deine Fans würden reihenweise ausrasten!«

»Ja, danke.«

Ich hörte, wie die Warteschleifenmusik übernahm, es war *Walking on a Dream* von Empire of the Sun. Es vergingen einige Sekunden, bis die Leitung wieder knacksend umgestellt wurde.

»Jooooo-joooooooo!«

Die Redakteurin fackelte augenscheinlich nicht lange. Sie war bekannt dafür, dass alles, was auf dem privaten TV-Kanal lief, zuerst ihre Zustimmung finden musste. Und auch, dass sie ohne Unterbrechung redete, was sich gleich bestätigen sollte.

»Ja, hallo Frau Drop, hier ist Josefine Bach.« Dann fügte ich noch ein wenig verlegen hinzu: »Aber das wissen Sie ja schon.«

»Frau Drop, Frau Drop! Für dich natürlich Nicole! Ach was, Nic!«

»Ja, okay, gern, Nic.«

»Wie schön, dich zu hören! So lange ist das her, bestimmt fünf, sechs, Jahre, oder? Oder mehr? Unfassbar, wie die Zeit vergeht, nicht wahr? Ich sag ja immer, wir leben in den heutigen Zeiten in Lichtgeschwindigkeit! Oder war es Schall-?«

»Zehn Jahre, ja.«

Ich konnte es selbst kaum glauben, als ich es aussprach.

»Kommt einem vor wie zwanzig! Hahaha! Wie ist es dir ergangen? Ich habe wirklich schon ewig nichts mehr von dir gehört! Du bist ja regelrecht in der Versenkung verschwunden. Aber ich meine, wer soll dir das verübeln, nach all diesem Trubel! Nur deine Agentin hab ich vor ein paar Jahren noch mal gesehen, ich glaube, die Gute vertritt jetzt einen Elvis-Doppelgänger.«

»Uhmm.«

»Oder war es ein G. G.-Anderson-Double?«

»Ich ... ich weiß es gar nicht so genau ... Wir arbeiten nicht mehr zusammen.«

»Ach, Papperlapapp! Spielt ja auch keine Rolle. Weißt du, ich sag immer, man muss die Welle reiten, solange sie feucht ist. Ha! Das war wohl ein Freudscher! Haha! Ich meine, groß ist, groß! Also, *da* ist, verstehst du?«

»Ja, ich verstehe.«

»Also, meine liebste Jojo, was kann ich denn für dich tun?«

»Ich hab da ein paar Demos und ein neues Showreel, das wollte ich euch gerne zeigen, und auch eine Idee für eine neue Serie und ein, zwei Sachen für TV-Movies, die ich spielen könnte. Ein bisschen was Ernsteres, also ...«

»Oh.«

»Ja, ich habe wirklich viele Ideen, vielleicht könnten wir uns mal treffen, dann könnte ich euch ein paar Sachen zeigen ...«

»Du, da fällt mir gerade ein, wir haben ganz aktuell ein Casting laufen. *Die zehn größten ehemaligen TV-Sternchen*. Das wär doch was, soll ich dich anmelden lassen?«

Ich schluckte. »Nein, danke, so etwas meinte ich nicht, eher etwas ... Neues.«

»Was Neues, aha ... das klingt ganz fantastisch. Nur sind wir gerade in der Programmplanung durch, du kennst das ja, die nächsten Monate sind komplett belegt.«

»Ich warte gerne, es ist nicht so eilig, wirklich!«

»Eigentlich die nächsten Jahre.«

»Ihr könnt es euch ja mal ansehen, und dann ...«

Ich musste mich beim Sprechen selbst von mir überzeugen, das merkte ich jetzt. Einige Sekunden herrschte Stille in der Leitung, was für jemanden wie Nicole Drop sicher eine echte Herausforderung darstellte, wenn sie nicht gerade in Ohnmacht gefallen war.

»Liebes, du weißt, dass dich niemand in einer anderen Rolle als die der Jojo sehen will, ja?«

Es war ein stumpfer Stich in den Bauch, wie mit einem Buttermesser. Keine tödliche Verletzung, aber von einer Wucht, die nur Gesagtes haben kann, das man mit aller Macht in die tiefsten Tiefen seines Gedächtnisses verbannen möchte.

»Aber das ist zehn Jahre her, und wenn ich ganz neu starte, als Josefine Bach ...«

»Kein Mensch kennt Josefine Bach.«

»Deswegen ja, ich ...«

Ich wusste selbst, dass sie recht hatte. All das hatte ich schon hundertmal gehört, und öfter. Ich war die Sissi der Jahrtausendwende, das Jojo-Mädchen der Nation, und ich würde mehr als nur ein Leben brauchen, um dagegen anzukommen.

»Bitte«, sagte ich mit fester Stimme, »ich will es wirklich versuchen.«

»Ein Neustart mit fünfunddreißig? Ha! Das ist ja richtig Meryl-Streep-mäßig! Du weißt doch, Schauspielerleben zählen wie Hundeleben. Demnach wärst du jetzt ... fünfunddreißig mal sieben ... ach, in jedem Fall über hundert! Du könntest Queen Mum spielen! Das wär mal was! Haaha! Oder Gandhi! Haahahaaaa!«

»Eigentlich bin ich dreiunddreißig ...«

»Du, da fällt mir ein, wir haben eine neue Show, ganz furchtbar lustig und auch originell, da kann man echte Erfahrungen fürs Leben sammeln. Perfekt für dich, ja, absolut toll, Mensch, dass ich da nicht früher drauf gekommen bin! Du bist doch sicher mittlerweile verheiratet?«

»Ich wüsste nicht, was das für eine Rolle spielt ...«

»Oder zumindest verlobt?«

»Nein, aber was ...«

»Aber in einer festen Partnerschaft?«

»Nein!«

Ich ärgerte mich über diese Fragen, die absolut nichts mit meinen Qualitäten als Schauspielerin zu tun hatten.

»Du bist *immer noch Single?*!«

Nicole Drops Ton hatte etwas von der Entdeckung einer Spinne auf dem Kopfkissen nachts um halb drei.

»Ja.«

»Schade. Wirklich ganz furchtbar schade! Ich hätte so gern etwas für dich getan. Einen Auftritt in einer brandneuen Show, ganz, ganz irre witzig!«

»Wie heißt die Show denn?«, fragte ich vorsichtig nach.

»Weibertausch!«

*

Während des gesamten Gesprächs hatte ich aufrecht in meinem Sessel gesessen, aber jetzt, nachdem ich aufgelegt hatte, sank ich regelrecht in mich zusammen. Sofort sprang Usch, die getigerte Hauskatze, die Hugo vor einigen Jahren zugelaufen war, auf meinen Schoß. Hugo und Henry hatten damals einen Namen für dic Katze gesucht, und spontan war ihnen die allseits bekannte Muschi eingefallen. Da beide aber als alte Achtundsechziger kleinbürgerliche Verniedlichungen ablehnten, strichen sie das i. Warum am Ende das M auch noch verloren ging und nur Usch übrig blieb, wusste keiner so genau.

Auf jeden Fall schien Usch immer zu spüren, wann ich

Trost brauchte. Sie schmiegte sich breitflächig auf meinen Schoß und stupste mich mit einer Pfote am Arm an, was eine Aufforderung dafür war, dass sie gekrault werden wollte. Oder sie ist einfach nur ein verwöhntes Stück, dachte ich und musste trotz allem lächeln. Als ich begann, Usch zu kraulen, dankte sie es mir mit einem wohligen Schnurren.

Es war nicht so, dass ich über das Gespräch mit Nicole Drops geschockt war. Im Grunde genommen war das Gespräch genauso gelaufen, wie ich es erwartet hatte, wäre ich ehrlich zu mir selbst gewesen. So, wie alle Gespräche und Unterhaltungen in den letzten zehn Jahren verlaufen waren: »Wer ist Josefine Bach? Ach, die Jojo! Nein, leider können wir nichts für Sie tun, alle sehen nur die Jojo in Ihnen, es tut uns leid.«

Meine Rolle als Jojo in der gleichnamigen TV-Vorabendserie war von Anfang an ein Quotenkracher gewesen. Die halbe Nation hatte Jojo dabei zugesehen, wie sie ihre vorpubertären Probleme gelöst, ihren ersten Freund geküsst oder ihr erstes Mal erlebt hatte. Jojo, das Mädchen von nebenan wurde schnell zum Familienmitglied, das jede Woche Freitag pünktlich um achtzehn Uhr erschien und innerhalb von fünfundvierzig Minuten ein neues Problem in ihrem Leben entdeckte, daran zu zerbrechen schien, dann die Herausforderung annahm und schlussendlich löste. Man konnte sich darauf verlassen, dass Jojos Welt am Ende der fünfundvierzig Minuten in Ordnung war, und solange man sich mit ihr in dieser befand, war auch die eigene Welt heil. Ich hatte fast zwölf Jahre dafür gesorgt, dass das so blieb. Ich war praktisch im Fernsehen groß geworden. Und irgendwann war ich zu alt.

»Eine verheiratete Jojo, das will niemand sehen«, hieß es, »Die Suche nach Mr. Right ist damit abgeschlossen.«

Und so wurde die Sendung eingestellt und schnell eine neue Jojo gefunden, die sich ihrerseits in einem neuen Format wieder auf die Suche nach dem Traummann machen sollte.

Damals war ich erleichtert, denn ich suchte nach neuen Herausforderungen, wenn mir auch der Abschied von meiner Filmfamilie, die ein echter Familienersatz geworden war, schwerfiel.

Die große weite TV-Welt lag mir zu Füßen – ich wollte in Kinofilmen spielen, hatte eigene Stoffideen und sogar das sagenumwobene Wort *Hollywood* fiel ab und an. Doch was kam, damit hatte ich nicht gerechnet: Überall wollte man nur die Jojo sehen, die alle schon kannten. Niemand interessierte sich für meine Solo-Ambitionen in neuen Gewässern, abgesehen von ein paar Boulevard-Blättern, die nur darauf gewartet hatten, den strahlenden TV-Stern untergehen zu sehen. Anfangs konnte ich damit noch gut umgehen und genoss es ab und zu sogar, mich auf meinen hart erarbeiteten Lorbeeren auszuruhen. Doch mit den Jahren bekam ich immer häufiger Absagen, und mein finanzielles Polster schmolz dahin. Mein einstiger Ruhm war wie eine unsichtbare Mauer, die zwischen mir und meiner Zukunft stand und die ich einfach nicht zu durchbrechen imstande war. Mein Talent war aufgebraucht. Ich hatte meine Zukunft hinter mir.

Genauso schwer war es, mich für einen Job außerhalb der TV-Branche zu bewerben. Denn das war nach einigen Jahren, in denen das Geld knapp wurde, mehr als nur überfällig. Allerdings hatte ich keine Ausbildung, zumindest nicht auf dem Papier, es erschien mir in meiner Jojo-Welt nie wichtig. Außerdem war ich praktisch im Fernsehen aufgewachsen.

»Wir können Sie nicht einstellen«, hieß es, egal ob es ein Klamottengeschäft oder ein Deko-Artikel-Laden war, in dem ich mich als Verkäuferin bewarb. »Sie sind Jojo! Was sollen die Leute denken, wenn Jojo hier an der Kasse arbeitet? Wollen Sie sich das wirklich antun? Alle würden nur hierherkommen, um Autogramme zu bekommen, und den ganzen Ablauf im Geschäft stören. Es tut uns leid, aber Sie sind nicht neutral.«

Es gab nicht mehr viele Orte, an denen ich mich noch wohlfühlte. Genau genommen gab es exakt zwei. Einer davon war das Trödelcafé Henry's, das meinem Patenonkel Hugo gehörte, bei dem ich vor einiger Zeit wieder eingezogen war und der mich mietfrei im Dachgeschoss wohnen ließ.

Ich setzte Usch auf den Boden, die das mit einem beleidigten Murren quittierte, und mein Blick fiel auf eine meiner Jojo-DVDs, die ohne Hülle halb unter dem Bett lag. Ich streckte meinen Fuß aus und schob die DVD schnell mit den Zehen wieder darunter, sodass sie aus meinem Sichtfeld verschwand.

Dann zog ich mich langsam aus dem Polstersessel hoch, dessen Armlehnen aus schwerem dunklen Holz waren, das im mittäglichen Sonnenlicht warm schimmerte, und schaltete den Fernseher an. Ein exklusiver Vorabbericht über die Fernsehpreis-Verleihung, die heute Abend in Köln stattfand, lief. Fast alle, die in ein paar Stunden über den roten Teppich schreiten würden, kannte ich. Und ich würde nicht dabei sein.

Ich merkte, wie mir dieser Gedanke erneut – so wie jedes Mal, wenn einer dieser Termine anstand – die Luft abschnürte, als ob ein schwerer Stein auf meiner Brust lag.

Mein Blick schweifte durchs Zimmer und blieb an der Schaufensterpuppe, die in einer Folge Requisite gewesen war und hier ihren Platz gefunden hatte, hängen. Sie trug mein kleines Schwarzes, das ich gern und oft zu offiziellen Anlässen angehabt hatte. Ich betrachtete die zwei deckenhohen Vitrinen daneben, die mittig im Raum an der Wand standen. Meine schönsten Schuhe hatten hier ihren Ehrenplatz gefunden und konnten so immer von mir bewundert werden. Einige (viele) ungetragene Exemplare standen in Kartons aufgestapelt daneben. Ich konnte genau sagen, wann und zu welchem Anlass ich welches in den Vitrinen ausgestellte Paar getragen hatte. In den wildledernen Jimmy Choos hatte ich meinen Bambi entgegengenommen. Die Louboutin-Peeptoes mit der leuchtend roten Sohle, um die mich alle beneidet hatten, trug ich beim Fernsehpreis vor elf Jahren. Die silbernen Versace-Pumps mit den dunkelblauen funkelnden Swarowski-Steinen hatte mir unser Produzent damals zur Feier unserer fünfhundertsten Folge geschenkt. Ich war prompt in Tränen ausgebrochen.

Ich öffnete die rechte Vitrine, ließ meine Finger über den edlen Seidenstoff der Schuhe gleiten und pustete ein wenig Staub von dem Swarowski-Medaillon, das die Kappe des Schuhs zierte. Wie lange hatte ich sie nicht mehr getragen?

Direkt daneben standen meine Lieblinge. Unsere Filmfeste hatte ich stets in Manolo Blahniks gefeiert, und die Pumps selbst bei der wildesten Aftershow-Party gehütet wie meinen Augapfel.

Jedes Paar Schuhe hatte eine eigene Geschichte zu erzählen, und ich kannte sie alle genau. Wie unterschiedlich die Designs auch waren, sie hatten eines gemeinsam: Sie besaßen alle einen mindestens zehn Zentimeter hohen Absatz. Zierlich in der Form, aber schwindelerregend hoch – es war das Spiel zwischen Macht und Verletzlichkeit, welches solche Schuhe auslösten. Als Jojo hatte ich es immer hervorragend beherrscht.

Ich hatte es bei Veranstaltungen genossen, die größte Frau im Raum zu sein, vielleicht auch, weil ich selbst eher durchschnittlich hochgewachsen war. Dort oben war die Luft einfach anders. Sie war besser.

Seit das Geld knapper wurde, begnügte ich mich mit einer Art Placebo-Shoppen, indem ich in sämtlichen Internet-Shops Schuhe, Luxusartikel der bekannten Labels, in Warenkörbe legte, sie aber nie bestellte. Trotzdem verhalfen mir die kurzen Augenblicke zwischen *In den Warenkorb legen* und *Aus dem*

Warenkorb entfernen zu einem wunderbaren Gefühl von Befriedigung und Erinnerung an gute Zeiten, in denen ich im Hier und Jetzt lebte, und auch genauso meine Entscheidungen traf.

Mein Blick schweifte neben die Vitrinen, zu den verschlossenen Kartons.

Da waren sie – die ungetragenen Schuhe, die unerzählten Geschichten. Nach dem Aus der Serie wurden die Einladungen seltener, aber ich hatte es nie versäumt, ein passendes Paar Schuhe für jeden dieser Anlässe zu haben, nur für den Fall. Später ging ich oft als Begleitung mit auf diese Veranstaltungen, alte Bekannte aus der Film-Branche, Schauspieler-Kollegen, deren Partner sich den Trubel nicht antun wollten, oder Produzenten, mit denen ich gearbeitet hatte, nahmen mich mit. Aber irgendwann ebbte auch das ab. Mein Leben war wie ein gläserner Aufzug, der auf dem Weg vom ersten Stock in den zweiten einfach stecken geblieben war, und alle konnten es von außen sehen.

Ich griff mir die Fernbedienung von der Sessellehne und schaltete den Ton leiser. Ein Versuch war es wert, dachte ich, ich musste es einfach probieren. Ich holte mein Handy aus der Tasche und scrollte die Telefonnummern durch. Hundertvierundneunzig Kontakte, und niemand, den ich anrufen konnte. Dann blieb mein Blick bei einer Nummer hängen, und ich drückte auf wählen.

»Hallo?«

»Hey, Laryssa, ich bin's, Josefine.«

»–«

»Josy!«

»Josy ... ach, Joooosy!!!«

Laryssas kreischende Stimme drang hallend in mein Ohr. »Oh mein Gott, Josyyyyyyyyyyyy! How are you, Darling? Ja, ja, rechts etwas mehr und hier hinten weniger, ja genau!«

Ich ahnte, dass Laryssa gerade nicht nur mit mir sprach, und so kannte ich sie. Sie führte immer mindestens drei Gespräche gleichzeitig, war ein Multitasking-Genie und Everybodys Darling.

Und sie war meine Nachfolgerin.

»Was machst du so? News, Projekte, oder hast du fiese, dreckige Gossip-Wäsche für mich?« Laryssas nervige Stimme verwandelte sich in ein kreischendes Lachen.

»Nein, nein, deswegen rufe ich nicht an, ich dachte mir, heute ist ja der Fernsehpreis und ...«

»Ja, wieder eine dieser unsäglichen Veranstaltungen, nicht wahr? Nein, nein, ich sagte doch, rechts mehr und hinten weniger! *Nicht* hinten *mehr*, verstehen Sie! Hach, Josy, diese Dilettanten überall, wenn's um Haare geht, ich muss wirklich sagen, da sind wir in Deutschland echt im Rückstand! Aber wem sag ich das, Baby. Sehen wir uns heute Abend? Das wäre ja wirklich absolut gigantisch!«

Ich sah auf das Schuhregal hinter mir.

»Deswegen rufe ich an, ich dachte, vielleicht hast du eine Einladung übrig. Ich meine, sicher will dich jeder begleiten, ich weiß, aber vielleicht, man weiß ja nie, falls jemand absagt oder so?«

»Ach, Darling, ich würde dich zu gern sehen, stell dir vor, wir beide nebeneinander, du – mein großes Idol, zwei Generationen zusammen, fucking awesome!«

»Das heißt, du hast noch eine Karte?« Ich versuchte, nicht zu hoffnungsvoll zu klingen, aber ich merkte, dass es mir nicht gelang.

»Leider nicht, Darling, Juan Carlo de Vita begleitet mich, du kennst ihn bestimmt, ein echtes Talent, wirklich außergewöhnlich!«

Ich hörte den Namen zum ersten Mal. »Juan? Ein neuer Kollege? Spielt er in deiner Serie mit?«

Erneut hörte ich Laryssas kreischendes Lachen.

»Ach, nein Liebchen, Juan Carlo ist mein neuer Hundefriseur!«

*

Nach diesem Gespräch hatte ich endgültig genug und dringend eine Dusche nötig. Wenn ich das heiße Wasser über mein Gesicht laufen ließ, vermischten sich meine Tränen damit, sie lösten sich auf, bevor sie überhaupt über meine Wangen laufen konnten. Und so existierten sie einfach nicht.

Ich wusste noch genau, dass es ein regennasser Donnerstagmittag war, an dem ich durch die Fußgängerzone Kölns schlenderte, um in den Schaufenstern die frisch eingetroffene neue Herbstmode zu bewundern, statt mir zu Hause auf der Couch die Haare zu raufen. Ein paar Jugendliche, einige Jahre jünger als ich, standen tuschelnd hinter mir, ich konnte sie im Spiegelbild des Schaufensters erkennen. Ihr Flüstern und Kichern galt mir, das merkte ich sofort, versuchte es aber zu ignorieren. Als ich mich umdrehte, um weiterzugehen, versperrten sie mir grinsend den Weg und machten nur so viel Platz, dass ich mich fast hindurchquetschen musste. So etwas war mir immer unangenehm gewesen, und ich wusste, dass diese Art von Tuchfühlung beabsichtigt war. Als ich nach ein paar Metern meinen Schritt verlangsamte und wieder aufatmete, hörte ich ein lautes Rufen mitten aus der Gruppe.

»Hey, Jojo! Wie ist das so, ein ›Du-warst-mal‹ zu sein?«

Seit dem Tag fiel es mir noch schwerer, auf die Straße zu gehen.

Ich hätte gar nicht sagen können, ob es damals überhaupt mein Wunsch gewesen war, Schauspielerin zu werden, oder ob es sich einfach so ergeben hatte. Vielleicht war es wie so vieles im Leben, das sich einfach ergab und das man nicht infrage stellte, solange es funktionierte.

In meinen weichen Frotteebademantel gehüllt und mit einem Handtuchturban auf dem Kopf setzte ich mich erschöpft an den Laptop, an dem der Chat von *Edelpartner.de* wie immer geöffnet war. Denn dies war der zweite Ort, an dem ich mich ausnahmslos frei fühlen konnte: das Internet.

Hier in den weiten Welten der Anonymität konnte ich alles sein, was ich wollte, Lichtjahre entfernt von meinem Alter Ego Jojo.

Denn was für mein berufliches Leben galt, war auch im privaten Motto: Jeder Mann, mit dem ich mich traf, hatte eigentlich ein Date mit Jojo. Früher waren sie alle in mich verliebt gewesen, dieser Zauber musste doch auch im wahren Leben gelten. Aber dann kam ganz schnell die Ernüchterung, denn die wahre Josefine war ein ganz normaler Mensch, ohne Glanz und Glamour, ohne die witzig-spritzigen Kommentare, die Jojo von unzähligen Drehbuchautoren in den Mund gelegt und so lange geprobt wurden, bis sie wie aus der Pistole geschossen saßen. Meine Dates waren alle, schon bevor sie begannen, zum Scheitern verurteilt. Seitdem ertrug ich Paare nur noch in Form von Schuhen.

Hier konnte ich einfach nur *sein*. Echte Kennenlernambitionen hatte ich deswegen nicht. Somit beließ ich es bei Chats, die mir die Zeit vertrieben, mich unterhielten oder zum Lachen brachten.

Footy: *Hallo Füßlein! Bist du da?*
Footy: *Tipptipp? Tappeltappel?*
Footy: *Ach wie wär das schön, würd mein Zehlein jetzt online gehen …*
Footy: *Also nicht da? Schaaaade …*

Footy, dreiundfünfzig Jahre alt, Zahnarzt, seines Zeichens bekennender Fußfetischist und natürlich mittendrin in einer echten Lebenskrise. Er hatte mir in unzähligen Chats sein

Herz ausgeschüttet: Seine Frau hatte so gar nichts übrig für Füße, sie weigerte sich sogar beharrlich, ihn mit zur Pediküre zu nehmen. Einmal hatten wir sogar telefoniert, was ich sofort bereute, da er sich als einer der hartnäckigsten Kandidaten in diesem Meer herausstellte.

Ich hatte schon viele wirklich erstaunliche Exemplare kennengelernt, und mich überraschte nichts mehr: kein verkappter Lyriker, der mir inspiriert von den keltischen Heldensagen in dreißigseitigen Gedichten seine Liebe gestand, und auch kein Algorithmen-Wirtschaftsinformatik-Nerd, der mit verschlüsselten Botschaften mittels assoziativer Arrays seine Sehnsucht nach mir darlegte.

Ich kannte sie alle, die verschiedenen Männer-Typen, die sich hier ein- und ausloggten. Die Verlassenen, die Trostsuchenden, die Schüchternen auf der Suche nach einem offenen Ohr, die Nerds, die nichts anderes kannten, die Aufreißer, die Bestätigung suchten, die Fetis, die ihre Vorlieben im echten Leben nicht ausleben konnten, die Playboys, die nie genug bekamen, und die frustrierten Ehemänner. Aber egal wie verschieden sie auch waren – sie hatten alle eines gemeinsam: Sie waren einsam.

Genau wie ich.

Jolightly: *Tiptap ...*
Footy: *Da bist du ja, Zehlein! Mein Tag ist gerettet! Wie geht's meinen Füßchen?*
Jolightly: *Es hält sich in Grenzen.*
Footy: *Zehlein, Zehlein, warum so traurig?*

Damals war ich aus purem Zufall in den Chat von *Edelpartner.de* gelandet, auf der Suche nach ein wenig Ablenkung.

Am Anfang war es Smalltalk, leichte Unterhaltung, aber

relativ schnell merkte ich, wie ich für die Männer unverzichtbar wurde. Wenn ich länger als sechs Stunden kein Lebenszeichen von mir gab, setzte eine Art Panik ein, die ich zu Beginn kaum nachvollziehen konnte. Für mich war es zuerst reine Abwechslung gewesen, völlig unverbindlich – eine Art Fast-Food-Gespräch im luftleeren Raum. Doch der eine oder andere Mann hatte sich schneller als ich klicken konnte auf mich eingeschossen, und so wurde meine anfängliche Ablenkung schnell zu einer Art Projekt. Und auch ich genoss die Aufmerksamkeit, die ich hier bekam – ganz ohne alte Wunden, die aufgerissen wurden.

Verrückten Vorlieben frönen, sich bei Eheproblemen beraten zu lassen, die Gedanken des Tages austauschen, war eine Sache. Aber in erster Line ging es den Männern darum, ihren Charakter ohne die vielen Filter der Gesellschaft auszuleben. Und das taten sie in den zahllosen Chats mit mir, *Jolightly*.

Irgendwann hatte Footy angefangen, sich Fußfotos von mir zu wünschen. Als Gegenleistung hatte er mir jeden Schuhwunsch erfüllt, dessen Realisierung mein Budget nicht mehr zuließ, und so hatten wir eine echte Win-win-Situation.

Der Bambi-Bericht im Hintergrund dudelte immer noch vor sich hin, ich hatte es einfach nicht geschafft, den Fernseher auszuschalten. Ich wusste, dass mein Name dort nicht mehr fallen würde, aber vielleicht, ganz vielleicht, würde doch jemand erkennen, dass ich fehlte.

***Jolightly:** Da ist so ein Termin heute Abend, an dem ich echt gerne teilnehmen würde.*
***Footy:** Und dem Zehlein fehlen die passenden Schühchen?*
***Jolightly:** Na ja, das unter anderem.*
***Footy:** Was für ein Termin?*
***Jolightly:** Etwas sehr Offizielles, sehr schick, edel, würde ich sagen.*

Footy: *Für das sich eine Prada-Sandalette in Roségold eignet? Mit Riemchen?*

Footy hatte einen untrüglichen Geschmack, das musste man ihm lassen.

Jolightly: *Ich wüsste nicht, zu welchem Ereignis sich eine Prada-Sandalette nicht eignet …*

Footy: *Zehlein, ich spürte doch, dass das die richtige Wahl war! Spring und schau in dein Schuhpostfach!*

Mein Schuhpostfach war ein ordinäres Postfach, das ich mir bei der Postfiliale um die Ecke für meine Internetkontakte zugelegt hatte, für den Fall, dass sie die Gefilde des World Wide Web verlassen und den Boden der Realität betreten wollten. Und seit ich Footy kannte, waren darin nicht selten Schuhkartons zu finden.

Jolightly: *Dein Ernst?*
Footy: *Bei Schuhen scherzt man nicht, Zehlein, das weißt du doch!*
Jolightly: *Ich bin sofort wieder da! xox*

Ich hatte Schuhe! Vielleicht würde Juan Carlo de Vita Laryssas Chihuahua-Dame Daisy in letzter Sekunde noch einen schlimmen Verschnitt verpassen, und Laryssa würde feststellen, dass er nicht nur ein schlechter Friseur, sondern eine noch schlechtere Begleitung für heute Abend wäre, und sie würde mich anrufen, und ich hätte die brandneuen, roségoldenen Prada-Riemchen-Sandalen bereits an!

Ich wickelte mich hastig aus dem Bademantel und zog mir

Jeans, T-Shirt und eine Strickjacke über. Meine nassen Haare stopfte ich unter die Kapuze der Strickjacke, das reichte für den kurzen Weg. Die obligatorische Sonnenbrille, die ich bei jedem Wetter und zu jeder Jahreszeit trug, packte ich in meine Handtasche.

Ich hatte Schuhe, und ich würde sie tragen! Wenn nicht heute, dann bei einem anderen Event. Ich würde zurückkehren – *I'll be back*, das hatte schon Arnold Schwarzenegger gesagt, und der war schließlich Gouverneur von Kalifornien geworden. Es war alles möglich, ich musste nur fest genug daran glauben.

*

»Josy?«

»–«

»Jooooosiiiiiii-hiiiiii!«

»–«

»Josefine!«

»Jahaaa! Ich kooommeee!«, rief ich, so laut ich konnte aus dem Schlafzimmer. Hinter dem Café befand sich eine winzige Küche, deren Küchenzeile im Stil der Siebzigerjahre einmal grell orange gewesen, aber mittlerweile mächtig vergilbt war. Statt einer Tür gab es einen Vorhang aus Plastikperlenschnüren, die sich ständig verknoteten.

»Essen ist fertig!«

Ich schob mich durch den Plastikperlenvorhang. Jedes Mal blieben einige der Perlenstränge in meinen schulterlangen Haaren hängen, was mich wieder einmal daran erinnerte, dass ich dieses scheußliche Ding eigentlich schon ewig austauschen wollte.

Ich drückte meinem Patenonkel und Ziehvater einen Kuss auf die Wange. »Ich muss noch schnell zu Post!«

»Aber das Essen wird doch kalt!« Hugo sah mich mit seinen kleinen Äuglein an, die noch immer, genau wie vor über dreißig Jahren, als er mich das erste Mal an der Hand mit in das Trödelcafé nahm, um mir eine heiße Schokolade zu machen, karamellbraun leuchteten. Mittlerweile waren sie von vielen kleinen Fältchen umrahmt. Hugo hatte sich nach dem Tod meines Vaters viel um mich gekümmert, und er tat es bis heute. Die Antiquitäten, die mein Vater als Händler weltweit verkauft hatte, hatten hier im Trödelcafé ein Zuhause gefunden. Manche der Tische, Sessel und Schränke waren weit über hundert Jahre alt, und sie hatten viele Menschen kommen und gehen sehen.

Ich sah auf das Gedeck vor mir auf dem winzigen Küchentisch, auf den nur exakt zwei Teller und zwei Gläser passten. Die Tischdecke war aus abwaschbarem Plastik und orange-weiß kariert. Hugo hatte Spaghetti frutti di mare à la Hugo gemacht – das einzige Gericht, das er beherrschte und das es mindestens einmal in der Woche gab.

Ich brachte es nicht übers Herz, ihm zu sagen, dass seine frutti di mare à la Hugo immer so aussahen, als ob sich manche Tiere darin gerade zufällig in der Küche aufgehalten hatten.

»Die Post kann warten«, sagte Hugo mit ernster Miene und bedeutete mir, mich zu setzen. Das hatte sich nicht geändert seit damals, als er mir meine erste heiße Schokolade gemacht hatte, und für diese liebevolle Zuwendung war ich ihm bis heute dankbar. Aber manchmal wäre ich doch gern einfach eine Frau Mitte dreißig mit normalen Wohn- und Lebensumständen gewesen, die Salat ohne Dressing für die Figur oder ein Single-Mikrowellen-Gericht in ihrer todschicken Single-Wohnung zu sich genommen hätte.

»Ich bin gleich wieder da«, sagte ich und legte den Arm um Hugo. »Lass mir einfach was übrig.«

»Ach«, sagte Hugo, »du immer mit deinem Postfach. Schon wieder Fanpost?«

Ich musste schmunzeln. Ich war nicht die Einzige, die noch in alten Zeiten schwelgte.

»So was in der Art«, antwortete ich. Mein Blick fiel auf einen Brief, der halb unter Hugos Teller klemmte.

»Was ist das?«, fragte ich und griff danach. Doch Hugo zog ihn mir blitzschnell aus der Hand.

»Nichts Wichtiges, nur Werbung.«

»Werbung? Und die liest du bei Tisch? Zeig doch mal!«

»Ich dachte, du wolltest zu deinem Postfach«, neckte Hugo mich und zwinkerte mir zu. »Wirklich nichts Wichtiges. Nichts, was dich beunruhigen sollte.«

Hugo ließ sich auf einem der Holzstühle nieder, die, querbeet, alle unterschiedlich in Form, Farbe und Holzart, auch die Einrichtung des Henry's ausmachten. Es war bereits kurz nach Mittag und bald Kaffeezeit. Aber die Gäste im Henry's konnte man in letzter Zeit an einer Hand abzählen.

»Nichts los heute«, sagte er seufzend.

Es stimmte. Seit geraumer Zeit war die Gästezahl im Henry's deutlich geschmolzen. Das Trödelcafé lag genau gegenüber der Kranhäuser des neu erbauten Kölner Rheinauhafens, der mit seinen riesigen Kranbauten und Bürokomplexen in neuem Glanz erstrahlte. Seit der Fertigstellung des Komplexes vor ein paar Jahren, mit der auch die Eröffnung vieler neuer, stylischer Cafés, Bars und Restaurants einherging, hatte es das Henry's nun doppelt so schwer.

»Vielleicht sollten wir doch noch mal darüber nachdenken, unser Repertoire hier zu erweitern. Wenigstens eine Soja-Variante und einen Latte macchiato, hm?«

Hugo schüttelte den Kopf. »Nein, so etwas kommt mir nicht in die Tüte! Am Ende haben wir noch das gleiche geklonte Profil wie dieses Starsucks da.«

Hugo machte keinen White low fat Moccha, keinen entkoffeinierten, laktosefreien Latte macchiato, keinen Soja-Cappuccino. Hugo machte den guten alten, unaufgeregten

Filterkaffee, und wenn jemand einen Cappuccino bestellte, bekam er einen Schuss Schlagsahne aus der Sprühdose obendrauf. Das war sogar ein echter Fortschritt: Noch vor nicht allzu langer Zeit hatte Hugo sich geweigert, Menschen, die das Wort Cappuccino benutzten, überhaupt zu bedienen. Er hielt unbeirrbar daran fest, im Henry's keine Kaffeeauswahl zu bieten, die eine Entscheidung schwerer machte als eine Auswanderung auf einen anderen Kontinent.

»Starbucks. In Amerika gibt es eine regelrechte Starbucks-Kultur, das sollte man nicht unterschätzen!«

»Die einzigen Kulturen, die Amerika besitzt, sind im Joghurt«, murrte Hugo.

»Aber die Leute wollen eine größere Auswahl!«, versuchte ich es erneut. »Das ist heute nicht mehr so wie vor dreißig Jahren!«

»Wollen sie nicht«, antwortete Hugo, »im Gegenteil. Die Menschen sind völlig überfordert von zu viel Auswahl. Das macht alle doch nur noch wahnsinnig! Kein Wunder, dass jeder Burn-out kriegt.«

Ich lachte. »Aber ganz sicher nicht wegen der großen Kaffeeauswahl!«

»Doch, genau deswegen. Wir sollen alle Hunderte Entscheidungen am Tag treffen, und schon frühmorgens beim Kaffee fängt das an. Da dreht man doch durch!«

»Ist ja schon gut«, gab ich nach, »wir behalten den guten, alten Filterkaffee.«

»Der Kaffee ist das Einzige, bei dem die Menschen noch ehrlich sind!«, rief Hugo mir noch hinterher, als ich durch die Tür verschwand.

Ich wusste besser, als er ahnen konnte, dass er damit recht hatte.

2. Kapitel: Simon

»Verdammt noch mal, Walli!«

Gereizt versuchte ich den Berg an angegessenen Schokoriegeln, leeren Energy-Drink-Dosen und sonstigem Müll von meinem Schreibtisch zu schieben.

»Wenn du schon alles zumüllen musst, dann mach das bitte auf deiner Seite! Ich muss hier nämlich arbeiten!« Mit diesen Worten ließ ich einen Stapel frisch eingetroffener Akten mit einem klatschenden Geräusch auf die letzte freie Ecke des Tisches fallen.

»Hmmmja, hmmmja«, kam es kauend aus dem Müllberg hervor. »Ich brauch halt Nervennahrung, um ein guter Assistent zu sein, weißte doch!«

»Aha«, murmelte ich vor mich hin, »und wann tritt dieser Zustand ein?«

»Das habe ich gehört!«

»Solltest du auch!«

Es war eine Herausforderung, mit Walli zusammenzuarbeiten. Außer Chaos verbreiten und essen tat er den ganzen Tag wirklich fast nichts. Gut, er war ein gnadenlos genialer Internetspezialist, wenn er dann mal arbeitete, das musste ich zugeben, und ich brauchte ihn in meiner Agentur. Online Security ohne einen echten Freak gab es wohl nicht.

»Außerdem warst du heute schon wieder geschlagene dreißig Minuten zu spät!«

»Aber ich hab nicht verschlafen!«, verteidigte sich Walli.

»Ach, und was dann?«

»Eher … über das Ziel hinaus geschlafen!«

»Sag bloß nicht, dass du das Nirvana-T-Shirt heute Nacht zum Schlafen anhattest.«

»… a mulatto, an albino, a mosquito, my libido, yeah, hey, yay!«

»Was?«

»Smells Like Teen Spirit, Baby!«

»Du warst nicht duschen?!«

»Klar war ich. Eine Stunde in der Wanne mit Pril, aber kein bisschen Fett hat sich gelöst! Wieder mal so 'ne Werbelüge!«

»Pril?«

»Duschgel war alle.«

Wallis Argumentationsketten waren meist so abstrus, dass man dem selten etwas entgegensetzen konnte. Ich war überzeugt davon, dass das seine Überlebensstrategie war, die ihn immer in letzter Sekunde davor bewahrte, in seinem eigenen Durcheinander zu versinken.

»Und dieses beknackte Rumsurfen«, redete ich mich weiter in Rage, »kannst du das mal einstellen? Hier liegen zwölf Aufträge, die erledigen sich nicht von selbst!«

»… is' ja schon gut«, murrte Walli und steckte sich den Rest des Schokoriegels in den Mund, sicher sein fünfter heute, und es war noch vor elf.

»Irgendjemand muss das neue Büro hier schließlich bezahlen.«

Wir waren mit unserer Agentur *ON/SEC* für Online Security und Online Safety gerade erst in den Rheinauhafen gezogen, in eines der Kranhaus-Büros mit Rheinblick. Mir war wichtig, mit unserer Firma ein Statement abzugeben, und wenn Walli schon alles andere als eines war, dann immerhin unser Firmensitz. Dass ich dann auch noch eine Wohnung im Haus direkt nebenan fand, war mehr als nur perfekt.

»Ich hab ein Schnuckelmäuschen kennengelernt. Sie sieht aus wie Jennifer Anniston.«

Ich sah meinen Kollegen mit hochgezogenen Augenbrauen an.

»Na ja, denk dir die Augen anders. Und die Nase. Und die Lippen, ihre sind viel voller. Aber ansonsten ist die Ähnlichkeit frappierend!«

»Du hast dich mit einer getroffen?«

Walli schüttelte den Kopf. »Nicht so ganz.«

»Was heißt das?«

»Sie war nicht am Treffpunkt. Na ja, du könntest jetzt behaupten, dass sie vielleicht doch da war und gegangen ist, als sie mich gesehen hat. Aber so eine ist sie nicht. Ich glaube, es ist eher etwas Schreckliches dazwischengekommen. Ein Unfall oder so.«

»Sie hat sich seitdem nicht mehr gemeldet?«, hakte ich nach. Walli hatte schon in der Schulzeit, die wir mehr oder weniger gemeinsam verbracht hatten, Schwierigkeiten mit Frauen gehabt. Er hatte ähnlich wie ein Riesenbaby keinerlei Körperkonturen und so dicke Pausbacken, dass man sie von hinten sehen konnte. Im Grunde sah er heute immer noch genauso aus wie in der Grundschule, nur mit Dreitagebart. Für Frauen war er deswegen Knutschkugel, nicht Liebhaber. Er war das Legomännchen, das auf Playmobil stand.

Walli drehte den Bildschirm in meine Richtung und tippte auf ein Facebook-Profilbild. Was ich sah, war ganz sicher außerhalb des Walli-Universums.

»Hm, nett«, entgegnete ich lapidar.

»Irgendwie hatte ich sie auch besser aussehend in Erinnerung.«

»Wieso?«

»Ich hab heute noch nichts Richtiges gegessen!«

»Verstehe.«

»Das WLAN leidet heute irgendwie unter Beziehungsproblemen«, schnaufte er kauend, »es scheint mir, als wolle es keine langfristige Bindung mit mir eingehen. Es schmeißt mich immer wieder raus!«

»Würde ich auch machen, wenn ich das WLAN wäre«, raunte ich Walli zu.

»Was?«

»Ach nichts.«

»Was hast du gesagt, Simon?«

»Dass du ein super Kerl bist, wenn du denn mal was zu Ende bringst«, schob ich schnell hinterher. Ich wusste, dass Walli um die Mittagszeit immer eine Portion Motivation brauchte, um nicht vor dem PC einzunicken, denn seine Haupttätigkeit um diese Zeit war meistens lediglich Sauerstoff in Kohlendioxid umzuwandeln.

»Es stimmt nicht, dass ich nichts zu Ende bringe! Los, gib mir eine Schachtel Pralinen!«

»Es wäre toll, noch weiter mit dir so sinnfrei zu plaudern, aber ich werde es nicht tun«, sagte ich seufzend.

Walli bequemte sich in Slow-Motion-Geschwindigkeit Richtung Aktenberg, und begann, lustlos in der obersten Akte herumzublättern.

»Was ist eigentlich mit unseren neuen Visitenkarten? Sollten die nicht längst da sein?«, fragte ich.

»Da vorne«, antwortete Walli und deutete auf ein kleines Päckchen auf seinem Schreibtisch. Ich wollte sofort wissen, ob die Grafikagentur alle unsere Wünsche eins zu eins umgesetzt hatte, und riss das Päckchen ungeduldig auf.

ON/SEC stand da in silberner Schrift auf schwarzem Grund. Ich ließ meinen Zeigefinger über den erhabenen Schriftzug gleiten, der matt glänzte. Es sah perfekt aus.

Unsere Agentur war für alle Arten von Online-Sicherheit zuständig. Wir verhalfen Firmen zu mehr Sicherheit bei Online-Geschäften, verschärften Online-Profile oder verschlüsselten Überweisungscodes. Ab und zu hatten wir es auch mit Identitätsdiebstahl zu tun – eben mit sämtlichen Online-Themen.

Ich las weiter. Unter unserem Firmenlogo stand: *Online Savety – Simon Demand & Waldemar Burger.*

»Warte mal«, murmelte ich vor mich hin, »Online Savety? Walli!«

»Was denn?«

»Es heißt Online *Safety!*«

»Steht doch da.«

»Nein, *Savety* steht da! *Safe*, von *sicher*, nicht save von *retten!*«

»Wir retten die Leute doch auch«, antwortete Walli unbeeindruckt. »Passt doch beides.«

Ärgerlich warf ich die Visitenkarte zurück in den Karton. »Jetzt können wir fünfhundert neue Karten bestellen, die ganze Auflage ist im Eimer! Ich kann nicht fassen, dass du nicht mal in der Lage bist, unsere Tätigkeit richtig zu formulieren!«

»Ich verstehe nicht, warum du dich so aufregst, Simon«, schnaubte Walli kopfschüttelnd, »wir retten Menschen doch im wahrsten Sinne des Wortes.«

»Hier wird niemand gerettet«, antwortete ich immer noch mürrisch, »nicht in hundert Jahren! Ich bestelle neue und schiebe es auf die Grafiker. Ich verkaufe es ihnen einfach so, dass sie sich verlesen haben.«

Dann wandte ich mich dem gerade neu eingetroffenen Auftrag zu.

»Ich hab eine neue Anfrage«, sagte ich und las meine erste Mail des Tages durch.

»Subber!« Ich sah auf und konnte Walli dabei beobachten, wie er kreisende Bewegungen mit einem Ohrenstäbchen in seinem Ohr vollführte.

»Was denn? Die Morgentoilette kam heute wegen akuter Aufbruchgefahr zu kurz.«

»Steck's bitte noch etwas tiefer ins Ohr«, flüsterte ich vor mich hin, aber solche Kommentare überhörte Walli nie.

»Wieso?«

»Vielleicht gibt's ein Reset.«

»Haha«, antwortete Walli beleidigt, »und wo war jetzt die Pointe?«

»Der Kunde schreibt, dass es sich um brisantes Material handelt.«

»Das ist mein Spezialgebiet!« Walli rieb sich die Hände.

»Du hast also eines, wie schön«, sagte ich, »sonst hast du doch vor allem Schiss.«

»Ich? Ach was!« Walli setzte einen heldenhaften Gesichtsausdruck auf.

»Ich hing einmal dreizehn Stunden über Nacht in einer absolut authentisch nachgebauten Felsspalte im Ossendorfer Kletterparadies fest, habe ganze vier Tage ohne Kohlenhydrate wegen Unwettergefahr in der Kambodscha Air Lounge festgesessen und ich hatte bei einer Neueröffnungsparty vom *Drunken Pig* mit Roberto Blanco Blickkontakt! Ich fürchte mich vor *gar nichts!*«

»An ein Mal kann ich mich aber doch erinnern«, feixte ich, »ich habe nie einen panischeren Blick von dir gesehen, als die Rolltreppe neulich im Hauptbahnhof kaputt war.«

»Willst du damit sagen, dass ich faul bin?«

»Das könnte man dem entnehmen, ja.«

»Ich bin nicht faul. Nur eben sehr motiviert, nichts zu tun.«

»Ich weiß«, sagte ich und klopfte meinem Partner auf die Schulter. »Ich vereinbare einen Termin. Der Kunde schreibt, dass er aufs Übelste von seiner Exfrau ausgenommen wurde. Er braucht dringend mehr Datensicherheit. Asap.«

»Dabei hieß es mal: *Alle Zeit der Welt mit dir wäre nicht genug. Aber beginnen wir mit ›für immer‹*. Traurig!«

»Walli?«

»Was denn? Das hat Edward in *Twilight* zu Bella gesagt. Mein romantischer Kern fühlt eben mit.«

»Lass die Kirmesprosa und schwing deinen romantischen Kern lieber hinter den PC, es gibt nämlich viel zu tun.«

*

Es war Punkt zwanzig Uhr, als ich mit meinem Jaguar F-Type in das Parkhaus einbog. Ich liebte die Schnittigkeit meines neuen Wagens, sportlich-elegant, schörkellos, zeitlos perfekt. Er passte hervorragend zu mir und spiegelte meinen Charakter perfekt wider. Und gleich würde Nadia in den Genuss kommen. Es war passend, wenn ich einige Minuten nach ihr im Restaurant ankommen würde. Eine größere Verspätung hätte sie mir vielleicht übel genommen, aber einige Minuten signalisierten genau das, was ich aussagen wollte: Es ist schön, dich zu sehen, aber du bist nicht der Mittelpunkt meines Lebens. Mir lief das Wasser im Mund zusammen, wenn ich an das perfekt abgehangene T-Bone-Steak dachte, das mich gleich erwarten würde. Und dann erst das Dessert …

»Du siehst umwerfend aus«, sagte ich und küsste Nadia auf die Wange. Ich berührte sanft ihren Nacken, der durch das rückenfreie Kleid frei war.

»Charmeur«, antwortete sie und lächelte vorsichtig. Ich konnte sehen, dass sie es mit ihrem Kleid darauf angelegt hatte, mich umzuhauen. Und das gelang ihr – man konnte ohne Übertreibung sagen, dass sie an diesem Abend die heißeste Frau in dem Szene-Restaurant war. Also genau mein Fall.

»Entschuldige die Verspätung«, sagte ich, während ich mich setzte und die Karte vom Kellner entgegennahm, »du weißt ja, die Arbeit.«

»Macht doch nichts«, antwortete Nadia, »wir haben die ganze Nacht Zeit. Und morgen ist Samstag. Wir haben das komplette Wochenende vor uns.«

Sie lächelte mich verheißungsvoll an. Ich hatte nicht erwartet, schon innerhalb der ersten paar Minuten auf das leidige Thema Übernachten zu kommen. Es war fast unmöglich, einer Frau klarzumachen, dass ich lieber allein schlafen wollte, obwohl ich Minuten zuvor noch *mit* ihr geschlafen hatte. Aber es war eine empirisch geprüfte Tatsache, die sich – egal in welchem Zusammenhang und mit welcher Frau – immer wieder bestätigte: Ich konnte nur schlafen, wenn ich allein war.

»Ja, das stimmt«, entgegnete ich, »aber jetzt genießen wir erst mal den schönen Abend.«

Nadia spielte an dem Blumenbouquet auf dem Tisch herum. Ich betrachtete ihre langen, schmalen Finger. Dann sah sie mich auffordernd an.

»Sag mal, hast du schon immer in Köln gelebt? Ich meine, woher kommen deine Eltern? Wir treffen uns jetzt schon das dritte Mal, und ich weiß praktisch nichts über dich.«

»Da gibt's auch nicht viel zu wissen. Wie wäre es mit Champagner?«, antwortete ich.

»Ich liebe Champagner«, sagte Nadia und zeigte mir ihr schönstes Lächeln.

»Hab ich mir gedacht«, entgegnete ich und rief den Kellner erneut zu uns.

*

»Das war eine Offenbarung«, flüsterte ich in Nadias Ohr, die schwer atmend neben mir auf dem Rücken lag. »Absoluter Oberhammer. Du bist der helle Wahnsinn.«

Nadia drehte sich zu mir und stützte ihren Kopf auf den zierlichen Arm.

»Ich glaube, wir sind das perfekte Paar. Restaurant klappt perfekt, Sex ist perfekt. Auf so jemanden wie dich habe ich immer gewartet, Simon.«

Sie beugte sich zu mir, um mich zu küssen, aber ich setzte mich auf.

»Hast du auch Durst? Ich hol uns was zu trinken. Was magst du?«

»Wasser, danke. Der Blick hier ist fantastisch.«

Es stimmte. Das Bett hatte ich direkt an die große Fensterfront, die den Blick auf den Rhein freigab, gestellt. Das Goldgelb, jedes Mal wenn die Sonne unterging und den Himmel in die Farbe von Zweihundertern verwandelte, bestätigte mir, hier genau richtig zu sein.

»Ja, das Loft hat die idealen Maße«, antwortete ich und stand auf, »genau wie du!«

»Sag mal, wann bist du hier eigentlich eingezogen?«

»Vor ein paar Wochen, wieso?«

»Alles sieht noch so nackt aus ...«

»Die Hauptsache ist doch, dass *du* nackt bist!«

Ich machte den Kühlschrank auf und blinzelte ins Licht. Ich öffnete die Glasflasche Milch mit einem lauten *Plopp!* und setzte sie an.

»Nein, im Ernst – soll ich dir bei der Einrichtung helfen?«

Beinahe hätte ich mich verschluckt.

»Was?«

»Na ja, ich habe einen guten Geschmack, und du ja offensichtlich auch – wir würden uns super ergänzen. Lass mich dir helfen. Wir suchen zusammen Möbel aus, testen das ein oder andere Sitzmöbel vorher aus ... du weißt schon ...«

Ich wischte mir die Milch, an der ich mich gerade beinahe verschluckt hatte, vom Kinn.

»Es ist alles fertig.«

»Wie meinst du das?«

»Die Einrichtung. Sie ist komplett.«

»Oh.«

Ich wusste, dass sie es nicht dabei belassen würde.

»Aber man könnte es hier und da noch etwas freundlicher machen.«

Bingo.

»Wenn ich je mit dem Gedanken spiele, etwas zu verändern, dann bist du die Erste, die ich frage.«

Ich sah aus dem Augenwinkel, wie Nadia sich zurück in die Kissen fallen ließ und selig seufzend einkuschelte. Es war unfassbar einfach, eine Frau zufriedenzustellen. Und Nadia machte es mir wahrlich nicht schwer.

Es tat mir jetzt fast leid, was ich ihr gleich antun würde, denn neben der Tatsache, dass ich nur allein schlafen konnte, war es ebenso Fakt, dass ich nicht auf der Suche nach einer Beziehung war. Und mit Nadia hatte ich bereits zweimal geschlafen, gerade eben war es das dritte Mal gewesen, und diesmal sogar bei mir. Und das war scharf an der Grenze zu einer Beziehung oder zumindest so etwas in der Art, und das wollte ich unbedingt vermeiden. Was ich daran nur wirklich hasste, war der Rechtfertigungsdruck, den fast alle Frauen danach auf mich ausübten, obwohl ich ihnen nie etwas versprach. Im Gegenteil – über mein bewusstes Single-Dasein sprach ich immer offen.

Als ich die Flasche fast bis zur Hälfte geleert hatte, spürte ich zwei Arme, die sich von hinten um meine Brust legten.

»So großen Durst?«, fragte ich, während ich die Milchflasche absetzte und mich zu Nadia drehte.

»Eher Sehnsucht«, antwortete sie und strich mir mit dem Finger den Milchbart von der Oberlippe. Sie trug mein weißes Business-Hemd, das ich über den Stuhl neben dem Bett gelegt hatte, offen, und sonst nichts. Ihre Haare fielen wild über ihre Schultern, eine perfekte Out-of-Bed-Frisur. Sie sah absolut umwerfend aus.

»Dabei war ich nur zehn Sekunden weg«, sagte ich und zog sie an mich.

»Viel zu lange«, antwortete sie und steckte sich lächelnd den Finger mit der Milch in den Mund, um mich direkt danach zu küssen.

Wenn man mehrmals in einer Nacht mit ein und derselben Frau schlief, dann zählt es doch nur einmal, dachte ich, also was soll's. Ich zog sie zurück ins Bett.

*

»Du, ich muss morgen früh raus«, flüsterte ich Nadia ins Ohr, die dösend neben mir lag. Sie machte dabei laute Atemgeräusche, die wahrscheinlich eine Art Vorstufe des Schnarchens waren.

»Morgen ist Samstag«, nuschelte sie ins Kopfkissen, »da muss niemand früh raus.«

»Ich schon«, antwortete ich. »Sei so lieb und lass mich noch ein wenig schlafen.«

»Kannst du doch.«

»Nicht, solange du hier bist.«

»Was soll das heißen?« Mit einem Mal wirkte Nadia hellwach.

Ich wusste, was jetzt kam, und ich hasste es.

»Ich brauche meinen Schlaf, sonst bin ich unausstehlich. Und ich kann nun mal nicht mit jemandem neben mir einschlafen.«

»Mit *jemandem* oder mit *mir?*«

Es war mir seit jeher ein Rätsel, wie eine Frauenstimme innerhalb von fünf Sekunden von dösig-nuschelnd in hysterisch-verzweifelt umschwenken konnte.

»Es hat nichts mit dir zu tun«, sagte ich, setzte mich auf und zog mir mein Shirt über den Kopf.

»Du wirfst mich also raus?«

»Nein, ich will nur alleine schlafen. Nicht mehr und nicht weniger.«

»Du setzt mich vor die Tür, ja?«

»Nein, ich setze dich nicht vor die Tür.«

Ich hasste es, mich rechtfertigen zu müssen. Und jedes Mal, wenn ich dazu gezwungen wurde, sank meine Sympathie für die Person, die mich in diese Lage brachte, in Sekunden Richtung Gefrierpunkt.

»Doch, das tust du! Wir haben eben miteinander geschlafen! Vor fünf Minuten noch! Und jetzt soll ich aus deiner Wohnung raus?«

»Oh Mann.« Ich sprang in meine Boxershorts und stellte mich neben das Bett.

»Bitte mach keine größere Sache draus, als es ist«, sagte ich beschwichtigend, »das passt nicht zu dir.«

»Aha, das passt also nicht zu mir!«, fauchte Nadia, während sie in die Decke eingewickelt ihre Klamotten zusammenraffte. Jedes Mal, wenn sie sich bückte, fielen ihr die Haare ins Gesicht, die sie mit lautem Pusten schräg aus dem Mundwinkel aus ihrem Sichtfeld schaffen wollte, was ihr aber nicht gelang, denn sie fielen ihr immer wieder vor die Augen.

»Ha! Es liegt nicht an mir! Bla-bla-bla! Dass ich nicht lache. Und ab morgen gehst du auch nicht mehr ans Telefon und antwortest auch nicht auf meine Whatsapp, obwohl ich sehen werde, dass du online bist. Richtig?«

Es klang eher wie eine Feststellung und weniger wie eine Frage, also antwortete ich nicht. Aber Nadia hatte recht – ich hatte nicht vor, sie noch mal zu treffen. So war ich eben, und dafür war ich niemandem Rechenschaft schuldig.

»Zum Kotzen, ihr Typen, echt, ihr meint alle, ihr könnt euch am Buffet bedienen aber wenn's ans Bezahlen geht, dann prellt ihr die Zeche!«

Nadias Stimme klang mittlerweile richtig hysterisch.

»Wofür sollte ich bitte bezahlen?«, fragte ich und zog erstaunt eine Augenbraue hoch. »Du bist doch auch auf deine Kosten gekommen, oder etwa nicht?«

»Tzz!«

»Und was meinst du überhaupt mit ›bezahlen‹?«

Nadia sah mich mit aufgerissenen Augen an. Mittlerweile war sie komplett angezogen, und das Kleid, das vor ein paar Stunden noch eine magische Anziehung auf mich ausgeübt hatte, wirkte nun ganz gewöhnlich.

»Scheißkerle, ihr seid alle gleich!«, fauchte sie vor sich hin. Ich kannte diese Sätze schon, hatte sie unzählige Male gehört.

»Ja, es ist meine Schuld. Ich bin der Arsch. Kein Thema.«

Es sah so aus, als wollte Nadia den Raum verlassen, doch dann blieb sie abrupt stehen und drehte sich zu mir um.

Ihr Blick war fast verzweifelt, aber es tat mir nicht leid. Ich fühlte gar nichts.

»Wir können es aber doch versuchen?«

»Ich habe dir von Anfang an gesagt, dass ich Single bin und es auch bleiben werde.«

»Manchmal muss man in der Liebe eben Kompromisse machen.«

Ich schüttelte den Kopf. »Ich bin bereit für Opfer. Aber nicht für Kompromisse.«

»Und die Liebe ist das Opfer, das du bringst?«

Ich sah meinen Blick in der Spiegelung der Glasscheibe hinter ihr, er wirkte so, wie ich mich fühlte. Leer.

Nadia senkte den Blick, öffnete die Glastür leise und sagte, ohne sich noch einmal umzudrehen: »Ich habe wirklich geglaubt, ich könnte das ändern.«

»Niemand kann mich jemals ändern«, antwortete ich und schloss die Tür hinter ihr.

3. Kapitel: Josefine

Mit gesenktem Blick lief ich durch den Nieselregen über den Rheinauhafenplatz. Ich mochte die Ruhe, die an Nieselregentagen von der Natur ausging, selbst der Lärm der Stadt schien wie durch einen Filter gemildert zu sein.

Die Kapuze meines Trenchcoats hatte ich fast ganz bis über meine Augen gezogen, und die obligatorische Sonnenbrille fehlte natürlich auch nicht. Laryssa hatte sich nicht gemeldet, aber vielleicht hatte ich ihren Anruf auch nur verpasst. Vielleicht war sie aber auch in Eile, vielleicht hatte sie nur Zeit für eine kurze SMS? Sicherheitshalber kramte ich beim Gehen mein Handy aus der Tasche.

»Hey, können Sie nicht aufpassen?«

Mit voller Wucht hatte ich einen anderen Passanten seitlich gerammt. Mein Handy flog im hohen Bogen durch die Luft.

»Oh nein!«

Ich griff nach dem Handy, das knapp neben eine Pfütze gefallen war, und überprüfte dabei mit dem Finger, ob das Display etwas abbekommen hatte. Und tatsächlich – es war nicht zu übersehen – ein Riss lief quer darüber.

»Scheiße!«

»Wie wäre es, wenn Sie Ihre Kapuze nicht über Ihr Gesicht ziehen würden? Dann könnten Sie die Straße und die Fußgänger auch erkennen.«

Jetzt erst sah ich, mit wem ich zusammengestoßen war. Ein Typ im Businessanzug und ohne Mantel, etwas größer als ich, mit dem typischen Ritter-Sport-Gesicht von Werbern, Marketiers oder sonstigen busy Geschäftsleuten.

»Sie haben es ja sogar ohne Kapuze geschafft, mich zu übersehen!«

Was Besseres fiel mir nicht ein. Wieso kamen die guten Sätze nie über meine Lippen, wenn ich sie brauchte? Wieder so ein Moment, in dem ich mir ein Drehbuch wünschte, das ich einfach nur abzusprechen hatte.

»Sie sehen zwar nicht so aus, als würden Sie sich hier gut auskennen ...« Der Typ musterte mich abfällig von oben bis unten, »aber man kann es ja mal versuchen. Ich bin nämlich gerade auf der Suche nach Kaffee. Dem besten Kaffee hier.«

»Mein Handy ist kaputt«, sagte ich und rieb auf dem Kratzer herum, so, als würde die Mischung aus Nieselregen und dem Herumreiben meines Daumens den Kratzer verschwinden lassen.

»Tja, das ist auch kein Wunder wenn Sie hier so entlangirren, und dann auch noch mit Sonnenbrille, bei dem Wetter! Es sei denn, Sie haben vor, jemanden auszurauben?«

Verdutzt sah ich ihn an. Der Typ grinste breit, er wollte wohl witzig sein. Er stand unmittelbar vor mir, so nah, dass ich gar nicht vermeiden konnte, ihm direkt in die Augen zu sehen. Seine dunklen Haare waren vom Regen schon etwas feucht und hingen in die Stirn, und ein Regentropfen, der sich bis jetzt tapfer an der rechten Braue gehalten hatte, tropfte in sein Auge, dessen Farbe ein seltsames Graugemisch war.

Ohne Skript war ich einfach nicht in der Lage, kluge, schlaue oder pointierte Antworten zu geben.

»Das geht Sie gar nichts an!« Es war nicht das, was ich eigentlich sagen wollte, und es war auch nicht viel besser als *Mein Telefon ist kaputt.*

»Was? Dass Sie bei Regenwetter Sonnenbrille tragen oder wo es hier den besten Kaffee gibt?«

Mich so anzurempeln, dass mein Handy kaputt gegangen war, und dann auch noch selbstgefällige Scherze machen – man konnte diesen Kerl ohne Zweifel als echten Idioten abstempeln.

»Das mit dem Handy tut mir leid«, sagte er jetzt in einem sanfteren Ton und griff danach, aber ich zog die Hand weg. »Aber Sie sind wirklich selber schuld, wenn ich das so offen sagen darf.«

Ob er recht hatte oder nicht, das konnte ich nicht genau sagen, immerhin hätte er auch aufpassen können und war direkt in mich hineingelaufen. Aber ich war wütend, dass mein Handy jetzt diesen Riss hatte, denn Geld für ein neues hatte ich nicht. So was hatte mir gerade noch gefehlt. Vielleicht sollte man an Tagen, die mit einem solchen Telefonat wie mit dem mit Nicole Drop begannen, gar nicht erst aus dem Haus gehen.

»Im Henry's natürlich«, sagte ich ruppig, »direkt da vorne.« Ich deutete auf den Weg, den ich gerade hinter mich gebracht hatte. »Das war schon da, bevor alle diese seelenlosen Bauten dazukamen.«

»Oh, eine Lokalpatriotin also, ja?«, entgegnete er mir.

»Gehen Sie nun hin oder nicht? Oder sollte das einfach nur eine platte Anmache sein?«

»Eine was?!«

Das Ritter-Sport-Gesicht zog sich lachend zusammen. »Seien Sie mir nicht böse, aber ich könnte jetzt behaupten, Sie verbreiten den Charme einer überbelichteten Umkleidekabine. Und diese Kapuzen-Brillen-Kombi ist – diplomatisch ausgedrückt – distanzfördernd.«

Ich glaubte nicht, was ich da hörte.

»Ich bin viel heißer, als ich aussehe!«

Ich wusste nicht, wie dieser Satz den Weg aus meinem Kopf über meine Lippen gefunden hatte, aber ich hatte ihn gesagt.

»Ja. Ganz bestimmt. Hören Sie, noch mal wegen des Handys, das tut mir leid, bei Gelegenheit spendiere ich Ihnen ein stilles Wasser oder was Sie sonst so trinken.«

Dann wandte er sich ab und hastete schnellen Schrittes weiter. *Ich bin viel heißer, als ich aussehe?*

Stilles Wasser???

Jedes Mal, wenn ich dachte, dass ich nicht tiefer sinken konnte, bestätigte mir das Leben das Gegenteil.

Ich sah an mir herunter. Die braune, grobe Strickjacke lugte aus dem Mantel hervor, der nur halb geschlossen war. Das Shirt darunter war mal weiß gewesen, hatte aber vom vielen Waschen schon einen Grauschleier. Dazu trug ich meine bequemen Jeans, die schon so ausgeleiert waren, dass die Knie eigene Höhlen gebildet hatten, die etwas vom Bein abstanden. Das Einzige, was ein wenig Glamour versprühte, waren meine schwarzen Stilettos.

Gut, insgesamt war ich heute vielleicht nicht gerade ein Augenschmaus, aber ich wollte ja auch nur zur Post und nicht an Laryssas Seite zum Bambi. Hätte er mich in dem Outfit gesehen, hätte er statt des stillen Wassers sicher Champagner vorgeschlagen, dieser Vollidiot. Ach, was soll's, so ein Typ ist es nicht wert, dass ich mich auch nur eine Sekunde über ihn aufrege, dachte ich, zog mir die Kapuze wieder ins Gesicht und ging weiter.

*

Als ich das Paket aus dem Postfach zog, spürte ich eine kribbelnde Vorfreude. Das Gemurmel der Postmitarbeiter und Kunden um mich herum erschien wie in Watte gepackt, und ich konnte mein Herz pochen hören. Dieses Gefühl war jedes Mal wieder besonders. Es erinnerte mich an Weihnachten, an die Spannung, die vor der Bescherung in der Luft lag, die mein Vater mit einem spitzbübischen Schmunzeln immer bis zum Äußersten hinausgezögert hatte. Am liebsten hätte ich das braune Packpapier direkt hier an Ort und Stelle vom Karton gerissen, aber ich riss mich zusammen. Ich wollte diesen Genuss zelebrieren, ganz für mich allein zu Hause genießen. Den Rückweg über hatte ich trotz des nebeligen Nieselwetters ein Lächeln auf den Lippen.

Als ich den letzten Bogen des braunen Papiers vom Karton gelöst hatte, der ganze dreimal damit eingeschlagen war, sah ich endlich den ovalen Kranz in glänzendem Silber auf schwarzem Grund, in dessen Mitte *PRADA* geschrieben stand. Langsam öffnete ich den Karton, schob den Deckel zur Seite und schlug das feine Seidenpapier auf, das so dünn war, dass das Gold der Schuhe hindurchschimmerte. Ich holte einen Schuh aus dem Karton und hielt ihn auf meiner Handinnenfläche vor mich. Er schimmerte roségold, und die Farbe erinnerte mich an einen Champagner, den ich auf genau dem Filmfest getrunken hatte, das mein letztes mit offizieller Einladung gewesen war. Die schmalen Riemchen verliefen asymmetrisch von der Schuhspitze aus, sodass sie sich wie kleine Wellen an den Fuß schmiegen würden. Der Schuh wirkte fast zerbrechlich, und der Absatz war genau richtig für einen guten Stand und trotzdem fein genug, um zum Rest des Schuhs zu passen. Zehn Zentimeter – das sah ich auf den ersten Blick. Ich stellte beide Schuhe auf den Boden vor mich und schob erst den rechten, dann den linken Fuß hinein. Sie passten perfekt. Mein Schuhprinz hatte einen Volltreffer gelandet.

Jolightly: *Die Schuhe sind so unfassbar wunderschön! Mir fehlen die Worte!*
Footy: *Und an deinen Füßlein sicher noch schöner! Ist das Zehlein jetzt wieder glücklich?*

Ich fragte mich, wie ein glücklicher Zeh wohl aussehen mochte, aber da das Kribbeln jetzt vom Bauch auch langsam meine Fußspitzen erreicht hatte, war das wohl exakt das, was Footy meinte.

Jolightly: *Ja, sehr! Sie sitzen perfekt!*
Footy: *Ich wünschte, ich wäre jetzt bei dir! Ein Traum, sie dir anzuziehen, während ich vor dir knie, Zehlein ... deinen nackten Fuß mit Küssen zu überdecken ...*

Gut, es war schräg, mit einem Fußfetischisten E-Mail-Verkehr zu haben, wenn er richtig in Fahrt kam. Ich streckte mein rechtes Bein aus und betrachtete den Schuh.

Himmel, das war es wert!

Footy: *Ich warte natürlich auf Fotos! Bitte beeil dich, ich halt es nicht mehr länger aus, Zehlein!!! Ich brauche ein Bild! Jetzt! Sofort!*
Jolightly: *Bin dabei, einen kleinen Moment noch ...*
Footy: *Ich dreh gleich durch, ich kann keine Sekunde mehr aushalten, Zehlein!*

Ich wusste, dass das, was ich hier tat, einer gewissen Ernsthaftigkeit entbehrte, und irgendwie kam ich mir auch seltsam vor, meine Füße zu fotografieren. Anderseits hatte jeder von uns etwas davon, wer von uns beiden länger, das vermochte ich nicht zu sagen. Aber es war eine Art Vereinbarung, ein Deal, etwas, das uns beide – zumindest für eine gewisse Zeitspanne – glücklich machte. Ich nahm mein Handy und fotografierte meine Füße in der neuen goldenen Errungenschaft, lud die Bilder in den Chat und drückte auf *Senden*. Ab jetzt würde ich ein, zwei Stunden oder vielleicht auch länger nichts mehr von Footy hören, und ich weigerte mich, mir vorzustellen, was er in der Zeit mit meinen Fußbildern anstellte. Er sagte nie etwas dazu, und ich fragte nicht – auch Teil unseres Deals, genau wie das Nicht-Treffen. Jedes Spiel hatte Regeln, und das waren meine. Und ich hatte nicht vor, sie zu brechen.

*

Footy: *Ein Zehlein steht vorm Spiegel, ganz still und stumm.*
Es drehet sein Füßlein im Kreis herum.
Ach Zehlein könnt ich bei dir sein,
dich verwöhnen mit tausend Küsselein!
Ein Zehlein steht vorm Spiegel, ganz still und stumm.
Es schiebt sein Füßlein sexy in Pumps herum.
Ach Zehlein könnt ich bei dir sein,
wär ich doch nicht so ganz allein,
könnt ich zu dir hinein!
Ich küss deine Sohle und atme Liebesduft ein,
du mein sexy Füßelein!

Ich schloss das Chatfenster und seufzte. Ich musste nicht weiterlesen, denn ich hatte auch so verstanden, dass dieser Reim eine Art Dankesbrief von Footy war, der in den letzten Stunden augenscheinlich voll auf seine Kosten gekommen war. Das wunderschöne Kribbeln in meinem Körper hatte allerdings nachgelassen. Stattdessen verspürte ich ein anderes Gefühl, das sich an seiner statt in mir breitmachte: Leere. Und Bitternis.

Ich brauchte dringend Ablenkung. Und ich wusste auch, wer mich sofort anschreiben würde, wenn er mich online sah.

Tenderlok: *Tut-tut!*

Der Baron war angeblich ein echter Freiherr, das hatte er mir bei einem unserer ersten Chats eröffnet. Er suchte nach ein wenig Zerstreuung abseits jener Regeln und Normen, die es aufgrund seiner Herkunft in der Adelsfamilie einzuhalten galt. Welchem edlen Geschlecht er angehörte, hatte er mir nicht verraten, obwohl ich wirklich neugierig war.

Ich wusste nicht, ob das stimmte, denn ich suchte mir gezielt Männer ohne Profilbilder aus, die meistens ebenfalls etwas zu verbergen hatten. So musste ich über mein fehlendes Foto nie Rechenschaft ablegen, und die Männer akzeptierten, dass sie ihre Fantasie einsetzen mussten, um sich ein Bild von mir zu machen. Gut, ich übertrieb gern ein wenig bei meinen Beschreibungen, vor allen Dingen bei meinen Körperformen, die obenrum immer ein wenig üppiger ausfielen, als es der Realität entsprach. Auch meine Haar- und Augenfarbe veränderte ich ab und an, merkte aber schnell, dass ich damit durcheinanderkam und blieb seit einiger Zeit lieber bei ein- und derselben Version.

Und natürlich hatte auch mein Freiherr, wie fast jeder hier, einen Spleen.

Jolightly: *Guten Tag Tenderlok!*
Tenderlok: *Ich kann behaupten, dass mich Jolightlys Abwesenheit geschmerzt hat. Mein Le-Voyage-de-Delamain-Cognac hat mich kaum über diese Stunden hinwegtrösten können.*
Jolightly: *Das erfreut mein kleines Herz, denn von einem Cognac ausgestochen zu werden, wäre unverzeihlich.*
Tenderlok: *Viele behaupten, über den Genuss des Le Voyage de Delamain mit einer frisch gedrehten Cohiba ginge nichts. Ich widerspreche dem nur ungern, wohlgleich ich eine Vorstellung habe, die dies übertreffen könnte ...*
Jolightly: *Die Vorstellung von dir im Cigarrum, auf einem dunklen, schweren Sessel, der wunderbar nach Leder duftet, sitzend, eine Cohiba in der einen Hand, ist gleichwohl wunderbar!*

Tenderlok: *In deiner Beschreibung fehlt aber ein wichtiges Detail.*
Jolightly: *Ich an deiner Seite?*
Tenderlok: *Du an meiner Seite in einem seidenen La-Perla-Nachthemd mit Spitzeneinsatz …*
Jolightly: *Die meisten Frauen wählen ihr Nachthemd mit mehr Verstand als ihren Mann. Von wem?*
Tenderlok: *Zu so einer hinreißenden Äußerung kann nur Coco Chanel fähig gewesen sein …*
Jolightly: *Touché!*
Tenderlok: *Du würdest hinreißend sein mit einer langen Perlenkette, wie Coco sie trug.*
Jolightly: *Der tiefe Rückenausschnitt des Nachthemdes, und die Kette, die über Schultern und Rücken bis ganz nach unten hin zum Ansatz meiner Rundungen schmeichelt …*
Tenderlok: *Mit dir an meiner Seite würde meine Zigarre glühen!*
Jolightly: *Ich würde sie dir höchstpersönlich drehen, mein lieber Tenderlok.*
Tenderlok: *Welch hinreißende Vorstellung. Allein der Gedanke daran lässt meine Zigarre rauchen!*
Jolightly: *Und mein Mund würde das Feuer mit feuchten Küssen löschen …*
Tenderlok: *Du treibst mich schier in den Wahnsinn!*
Tenderlok: *Meine Zigarre hat nun eine gar prächtige Größe …*
Jolightly: *Deine Zigarre in meinem Kristallglas!*
Tenderlok: *Oh Jolightly … ich glaube, ich muss gleich tuten!*
Jolightly: *Du große, starke Dampflok! Ich liebe es, wenn du tutest!*

Es war nicht schwer gewesen, sich auf die Vorlieben und Eigenarten des Barons einzustellen. Er sammelte seltene Dampfloks, wie er mir schon bei unserem ersten Chat verriet, und es brauchte nur ein wenig Internet-Recherche, um herauszufinden, welche Vorlieben ein Genießer wie er haben könnte. Jeder meiner Chatpartner hatte ein eigenes, spezielles Profil, auf das ich mich einstellen musste.

Ich war ein Chamäleon der Liebe, eine unsichtbare Verwandlungskünstlerin, und die beste Schauspielerin, die ich je sein konnte.

So war es auch mit Footy oder all den anderen, die ich im Laufe der Zeit kennengelernt hatte. Der Zirkusdirektor, wie er sich nannte, der davon träumte, einfach durchzubrennen und ohne sich umzudrehen durch die Welt zu ziehen, der dann aber doch wieder Tag für Tag Akten im Büro abarbeitete. Oder Don Juan, der Casanova, der immer auf dicke Hose machte und sich als feuriger Italiener beschrieb, bis ich ihn eines Nachts in einer Lebenskrise erwischte und er mir gestand, dass er unter seinem weißen, flauschig-dünnen Kükenhaar und kreisrundem Haarausfall litt, mit Mitte vierzig noch Jungfrau war, bei seiner Mutter lebte und eigentlich Kai-Uwe hieß.

Tenderlok: *Tuuuuuut … hast du auch getutet?*
Jolightly: *Nur mit dir, mein Lieber, nur mit dir kann ich so tuten …*
Tenderlok: *Ich muss dich sehen, Jolightly, nichts brennt mehr in meinen Lenden als dieser Wunsch!*
Jolightly: *Ebenso in meinen!*

So war das mit meinem Baron. Im Gegensatz zu Footy schickte er mir keine Schuhe, sondern wollte eben, dass ich mit ihm tutete. Und was war schon gegen ein wenig Tuten einzuwenden? Ab und zu flatterten kleine Geldbeträge in mein Postfach, wenn etwa die Telefon- und Internetrechnung oder Ähnliches anstand, die meine Gesprächspartner nur zu gern übernahmen.

Keiner störte sich daran, dass ich ein wenig aufrundete. Es geschah stillschweigend, und ich balancierte über diesen schmalen Grad wie auf einem Drahtseil, das mich, solange es an beiden Seiten fest gespannt war, hielt. Und ich hatte nicht vor, auf meiner Seite loszulassen.

4. Kapitel: Simon

Hier trifft man echte Freaks auf der Straße, dachte ich und ging verwundert weiter. Diese Frau war nicht nur schräg angezogen – ich meine, was sollen bitte High Heels zum Altkleidersack? Zusätzlich konnte man aber angesichts dessen, was sie gesagt hatte, schwer davon ausgehen, dass sie komplett irre war. *Ich bin heißer, als ich aussehe!* Als ich mir diesen Satz noch mal durch den Kopf gehen ließ, musste ich schmunzeln. Zuerst dachte ich, dass sie einfach nur eine dieser hysterischen Lebensverweigerinnen war, die sich aus lächerlichem Gesellschaftsprotest so anzogen, aber dazu passte eines ganz sicher nicht: ihre Schuhe. Sie waren mir sofort aufgefallen, als sie sich nach ihrem Handy bückte, denn sie wirkten völlig fehl am Platz.

Ich war niemand, der stundenlang mit Frauen shoppen ging und das womöglich auch noch genoss, aber eines hatte ich schnell begriffen: Ein Geschenk versprach in der Gegenwart eine Zukunft, die sich jede Frau vorstellen wollte. Und dabei spielte es keine Rolle, ob es sich um eine besondere Kette oder ein teures Paar Designer-Schuhe handelte. Im Laufe der Jahre war ich zu einer Art Geschenk-Experte geworden, wenn es um Eroberungen ging. Und solche Schuhe, wie ich sie eben gesehen hatte, waren ganz sicher nicht in der Altkleidersammlung zu finden.

Jetzt hatte ich wirklich einen richtig guten Kaffee nötig. Aber in den Laden, den mir die Verrückte empfohlen hatte, würde ich ganz sicher nicht gehen. Wahrscheinlich gab es da noch mehr Leute wie sie, und das wollte ich mir ersparen. Ich bog um die Ecke zu der neuen Espressobar, die letzte Woche in der Zeitung stand. Der Barista dort hatte gestern eine halbe Seite bekommen, also musste er gut sein.

*

»Hey, Kumpel, wo steckst du?«

»Ich wollte Kaffee holen.«

Gut, das war gelogen. Ich wollte einen Kaffee trinken, und zwar allein, um mich wenigstens einige Minuten am Tag von Wallis Wallisein zu erholen. Der Barista aus der Zeitung war gestern wirklich gut gewesen, also wollte ich heute sofort wieder hin.

»Das passt ja wie Deckel auf Kaffeebecher! Ich hab da gerade einen endgeilen Laden entdeckt, erinnert mich an früher!«

Das sollte mir Sorgen machen.

»Uhhum.«

»Wo bist du genau? Ich lotse dich!«

»An dem neuen Laden, der gestern in der Zeitung stand.«

»Ach, das hier ist viel besser, schwing deinen fabelhaften Arsch rüber und komm her!«

Jemand wie Walli, der »fabelhafter Arsch« zu jemandem sagte, der nachweislich keine Frau war, brachte mich jedes Mal erneut an den Punkt, an dem ich mich fragte, wie ich ihn damals überhaupt einstellen konnte.

»Der Kaffee ist total retro! Der rockt bis zum Abwinken. Und man fühlt sich gleich wieder jünger. Oder na ja, vielleicht auch älter.«

Gut, ich wusste es. Walli war schon da, seit ich denken konnte. Er hatte sich seit unserer Schulzeit kein bisschen verändert, und das würde er auch in hundert Jahren nicht. Selbst dann nicht, wenn Schweine fliegen konnten.

»Los, zier dich nicht so, du Diva!«

Ich gab auf. »Okay, ich komme ja schon! Ich hoffe für dich, dass der Kaffee wirklich gut ist.«

*

Als ich das Café betrat, traute ich meinen Augen nicht. Es war, als wäre man in Ultraschallgeschwindigkeit hundertfünfzig Jahre zurück in die Vergangenheit gebeamt worden. An der Eingangstür hing ein Seil mit einem Glöckchen, das klingelte, sobald man den Laden betrat. Ich konnte mich nicht daran erinnern, wann ich so etwas das letzte Mal gehört hatte. Im Café selbst standen uralte Möbel, höchstwahrscheinlich Biedermeier, in jedem Fall nichts, was aus diesem Jahrtausend stammte. Der Laden war derart vollgestellt, dass es an eine Art Möbeltetris erinnerte.

»Da bist du ja endlich!«

Walli war bis zur Körpermitte in einem alten Ohrensessel mit Blumenmuster versunken.

»Setz dich!«

Er versuchte, auf die Sitzfläche des Sessels neben ihm zu klopfen, aber sein Michelin-Männchen-Arm war zu kurz, und so wedelte er nur unkoordiniert in der Luft herum.

Ich ließ mich auf den Sessel neben ihm fallen, was eine Staubwolke aufwirbelte, die mich augenblicklich husten ließ.

»Himmel Herrgott! Das ist ja ... uhuhu!«

»Guten Tag.«

Ein Mann hatte sich zu uns gestellt. Für einen Kellner war er viel zu alt, und es hätte mich nicht gewundert, wenn er altersmäßig mit dem Interieur mithalten konnte. Seine wenigen, weißen Haare trug er halblang und über den Ohren, er sah aus wie einer dieser ehemaligen Hippies, die früher mal die Welt verändern wollten und heute feststellten, dass sich alles um sie herum verändert hatte, nur sie selbst nicht.

»Hallo«, antwortete ich, aber bevor ich meine Bestellung aufgeben konnte, unterbrach Walli mich.

»Er nimmt auch so einen märchenhaften Kaffee wie den hier«, sagte er und hielt dem Mann seine Tasse hin.

»Gern«, antwortete der alte Mann lächelnd und wendete sich der Theke zu, »einen anderen haben wir auch nicht.«

»Einen anderen haben wir auch nicht?«, flüsterte ich Walli zu. »Spinnt der Alte?«

»Wieso, ist doch wie bei uns.«

»Wie meinst du das?«

»Du brauchst ja auch keinen zweiten Mann, weil du mich hast. Wer schon das Beste hat, sucht nicht weiter.«

Ich seufzte. »Genau.«

»Siehste.«

Der alte Mann kam mit einer Tasse Kaffee in der Hand wieder und stellte sie vor mich auf eines der kleinen Holztischchen, die überall zwischen den Sesseln standen. Sie hatten gebogene Beine, sicher Chippendale. Er schien keine Anstalten zu machen, mir Milch und Zucker bringen zu wollen.

»Bekomme ich Milch dazu?«, hakte ich nach.

»Bedienen Sie sich«, sagte er und zeigte Richtung Theke, auf der ein Silbertablett mit einem Kännchen stand, daneben eine Zuckerdose mit aufgemalten Blumen.

»Toller Service hier!«, raunte ich Walli zu, der mich immer noch strahlend ansah.

»Ist das ernsthaft Filterkaffee?«, fragte ich meinen Freund und hielt ihm die dünne Brühe unter die Nase.

»Wurscht! Schmeckt super!«

Ich wusste nicht, wann ich das letzte Mal so einen Kaffee getrunken hatte, aber es war mindestens hundert Jahre her. Ein guter Kaffee musste eine ganz besondere Crema haben, das wusste ja wohl jeder.

»Hmmmm!«, machte Walli mit gespitzten Lippen und geschlossenen Augen, als sei er meine Mutter und müsse mich davon überzeugen, Spinat zu probieren. Ich verdrehte die Augen, schnappte mir meine Tasse und ging zur Theke. Sie war aus dunklem Holz, wie fast alles hier in dem Laden. Auch sie wirkte, wie jedes Teil und sogar die Bedienung in dem Laden, leicht angestaubt. Ich hoffte inständig, dass die Milch in dem Kännchen nicht auch so alt war wie alles andere hier. Vorsorglich roch ich daran, konnte aber nichts Auffälliges feststellen. Trotzdem war ich in der Dosierung lieber erst mal vorsichtig und goss nur einen kleinen Schluck hinein, obwohl ich meinen Kaffee eigentlich immer mit sehr viel Milch trank. Dann nahm ich einen Schluck. Der Kaffee war heiß, heißer als ich es von dem Latte macchiato oder dem Kaffee Crema gewohnt war, den ich kannte. Im ersten Moment schmeckte ich gewöhnlichen Kaffee, dünn zwar, aber eine kräftige Sorte.

Doch dann machte sich ein Geschmack in meinem Mund breit, der weniger mit Kaffee zu tun hatte: Erinnerungen an eine andere Zeit, an ein anderes Leben.

Ich schloss einen kurzen Moment die Augen – und da waren die Bilder, die ich fast vergessen hatte. Die alte Wohnküche meiner Großeltern, in der es zu jeder Zeit nach starkem Bohnenkaffee roch, mein Großvater, wie er am Küchentisch saß und seine Tasse Kaffee wie immer mit beiden Händen umschloss. Meine Großmutter, die es schaffte, zu jeder Tages- und Nachtzeit frisch aufgebrühten Kaffee dazuhaben. Der Geschmack in meinem Mund war der Geruch ihrer Küche. Der Geruch meiner Kindheit.

Hinter mir hörte ich das Klingeln des Glöckchens, anscheinend betraten doch noch andere lebende Menschen diesen merkwürdigen Laden. Ich öffnete meine Augen wieder, nahm die Tasse und drehte mich mit ausgestrecktem Arm um.

»Ah!«

»Fuck!«

Die Person, die soeben das Café betreten hatte, war genau in dem Moment, in dem ich mich umdrehte, an mir vorbeigegangen. Zu nah allerdings, sodass ich mir meinen heißen Kaffee selbst auf mein Hemd kippte.

»Aghh!«

»Oh nein!«

»UUhhh!«

»Sorry, das wollte ich ni... oh!«

»Verdammt! Das ist brüllend heiß!«

»Tschuldigung ...

»Sie hatten recht – Sie sind wirklich heißer, als Sie aussehen!«

*

Ich glaubte es nicht. Die Verrückte hatte mich nicht nur so mit ihrer Einkaufstüte unter dem Arm angerempelt, dass ich mich selbst mit Kaffee übergossen hatte, sondern stand jetzt auch mit ihrem irren Gesichtsausdruck vor mir.

»Finden Sie das witzig, ja?« Wütend versuchte ich, mein Hemd mit Schüttelbewegungen von der Brust wegzuhalten.

»Na ja, vielleicht sind wir jetzt quitt ...«

Sie klang so unsicher, dass es sich wie eine Frage anhörte.

»Das letzte Mal waren Sie selber schuld«, sagte ich, ohne sie anzusehen.

»Möchten Sie ein Taschentuch?«

Sie hielt mir ihre Einkäufe unter die Nase, und ich nahm sie widerwillig an.

»Die Reinigung geht auf Sie!«

»Sie haben mein Handy kaputt gemacht.«

»Habe ich nicht!«

Ich rubbelte mit einem Taschentuch auf dem Kaffeefleck herum, der so groß war wie meine Handfläche. Doch durch das Rubbeln vergrößerte er sich nur, und das Taschentuch löste sich in viele kleine Fussel auf, die jetzt überall verstreut auf dem Hemd klebten.

»Mann!«

Ich war sauer. Wie konnte eine völlig Fremde mir gleich zweimal hintereinander einen Tag vermiesen?

»Komm her, ich mach das!« Mit diesen Worten war Walli aufgesprungen, hatte das Milchkännchen vom Tresen genommen und kippte mir den Inhalt über den Kaffeefleck.

»Ah! Bist du bescheuert?«

»Wieso, hilft doch bei Eiern auch!«

Meine Brust, die von dem heißen Kaffee glühte, wurde also abgeschreckt. Ich kam mir vor wie bei einem dubiosen Wechselbad in einem Kurort, dem der Kurtitel wegen schlechter Führung aberkannt worden war. Mittlerweile standen nicht nur die seltsame Frau und Walli um mich herum, auch der alte Mann, der mich bedient hatte oder wie man das vorhin auch immer nennen konnte, hatte sich zu uns gestellt.

»Geben Sie mal her«, sagte er und begann, mein Hemd aufzuknöpfen, »ich regle das. Mit so was kenne ich mich aus. Sie haben doch ein paar Minuten Zeit, nicht?«

»Bitte, lassen Sie das.« Ich versuchte, ihn abzuhalten, aber er ließ sich nicht bremsen. Zuerst streifte er mir mein Jackett ab, sodass ich mich einmal um meine eigene Achse drehte. Dann öffnete er die Knopfleiste meines Hemdes und nacheinander die Manschetten an den Handgelenken.

»Also bitte ...«, intervenierte ich, doch er zog mir das Hemd mit einem Ruck vom Leib. Ich konnte nicht glauben, dass ich jetzt oben ohne mitten am Tag in einem Trödelcafé stand.

Die Frau nahm ihre Vintage-Sonnenbrille ab und legte sie auf den Tresen. Irgendwie kam sie mir bekannt vor – und zwar nicht nur von unserer unsäglichen Begegnung gestern auf der Straße.

»Hugo, lass doch ...«

»Ach was, das ist schnell erledigt! In der Zeit, in der Sie hier einen Kaffee trinken, hab ich das wieder blitzsauber. Josy, hast du gleich mal einen Föhn für mich?« Mit diesen Worten verschwand er in einen Nebenraum hinter dem Tresen.

Als der alte Mann, der wohl auf den Namen Hugo hörte, meine ungewollte Bekanntschaft mit *Josy* angesprochen hatte, dämmerte mir was. Ich kannte dieses Gesicht sogar ziemlich gut. Konnte es ein, dass die Irre tatsächlich Jojo, der erste heimliche Schwarm meiner Jugend war?

»Ist was?«

»Sie sind nicht wirklich *DIE* Jojo, oder?«

Sie sah mich mit einem genervten Blick an, dem man zweifelsfrei entnehmen konnte, dass ich ins Schwarze getroffen hatte.

»Im Fernsehen wirkten Sie immer viel netter.«

Sie machte Anstalten, ihre Arme vor der Brust zu verschränken, merkte aber, dass sie noch die Tüte in der Hand hielt, und stellte sie zwischen ihren Beinen ab.

Eine Katze huschte zwischen uns hindurch und sprang auf einen der Blumenmustersessel.

»Usch, komm da runter!«, rief sie der Katze zu und machte eindeutige Handbewegungen, die die Katze geflissentlich ignorierte.

»Usch?«, fragte ich. »Klingt wie'n Geräusch!«

Sie sah mich beleidigt an. Je länger ich sie betrachtete, umso klarer wurde es mir: Sie war tatsächlich Jojo, die Frau, der ich meine komplette Jugend heimlich hinterhergeschmachtet hatte, als ich mich noch pickelig und unsicher auf Schulhöfen herumdrückte. Meine große Schwester hatte jede Folge wie die heilige Messe zelebriert, und ich tat immer so, als wäre ich gezwungen worden mitzugucken, dabei war ich ihr seit der ersten Minute verfallen.

Diese Frau vor mir hatte so ziemlich nichts mit der Jojo gemein, die ich mein halbes Leben angebetet hatte. Im Gegenteil. Ihre Augenringe zeugten von keiner guten Zeit, ihr Outfit war ohne Frage unterirdisch und ihr Haar hing genau wie gestern ungekämmt rechts und links aus der Kapuze heraus. Sie wirkte so gar nicht attraktiv und wie die TV-Schönheit, die ich von früher kannte.

»Heyho Leute!«, mischte sich Walli ein. »Immer langsam mit den jungen Diven!«

Walli legte seinen Arm um Jojo, oder Josy, wie der alte Hugo sie genannt hatte.

»Und du warst wirklich im Fernsehen?«

Josy nickte.

»Das ist irgendwie an mir vorbeigegangen. Hatte so eine langwierige Metallica-Phase. Danach war mein halbes Leben lang Britney Spears die Vorlage meiner feuchten Träume gewesen. Na ja, bis sie sich die Haare abrasiert hat …«

Auf Josys Gesicht erschien fast so etwas wie ein kleines Lächeln.

»Aber wenn ich dich vorher gekannt hätte, wärst es ganz sicher nur du gewesen!«

Das Lächeln, das sich jetzt deutlich auf dem Gesicht der Frau abzeichnete, erinnerte mich schon mehr an Jojo.

»Oh, das ist aber … süß!«, antwortete sie.

Walli umarmte Josy so enthusiastisch, dass man Angst haben könnte, dass er sie zerquetschen würde, wenn einem etwas an ihr läge, dachte ich.

»Also wenn Simon ein Fan von dir ist …«, plapperte Walli weiter.

»… war«, schob ich ein, »war!«

»… dann musst du ihm unbedingt ein Autogramm geben. Am besten auf …«, er sah sich um, »auf die Brust!«

Bitte? Ich glaubte nicht, was ich da hörte.

»Nein«, sagte ich.

»Nein«, sagte Josy.

Walli war Walli, das konnte ich nicht ändern, aber dass diese Verrückte mir auf die nackte Brust krakelte, das würde ich nicht zulassen, auch wenn ich damals in sie verknallt gewesen war – heute war ich nicht mehr dieser kleine, pickelige Junge, und gestern war vorbei. Und außerdem war ich in ihr TV-Abbild verknallt gewesen, das augenscheinlich nichts mit der Person gemein hatte, die gerade vor mir stand. »Dann auf meine!« Walli machte Anstalten, sich sein Hemd aufzureißen.

»Nein!«, rief ich.

»Nein!«, rief Josy.

»Mensch, Leute, seid doch nicht so verkrampft! Das ist ein historisches Ereignis, das dokumentiert werden will!«

Er begann, in seinen Hosentaschen herumzukramen. »Ich hab bestimmt noch irgendwo ein Taschentuch ...«

»Soll ich einen Zettel besorgen?«, fragte Josy und klopfte Walli auf die Schulter. Mit diesen Worten wendete sie sich ab und verschwand ebenfalls im Nebenraum hinter dem Tresen.

»Ich glaub's nicht, ich fass es nicht!«, flüsterte Walli mir mit einem unterdrückten Kreischen ins Ohr. »Wir müssen ab sofort immer herkommen, hörst du?«

»Sicher nicht!«

»Aber es ist alles sonnenklar!«

»Was ist sonnenklar?«

»Dass ihr füreinander bestimmt seid!«

»Ich bitte dich, Walli. Eher bist du als Ballerina für den Schwanensee bestimmt!«

»Und nun hat das Schicksal euch endlich zusammengebracht!«

»Das war nicht das Schicksal«, antwortete ich, »sondern zwei verdammt miese Tage.«

Ich fühlte mich leicht deplatziert mit meinem nackten Oberkörper, obwohl ich mein Jackett wieder angezogen hatte.

»Wenn du dein Autogramm von der Irren hast, verschwinden wir«, sagte ich. »Ich kann sie keine Sekunde länger ertragen. Diese Frau nervt.«

»Du hast wohl nicht alle Latten am Zaun! Ich bleibe natürlich hier. Und außerdem ist es *dein* Autogramm!«

»Wir haben einiges zu tun, Walli.«

»Mir steht eine gesetzlich geregelte Mittagspause von mindestens fünfundvierzig Minuten zu. Und die werde ich auch nutzen!«

Ich seufzte. »Dann gehe ich eben alleine vor. Bringst du mir mein Hemd mit?«

Gerade als ich mich zum Gehen abwenden wollte, ertönte ein lautes Föhn-Geräusch. Dann teilte sich der Vorhang zum Nebenraum, und Josy kam heraus.

»Das Hemd ist gleich fertig«, sagte sie emotionslos in meine Richtung, ohne mich anzusehen. Und dann, mit einem strahlenden Lächeln Richtung Walli: »Hier, dein Autogramm. Garantiert unbenutzter Zettel, exklusiv, nur für dich!«

Auf dem Zettel stand *XOX, Josy*, und ein Herz war daneben gemalt.

»XOX! Umarmung und Kuss!«, raunte Walli mir zu. »Ich hab's doch gesagt! Sie findet dich toll!«

»XOX? Oh Gott, das ist 'ne Phrase. 'ne Plattitüde, 'ne ... ach was. Wer bitteschön schreibt heute noch XOX? Da ist aber jemand ganz schön in der Vergangenheit hängen geblieben.«

Josy sah mich mit einem Blick an, der verzweifelt nach einer Antwort zu suchen schien, und ihr Mund öffnete sich einen kleinen Spalt, aber es kam kein Ton heraus.

»Soooooo, da wären wir!« Hugo kam aus dem Nebenraum. Mein Hemd hielt er wedelnd ein Stück weit von sich entfernt.

»Müsste jetzt halbwegs trocken sein. Und gebügelt obendrein.«

Es war verblüffend, aber von dem Kaffeefleck war nichts mehr zu sehen.

»Danke«, antwortete ich und zog mein Jackett wieder aus. »Ich hätte es auch wirklich in die Reinigung geben können.«

»Sie können mein Handy in die Reparatur geben«, blökte die Irre, anscheinend hatte sie sich ein Herz gefasst. »Immerhin haben Sie mich ja angerempelt.«

Jetzt ging das wieder los.

»Immerhin haben Sie es fallen gelassen.«

»Ich regel das für dich, Liebste«, raunte Walli und sah sie schmachtend an. »Geht natürlich auf Firmenkosten, wenn unser Chef hier das war.«

»Ganz sicher nicht!«, raunte ich Walli zu.

»Do-hoch«, zischte er zurück. »Wage es nicht, dich zwischen mich und dein Schicksal zu stellen!«

»Das Schicksal ist ein Arschloch«, sagte ich, mehr zu mir selber als zu Walli, aber Walli ließ nicht locker und buffte mich immer wieder in die Seite.

»Schon gut«, gab ich auf, »gib das alte Ding her.«

Dann wandte ich mich Hugo zu. »Vielen Dank für das Hemd. Was macht das?«

»Nichts natürlich.«

»Ich meine die beiden Kaffee.«

»Gehen natürlich aufs Haus.«

»Hugo! Bist du wahnsinnig?«

Josy sah den alten Mann mit aufgerissenen Augen an, als hätte er soeben eine Zwangsheirat mit mir verkündet.

»Das können wir uns zum einen gar nicht leisten. Und zum anderen ...«, sie warf mir einen missbilligenden Blick über ihre Schulter zu, »... zum anderen wollen wir ja auch nicht *jeden* Kunden hier.«

»Aber bitte«, mischte sich Walli ein, »das ist doch nicht nötig. Natürlich zahlen wir alles, und wir kommen gern wieder. Nicht wahr, Simon?« Er buffte mich wieder in die Seite.

Ich ersparte uns allen eine Antwort.

»Einen schönen Tag noch«, sagte ich und reichte Hugo die Hand. »Danke noch mal.«

»Da nich für«, antwortete er lächelnd.

Ich hatte keine Lust, mich von der Irren zu verabschieden.

Walli bekam rechts und links ein Küsschen auf die Wangen, die sich augenblicklich röteten.

»Ich glaub, ich bleib doch hier«, sagt er schmachtend.

»Nichts wirst du. Außer zurück zu deinem Schreibtisch gehen. Und zwar jetzt.«

»Isjagut!«

Als ich die Tür öffnete und mir die kühle Herbstluft entgegenströmte, war ich froh, endlich aus diesem Laden raus zu sein. Ich schob Walli voran, damit er sich nicht noch hundertmal umdrehte und der Irren Luftküsse zuwarf.

»Ab sofort gehen wir nur noch ins *Joseph's* nebenan, klar?«

Das war immerhin eine Lokalität mit Stil und Geschmack, und dort gab es nicht nur Kaffee in allen erdenklichen Variationen, sondern auch gutes Essen. Die Preise waren zwar ein wenig überhöht, aber so stellte man immerhin sicher, dass hier nur ein gewisses Klientel ein- und ausging.

Als die Tür hinter mir beinahe vollständig geschlossen war, hörte ich ein lautes Zischen. Als ich mich umdrehte, sah ich durch den Spalt die Katze, die wie ein Geräusch hieß, in Habachtstellung mit gesträubtem Fell und Buckel hinter der Tür stehen und mir hinterherfauchen. Jetzt ist mir der Name klar, dachte ich, als ich mich zum Gehen umwandte.

5. Kapitel: Josefine

Man soll ja Menschen nichts Schlechtes wünschen, aber wenn er jetzt über den Türabsatz stolpern würde ... Immerhin hatte Usch ihm hinterhergefaucht und unseren Standpunkt stellvertretend für mich klargemacht.

Ich war wütend. So wütend, dass ich mein Handy am liebsten an die Wand geworfen hätte, hätte ich es nicht eben allen Ernstes diesem Unmenschen mitgegeben. Natürlich war das besser, als selber für die Reparatur aufzukommen. Aber gerade ihm mein Heiligstes anzuvertrauen, war trotzdem nicht die beste Idee des Jahres gewesen.

»Mann!« Sauer pfefferte ich Stift und Zettelblock auf den Tresen. »Volldepp!«

»Na, na, na«, versuchte Hugo mich zu beruhigen und tätschelte meine Schulter, »du warst nicht gerade freundlich zu ihm.«

»Muss ich auch nicht. Erst rempelt Mr. Wichtig mich an und gibt mir die Schuld, dann taucht er hier auf und behandelt alle von oben herab! Ich weiß gar nicht, wie dieser liebe Kerl, Walli oder wie er hieß, es neben ihm überhaupt aushalten kann.«

»Hmm«, machte Hugo.

»Dieser Typ ist gruselig! Es ist, als ob seine arrogante Aura alle meine guten Antworten verschluckt!«

»Gräm dich nicht, Kind. Und so schlimm, wie du sagst, fand ich ihn nun auch nicht.«

»Stimmt«, antwortete ich, »er war schlimmer!«

Hugo legte seine Hand nachdenklich um sein Kinn.

»Und Usch konnte ihn auch nicht leiden!«

»Usch kann niemanden leiden!«

»Doch, mich!«

»Sie toleriert dich nur, weil du ihr Essen bringst und sie kraulst.«

»Danke Hugo. Mir an so einem Tag auch noch zu sagen, dass meine eigene Katze mich nicht mag.«

Hugo legte seinen Arm um mich. »Ach Schatz …«

Dann sah er mich herausfordernd an.

»Ich hab da eine Idee. Was hälst du davon, wenn wir Henrys Espressomaschine entstauben? Wär doch schade, so ein wertvolles Stück verlottern zu lassen.«

Überrascht sah ich meinen Patenonkel an. »Seit wann willst du Espresso anbieten? Hast du mir nicht vorhin noch was von zu viel Auswahl erzählt?«

»Ich meine ja auch nur den guten, echten Espresso. Henry hat ihn geliebt. Und wenn wir so etwas anbieten, kommen Leute wie die beiden vorhin sicher wieder.«

»Ich will aber gar nicht, dass solche Leute wiederkommen. Der Vollidiot zumindest nicht.«

»Du hast gesagt, wir brauchen mehr Kunden. Also beschwer dich jetzt nicht. Ich gehe die Maschine holen. Sie ist sicher nicht in Schuss, ich muss erst mal schauen, ob sie überhaupt noch funktioniert.«

Mit diesen Worten ließ mein Patenonkel mich stehen.

»Bitte«, rief ich ihm hinterher, »mach das. Ich werde ihn jedenfalls nicht bedienen.«

Das Glöckchen klingelte hinter mir, und ein neuer Gast kam durch die Tür. Es hatte wieder begonnen zu regnen, und bevor der Mann, der komplett in Grau gekleidet war, eintrat, drehte er sich noch mal zur Straße, um die letzten Tropfen von seinem Schirm abzuschütteln.

»Guten Tag«, begrüßte er mich und streckte mir die Hand entgegen.

»Guten Tag«, antwortete ich irritiert. Ich war es nicht gewohnt, dass mir jeder Gast persönlich die Hand reichte. Aber vielleicht war das eine Art Karmaausgleich für das dreiste Verhalten des Vollidioten, dachte ich und gab meinem Gegenüber lächelnd die Hand.

»Paschulke mein Name. Ist Herr Hugo Lott wohl zu sprechen?«

»Der ist gerade beschäftigt, aber sicher kann ich Ihnen auch helfen«, antwortete ich.

»Ich denke nicht«, sagte Herr Paschulke.

»Worum geht es denn? Ich leite den Laden hier mit, Sie können mit mir sprechen.«

»Wenn das so ist, wissen Sie sicher um die Umstände hier«, antwortete er, »aber darüber muss ich trotzdem mit Herrn Lott allein sprechen. Können Sie ihm Bescheid sagen bitte?«

»Welche Umstände?«

»Details kann ich Ihnen nicht nennen.«

»Gut, ich hole ihn. Einen Moment bitte.«

Ich fragte mich, warum er so ein Geheimnis aus dem Termin machte, hatte aber sofort ein schlechtes Gefühl gehabt.

»Hugo? Da ist jemand für dich.«

Als Hugo hinter der Theke auftauchte, hielt er die mittlerweile ziemlich angestaubte Espressomaschine im Arm.

»Schau mal, ich hab sie gefunden! Sieht zwar ziemlich vernachlässigt aus, aber das kriegen wir sicher ...«

»Guten Tag Herr Lott. Gestatten, Paschulke. Wir kennen uns von diversen Briefen. Besser gesagt, Sie mich. Sie antworten mir nie. Sie erinnern sich.«

Ich sah, wie Hugo augenblicklich kreidebleich wurde, was wegen seines hohen Blutdrucks ohnehin ein Kunststück war. Er hielt die Espressomaschine immer noch verkrampft im Arm, aber man konnte sehen, dass sie ihm viel zu schwer wurde. Vielleicht kam der Schweiß auf der Stirn auch durch die Anwesenheit des Mannes, der jetzt seinen Aktenkoffer auf die Theke legte und ihn öffnete.

»Komm, gib her«, sagte ich, nahm Hugo die Maschine ab und stellte sie zurück hinter den Tresen.

»Zu wem gehört sie?«, fragte Herr Paschulke mit einem kritischen Blick auf mich. Sein Blick war so durchdringend, dass ich ihn sofort im Bauch spürte.

»Josy, vielleicht holst du noch etwas Milch, hm?«

»Hugo, was geht hier vor? Du willst mich doch nicht etwa wegschicken wie ein kleines Kind! Ich bin nicht mehr zwölf!«

Hugo hob seufzend seine Schultern. »Dann bitte.«

»Hmm. Hmm. Nun gut.« Herr Paschulke holte einen Stapel Papier aus dem Koffer und legte ihn auf die Theke.

»Das sind alles Briefe, die ich Ihnen in den letzten Monaten geschickt habe.«

Hugo nickte hektisch. »Ja, ja, ich weiß.«

»Und keinen davon haben Sie beantwortet.«

»Ja ...«

»Warum nicht, Herr Lott?«

»Was für Briefe?«, mischte ich mich ein.

Paschulke sah Hugo wieder mit seinem scharfen Blick an. Da Hugo keinerlei Anstalten machte zu intervenieren, sprach er weiter.

»Sie hätten sich früher darum kümmern müssen. Die Zeit spielt gegen Sie. Sie wissen, dass es jetzt zur Zwangsvollstreckung kommt.« Er sagte es so klar und betont, fast eisig, dass ich fast das Gefühl hatte, er hätte sich dic Worte lange zuvor schon zurechtgelegt.

»Waaas???« Ich traute meinen Ohren nicht.

»Hugo! Was soll das bedeuten? Was für Briefe hast du nicht beantwortet? Wieso auf einmal eine Vollstreckung?«

»Ach, Josy«, seufzte Hugo, »das ist nicht auf einmal. Das geht schon eine Weile so.«

»Aber warum zur Hölle sagst du nichts?«

»Ich wollte nicht, dass du dich sorgst. Was hättest du denn tun sollen? Du hast doch selbst nichts.«

Ich bekam kaum noch Luft, so eingeschnürt fühlte sich meine Kehle an.

»Aber ich hätte doch ...« Ich stockte. Was hätte ich? Ich wusste keine Antwort.

»Die Espressomaschine da notiere ich schon mal«, sagte Paschulke und kritzelte etwas in ein Notizheft mit vergilbten Seiten. »Sonst gibt es hier ja nicht so viel, was infrage käme. Wobei«, Paschulke ließ seinen Blick umherschweifen, »die Möbel sind größtenteils Biedermeier.«

Hugo nickte.

»Tja. Auf den ersten Blick wird das wohl kaum reichen. Das alte Zeug ist ziemlich runtergekommen. Da bekommt man nichts mehr für.«

»Entschuldigen Sie mal, können Sie mich bitte aufklären? Sie wollen uns doch hier nicht die Bude leer räumen, oder? Weil Hugo mal zu spät mit den Raten ist?«

»Auf den zweiten Blick wohl auch nicht«, sagte Paschulke, nachdem er sich fast einmal um seine eigene Achse gedreht hatte, dabei aber nur den Oberkörper bewegte. Sein Unterkörper schien seltsam steif, und er erinnerte mich an eine Echse. Dann sah er mich mit seinem stechenden Blick an.

»Von ›mal‹ kann nicht die Rede sein. Es stehen Raten von fünf Monaten aus, dazu Strom und Gas, Handwerkerkosten. Sie sind ruiniert.«

Sie sind ruiniert – das klang wie ein Satz aus einem meiner alten Drehbücher. Paschulke schien es fast zu genießen, den Henker zu spielen.

»Fünf Monate?« Entgeistert sah ich meinen Patenonkel an. »Und du sagst kein Wort?«

»Das hätte doch nichts geändert, mein Schatz«, sagte Hugo leise und ließ sich auf einen der alten Barhocker am Tresen nieder. Er sackte förmlich in sich zusammen, seine Arme hingen völlig schlaff und wie angeklebte Fremdkörper an seinen Schultern.

»Natürlich hätte es das! Ich wohne hier, und ich hätte mir was ausgedacht, ich meine fünf Monate keine Raten und dann noch die Rechnungen von einem Quartal, das sind doch sicher an die ...«

Ich war nie gut im Rechnen gewesen und versuchte, die Summe in meinem Kopf zu überschlagen. Was ich in jedem Fall aber wusste, war, dass das keine kleine Summe sein konnte.

»Sicher an die acht-, neun- ... zehntausend?«, schätzte ich.

»Elftausenddreihunderteinundneunzigfünfundachtzig.«

Die Summe knallte mir wie eine Ohrfeige ins Gesicht.

»Hier die detaillierte Auflistung.« Paschulke reichte Hugo einige Blatt Papier mit diversen Tabellen.

»Das ist sehr freundlich von Ihnen«, antwortete Hugo. Er redete leise, fast holperig. Ich konnte es nicht ertragen, ihn da so sitzen zu sehen. Ich wusste, was das hier für ihn bedeutete. Das Henry's war alles, was Hugo hatte, mehr noch, es war das Einzige, was ihm noch geblieben war, nachdem er Henry verloren hatte. Ohne das Café gab es keinen Hugo, ohne das Café hatten wir kein Zuhause mehr, und ohne Hugo hatte ich keine Familie.

Dann musterte Paschulke Hugo mit einem abschätzigen Blick. »Woodstock ist fast fünfzig Jahre her. Sie haben wohl zu lange getanzt.«

Hatte ich richtig gehört? Was hatte dieser unverschämte, kaltschnäuzige Typ da eben gesagt? Das konnte ich nicht auf uns sitzen lassen.

Ich baute mich vor Paschulke auf. »Wir finden eine Lösung.« Ich sagte es mit gespielt fester Stimme, damit es nicht wie eine Frage klang, und nahm den Papierstapel an mich. »Bis wann muss eine Zahlung eingehen?«

»Am besten bis gestern«, antwortete Paschulke, »aber innerhalb der nächsten vierzehn Tage würde gerade noch durchgehen.« Er blickte sich ein letztes Mal mit hochgezogenen Augenbrauen um, so als wolle er sagen, dass es hier ohnehin nichts zu holen gab. »Kulanz, Sie verstehen. Ich bin ja nicht so.«

»Vielen Dank«, sagte ich und deutete ihm an zu gehen. Unter normalen Umständen hätte ich ihm noch einen Kaffee anbieten müssen, das gebot die Gastfreundlichkeit, aber ich konnte es keine Sekunde länger aushalten. Ich wusste, wenn wir nur noch einen Augenblick weitersprachen, würde ich losheulen wie ein Kleinkind. Und jemand wie Paschulke war sicher ein Typ, der auf so etwas verzichten konnte.

»Ich danke Ihnen«, schob ich hinterher. »Wir wissen Ihre Kulanz zu schätzen.«

»Hmhm. Dann erwarte ich eine Zahlung also innerhalb der nächsten zwei Wochen«, sagte Paschulke, packte seine Tasche und ging zur Tür.

»Ja«, sagte ich und nickte. Der Kloß, der sich in meinem Hals gebildet hatte, erstickte jedes weitere Wort.

Ohne sich umzudrehen, öffnete Paschulke die Tür. »Sie rühren sich dann also. Bis dahin.«

Als er draußen war, sah Hugo mich fragend mit seinen faltigen Augen an. »Aber wie willst du denn, ich meine, du hast doch selbst nichts?«

»Ich weiß es nicht«, sagte ich, »Aber es ist dein Zuhause. Es ist mein Zuhause. Es ist alles, was wir haben.«

*

Das anschließende Gespräch mit Hugo brachte all das zum Vorschein, was ich hätte ahnen können, hätte ich nicht selbst Angst vor den Konsequenzen gehabt. Man brauchte nur eins und eins zusammenzuzählen, um zu wissen, dass ein oder zwei mickrige Kunden am Tag den Laden nicht am Laufen halten konnten. Selbst fünf oder sechs Kunden, an besseren Tagen, trugen kein Café. Ich konnte mir selbst kaum beantworten, warum ich Hugo nicht schon früher nach der Situation des Cafés gefragt hatte. Ich konnte ihm noch nicht einmal einen wirklichen Vorwurf machen, denn er hatte zwar nichts gesagt, aber ich hatte auch nicht nachgehakt. Und das war angesichts der nicht vorhandenen Kundenfrequenz tagtäglich ebenso ein Wegschauen gewesen, wie es Hugos Ignorieren der Rechnungen war.

Natürlich hatte er recht mit dem, was er über unsere finanzielle Lage gesagt hatte. Weder ich noch er hatten Geld und genauso wenig die Möglichkeit, von heute auf morgen an welches zu kommen. Oder an einen Job zu kommen. Niemand stellte mal eben so einen Ende-sechzig-Jährigen ein; von meiner desaströsen beruflichen Situation ganz zu schweigen. Ich brauchte einen Plan, irgendwas. Es musste eine Lösung her, und zwar schnell. Und es gab nur eine Möglichkeit, die mir in den Sinn kam.

*

Jolightly: *Ich glaube, es ist an der Zeit für ein Treffen.*
Tenderlok: *Ein Treffen wäre ja exorbitant! Ich kann es kaum erwarten. Kommst du zu mir nach Brüssel? Die Frau Gattin golft auf Antigua.*
Jolightly: *Ich komme mit dem größten Vergnügen!*
Tenderlok: *Wann darf ich mich über deine Anwesenheit erfreuen?*
Jolightly: *Sofort.*
Tenderlok: *Du liest mich glücklich, wie ein Mann nur sein kann.*
Jolightly: *Es gibt leider noch ein paar Hindernisse.*
Tenderlok: *Keine Hindernisse, die ich für dich nicht aus dem Weg zu räumen vermag!*

Jolightly: *Finanzieller Art. Ich bräuchte Geld für die Anreise, Tickets, Hotel … Du verstehst sicher, dass ich nicht direkt bei dir nächtigen kann.*
Tenderlok: *Aber natürlich. Ich lasse dir hier ganz in der Nähe etwas buchen, das deiner Klasse und deinem Esprit entspricht.*
Jolightly: *Ich bevorzuge es, das selbst zu übernehmen, wenn es dich nicht stört. Deine Adresse genügt mir.*
Tenderlok: *Oh, bitte verstehe, dass ich damit zurückhaltend bin, meine Reputation …*
Jolightly: *Deine Zigarre in meinem Kristallglas, Tenderlok …*
Tenderlok: *Ich überschlage die Summe für die Reise und lasse dir einen Scheck und die Daten an dein Postfach schicken.*
Jolightly: *Ich freue mich unbändig.*
Tenderlok: *Ich kann es kaum erwarten!*
Jolightly: *Ich auch nicht!*
Tenderlok: *Meine Zigarre glüht bereits!*
Jolightly: *Und ich werde sie höchstpersönlich entflammen!*
Tenderlok: *Ich zähle die Stunden!*
Jolightly: *Tenderlok, erinnerst du dich an deine Version von mir in dem Spitzennachthemd mit der Chanel-Perlenkette? Willst du mich darin sehen?*
Tenderlok: *Du wirst ein Kästchen in deinem Zimmer vorfinden.*

Natürlich würde ich Tenderlok nicht besuchen fahren und genauso wenig sein Geld für Reisekosten nach Brüssel verwenden.

Aber selbst dann war die Summe nur ein Tropfen auf dem heißen Stein. Wenn das Geld morgen bei mir wäre, könnte ich Paschulke wenigstens noch etwas mit der Restzahlung hinhalten. Höchstwahrscheinlich würde sich der Baron zu keiner weiteren, größeren Zahlung hinreißen lassen, wenn ich wegen irgendwelcher Probleme meine Reise verschieben müsste. Ich würde morgen, sobald ich das Geld hatte, untertauchen. Seufzend schloss ich den Chat, der unser letzter war, was allerdings nur ich wusste.

Es war wirklich schade um die schöne Kette, die ich mir schon immer gewünscht hatte.

Wieder ein Fisch, den ich geangelt hatte und den ich zurück ins Meer warf. Er war immer ein angenehmer Zeitgenosse gewesen, mein Baron. Ich bedauerte fast, nichts mehr von ihm lesen zu können.

Nun brauchte ich einen neuen Fang, dessen Herz ich angeln konnte. Und das am besten so schnell wie irgend möglich.

6. Kapitel: Simon

»Kann es sein, dass du unsere Kunden nicht alle gleich behandelst?«

Ich klopfte mit einem Bleistift auf den Aktenberg, der zwischen Wallis und meinem Schreibtisch lag. Ich hatte die Vermutung, dass Walli den nicht unbedingt der Reihenfolge nach abarbeitete.

»Wen meinst du? Den Müller oder den Doofen?«

»Oh Mann«, stöhnte ich, »Walli. Du kannst nicht immer die Fälle vorziehen, die weniger Arbeit machen. Das ist nicht professionell.«

»Was ist eigentlich aus der süßen Nadia geworden?«, lenkte Walli ab.

Ich schüttelte den Kopf. »Ist zu Ende.«

»Da hält mein Smartphone-Akku ja länger als deine Beziehungen! Dabei ist sie so toll!«

»Absolut.«

»Was machst du denn jetzt, wenn du ihr auf dem Flur begegnest? Wird das nicht 'n bisschen ... unangenehm? Ich meine, sich gerade den größten Schuss aus dem Nebenbüro zu schnappen ist vielleicht nicht so klug, wenn man sich danach jeden Tag sehen muss.«

»Ach was, sie ist ein großes Mädchen«, antwortete ich, »Und außerdem ist sie in der Werbung. Sie weiß, was ein guter Pitch ist. Kurz und leidenschaftlich. Ende der Durchsage. Also – wie war das mit dem doofen Kunden?«

»Ist ja schon gut«, motzte Walli und tauchte wieder hinter seinem PC ab. Ich checkte meine Mails, gerade war ein neuer Auftrag reingekommen. Ein Freiherr von Hohenstein hatte fast dreitausend Euro in eine Onlinebeziehung investiert, die direkt nach der Zahlung abgetaucht war.

»Hör mal, Walli«, rief ich ihm über den Bildschirm zu, ohne aufzusehen, »ich hab hier grad was Neues. Hört sich schwer nach einer Herzfischerin an.«

»Aber das ist doch gar nicht unser Gebiet. Viel zu kleine Fische.«

»Hm, stimmt. Aber der Kunde hier scheint ein mächtiges Problem zu haben. Die Dame, der er sein Geld für ein Treffen geschickt hatte, ist nicht nur nicht zum Treffen erschienen und danach abgetaucht, sondern hat jetzt auch seine Adresse. Da sie offensichtlich eine Betrügerin ist, hat der Freiherr hier mächtig Angst um seine Reputation und auch vor Erpressung. Er will sicherstellen, dass wir ihre Identität aufdecken, damit sein Name nicht in Verruf kommt. Geld spielt keine Rolle, schreibt er.«

»Musik in meinen Ohren«, flötete Walli. »Ist er ein echter Adliger?«

»Schreibt er zumindest. Ich sehe gleich mal nach. In jedem Fall schön bescheuert, der Typ. Er schreibt, dass er blind vor Liebe war, weil sie seine Leidenschaft für Dampfloks zu teilen schien.«

»Tut! Tuuuuut! Er wollte sie sicher ordentlich betuten!«

»Herrje, Walli!«

»Sorry, in meinem Kopf klang das irgendwie ganz niedlich.«

»Also, was meinst du? Können wir den Auftrag annehmen? Er hat uns den Chat genannt, in dem er sie getroffen hat. Jetzt müssen wir sie uns nur noch schnappen.«

»Klingt gut. Und wie du weißt, bin ich ein echtes Sprachgenie.«

»Verbal?« Ich lachte. »Sicher nicht.«

»Verbal? Warte, den kenn ich! Der Arturo Verbal spielt doch bei Juventus Turin.«

»Oh Mann, Walli.«

»Was denn? Haben wir ihren Chatnamen?«

»Jolightly. Was für ein seltsamer Name.«

»Kommt mir irgendwie so bekannt vor ... warte mal ... Ich hab's!«

Walli sprang hinter seinem Bildschirm auf.

»Holly Golightly aus *Frühstück bei Tiffany.* Das ist eine Hommage an Audrey Hepburn.«

»Was du alles weißt«, antwortete ich. »Ich kenne den Film nicht.«

»Du kennst *Frühstück bei Tiffany* nicht? Alter, das ist Pflichtprogramm! Wie konntest du dich nur so lange in der Frauenwelt behaupten, ohne diesen Film zu kennen!«

»Anscheinend ging das ja ganz gut«, sagte ich und rief mir den Wikipedia-Eintrag zum Film auf.

... ein Partygirl nimmt fünfzig Dollar »für die Toilette«, las ich laut vor, sie will sich unbedingt reich verheiraten ...

»Ach was, darum geht es doch gar nicht!«

»Worum denn?«

»Na, um die Liebe. Sie macht Menschen mutiger und so. Sie verändert alles.«

»Das ist eine Illusion.«

»Sagt wer? Du weißt doch gar nicht, was Liebe ist«, sagte Walli schmollend.

»Aber du schon?«

»Also mindestens zu sechs Fünfteln!«

»Klar. Liebe verändert alles. Wenn ich so was höre! Tz! Hört sich an wie ein Slogan von Nadias Werbeagentur hier nebenan. Ist wahrscheinlich auch einer.«

»Du bist echt unromantisch.«

»Jap. Und das mit voller Absicht.«

Walli stemmte seine Arme in die nicht vorhandenen Hüften. »Irgendwie klingt Jolightly spannend. Ich bin dafür, dass wir dem Ganzen auf den Grund gehen.«

»Aber den Namen kann sie mittlerweile geändert haben. Wobei – sie hat den Freiherrn gesperrt, schreibt er. Er kann sie also nicht mehr kontaktieren. Wenn wir Glück haben, ist sie so blauäugig und hat ihren Namen behalten.«

»Natürlich nehmen wir den Auftrag an. Und wenn sie dann auch noch so aussieht ... dann mache ich die Vor-Ort-Kundenbetreuung!«

»Unser Kunde ist der Freiherr, Walli«, erinnerte ich ihn, »und deinen Frauengeschmack stelle ich seit der Irren schwer infrage. Dass du so begeistert von ihr warst, kann ich wirklich nicht verstehen. In meinen Augen wirkte sie ... irgendwie total ramponiert.«

Apropos – das Handy der Irren lag noch hier rum. Ich würde es von Walli zur Reparatur bringen lassen und schrieb ihm *Zur Reparatur bringen* auf ein Post-it, das ich auf das Telefon pappte und ihm wortlos auf den Schreibtisch legte.

»Josy? Machst du Witze? Sie ist weltklasse! Außerdem warst du ihr Fan!«

»Betonung liegt auf: *war*. Ihre Haare, die da aus der Kapuze rausguckten, erinnerten mich schwer an irgendetwas aus der Kanalisation.«

»Ach, was. Sie war nur nicht aufgebrezelt.«

»Nicht aufgebrezelt? Eher ästhetisch diskutabel!«

»Ich stehe ja sowieso auf den natürlichen Typ.«

»Du stehst auf *jeden* Typ.«

»Stimmt auch wieder.«

*

»Also«, informierte mich Walli stolz, »wir haben jetzt einen Account!«

»Was?« Ich löste meinen Blick vom Bildschirm.

»Na, einen schnieken Account. In dem Edelpartnerforum. Jetzt muss unsere Herzfischerin nur noch anbeißen. Aber das wird sie, glaub mir, ich habe alle Kriterien vorher gründlich abgecheckt. Wir sind solvent, gut aussehend und charming. Da kann nichts schiefgehen!«

»Wir?«, hakte ich nach.

»Na, unser Fake-Account. Ich werde ihn selbstverständlich betreuen und sie dazu bringen, sich mit uns, also mir, zu treffen. Aber das ist ja kein Kunststück für einen Spracherotiker wie mich.«

»Ja, klar«, antwortete ich und wandte mich wieder meinem Bildschirm zu.

»Sag Bescheid, wenn du sie sichtest. Und presch bitte nicht gleich vor wie ein wilder Stier, wir müssen da behutsam vorgehen. Ich denke, jemand, der selber gerne angelt, wird nicht so einfach zum Fisch. Wir brauchen da jede Menge Fingerspitzengefühl.«

»Davon habe ich mehr als genug, weißte doch!«, antwortete Walli zwinkernd und wedelte mit seinen Händen vor mir herum. »Die Frauen nennen mich ›den Mann mit den Zauberhänden‹ ...«

»Ja, ja, schon gut!«, unterbrach ich ihn.

Ich war mir nicht sicher, ob ich Walli das Chatten überlassen sollte, denn er war zwar ein echter Netzfreak, aber eben auch ein Freak.

»Soll ich nicht besser den Chat übernehmen, wenn du sie hast?«, intervenierte ich.

»Du magst vielleicht Frauen reihenweise abschleppen, aber wenn es um die Zwischentöne geht, da ... Ah!«

Walli sprang so ruckartig auf, dass sein Bauch den Schreibtisch rammte und sein Energy Drink umkippte.

»Ich sehe sie! Ich sehe sie!«

Ich stellte mich hinter ihn. »Zeig her!«

»Da!«

Tatsächlich – Wallis dicker Daumen auf dem Bildschirm verdeckte zwar die Hälfte des Namens, aber ein *Jo* und ein *ly* konnte ich gerade noch erkennen. Es war wie erwartet kein Profilbild zu sehen.

»Das gibt's nicht. Sie ist es! Ha!«

Walli sah mich verschwörerisch an. »Ich werf die Angel aus, Baby!«

»Was schreibst du?«

»Hm. Eigentlich würde ich aufgrund meines unkontrollierbaren erotischen Temperaments sofort in die Vollen gehen, aber ich weiß ja, dass hier Fingerspitzen angesagt sind. Also beginne ich mal hiermit.

Little_Donut: *Hallo Jolightly. Du kennst mich noch nicht, und deswegen kann dein Leben nicht rund sein.*

»Du hast uns *Little_Donut* genannt?« Entsetzt sah ich meinen Freund an. »Na super. Wieso nicht gleich: Beiß mal ab?«

»Ich hatte zuerst Prince Charming. Aber das war mir zu nah an meiner Persönlichkeit dran.«

Ich sah Walli skeptisch an.

»Es trifft meinen Charakter schon ziemlich gut!«

»Hieß nicht Shrek, als er verwandelt wurde, so? Dann passt es vielleicht wieder«, bemerkte ich murmelnd.

»Nichts gegen Shrek! Außerdem hat er am Ende die Prinzessin bekommen!«

»Und überhaupt, was ist das für eine bescheuerte Begrüßung?«, fragte ich ärgerlich.

»Du kennst ja auch noch nicht meine verführerische Seite«, gab Walli zusammen mit einem theatralischen Augenaufschlag aus den winzigen Rosinenaugen in seinem Teiggesicht zum Besten.

»Du bist ein Donut!«

»Millionen Frauen erliegen täglich den Verführungskünsten der Donuts dieser Welt! Du hast wirklich keinen blassen Schimmer von den geheimen Träumen weiblicher Wesen, Simon!«

»Donuts machen Frauen immer ein schlechtes Gewissen!«

»In der Mitte haben sie null Kalorien!«

***Jolightly:** Hallo Little_Donut. Nette Begrüßung! Woher kommst du?*

»Da ist sie da ist sie da ist sie!«, brüllte Walli mir in mein Ohr.

»Ja doch«, antwortete ich und massierte meine Ohrmuschel, »deswegen musst du mich nicht gleich taub brüllen. Sie scheint eine von der schnellen Sorte zu sein.«

»Was sollen wir sagen, wo wir herkommen?«, fragte Walli, und ich überlegte. War es klug, die Wahrheit zu sagen? Wobei – wenn wir ohnehin ein Netz aus Lügen aufbauen wollten, mussten wir zusehen, dass wir uns am Ende nicht selbst darin verstrickten. Es war sicher besser, mit den wenigen Fakten, die als Rahmen für diese Mission galten, bei der Wahrheit zu bleiben.

»Wir sagen die Wahrheit«, erklärte ich, »Lügen kommen noch genug.«

»Okidoki. Also ...« Walli begann zu tippen.

***Little_Donut:** Aus der schönsten Stadt der Welt natürlich!*

Es dauerte nur Sekunden, bis die Antwort kam.

***Jolightly:** Das sagt jeder von seiner Stadt.*

Little_Donut: *Aber nur bei einer stimmt's!*
Jolightly: *So was sagen nur die Kölner.*
Little_Donut: *Bingo!*

»Ich hab sie! Unglaublich!« Walli wippte mit seinen Knien unter dem Schreibtisch auf und ab, sodass der Bildschirm vibrierte.

»Super. Jetzt einfach ein wenig nettes Geplänkel, und wenn sie anfängt, Gas zu geben, verschwindest du einfach erst mal.«

»Ich soll verschwinden, wenn ich sie an der Angel habe?« Walli sah mich ungläubig an. »Das ist doch total unlogisch!«

Ich schüttelte den Kopf. »Das ist nicht unlogisch, im Gegenteil.«

»Sondern?«

»Der älteste Trick der Welt!«

Und ich hatte ihn erfunden.

*

Es war schon nach zwanzig Uhr, und ich wollte noch auf einen Sprung ins Joseph's gehen, denn das Werbeagenturhäschen von nebenan, das dort neu angefangen hatte, war mir nicht verborgen geblieben. Ich hatte zwar keine Lust auf eine Auseinandersetzung mit Nadia, aber sie würde sich schnell wieder abregen, wenn ich ihr erklärte, dass ich wirklich das Arschloch bin, für das sie mich hält, und dazu stehe. Und das neue Häschen würde neugierig werden. So war es immer, und mein Ruf, der mir vorauseilte, schadete dabei nicht im Geringsten. Im Gegenteil – die Frauen schienen es oftmals sogar als Ansporn zu sehen, mich endlich zu knacken. Und ich würde einen Teufel tun, um diesen Trugschluss zu früh aufzudecken.

Ich raffte meine Sachen zusammen, als mein Blick auf Wallis PC fiel. Er hatte ihn angelassen, eine Unart, die ich ihm seit Ewigkeiten nicht abgewöhnen konnte. Dazu kam, dass er heute ein Date mit seiner Lieblingskäsethekenverkäuferin hatte und entsprechend aufgeregt und hektisch aufgebrochen war. Das Handy der Irren hatte er ebenfalls vergessen. Wenn man nicht alles selber machte!

»Oaah«, stöhnte ich leise vor mich hin und beugte mich über seinen Bildschirm, um ihn auszuschalten. Der Bildschirmschoner zeigte Fotos von Pin-up-Girls, die sich lächelnd mit Süßkram in den Händen räkelten. Ich wusste Wallis Passwort natürlich – es war nicht schwer zu erraten – und tippte *Donut* ein. Der Schoner verschwand und gab den Blick auf den Edelpartner-Chat frei. Walli hatte ihn augenscheinlich aufgelassen. Ich las die letzten Zeilen, die nicht länger als zwei Stunden her waren.

Little_Donut: *Beschreib dich doch mal!*

Walli! Das war ja klar, dass er diesen Chat gleich mal für seinen persönlichen Spaß nutzte. Ihre Replik machte mich allerdings neugierig.

Jolightly: *41*

Walli hatte darauf nicht mehr geantwortet, so wie wir es besprochen hatten oder weil er einfach nur zu seinem Date musste, ich wusste es nicht, vermutete aber Letzteres. Aber ich war auf ihre Antwort gespannt und wollte wissen, wofür die Zahl stand. Ich konnte sie kurz fragen, ein paar Minuten blieben mir.

Little_Donut: *41 Zahnlücken? 41 graue Haare? 41 Ohrlöcher?*
Jolightly: *Sehr kreativ. Ich bin fast beeindruckt.*

Lässiger Ton, schoss es mir durch den Kopf.

Little_Donut: *Na gut, dann erlöse mich von diesem Rätsel, sonst liege ich die ganze Nacht wach.*
Jolightly: *Ich vermute, du liegst wegen anderer Sachen wach (man sollte abends keine Donuts essen). By the way – hast du die Packung schon verdrückt, die du vorhin geholt hattest und schändlicherweise allein gegessen hast?*
Little_Donut: *Ich kann Donuts nicht auss–*

Mist! Ich hatte völlig vergessen, dass ich Walli war. Seine Donutliebe musste ich demnach teilen.

Little_Donut: *Alle verdrückt. Zurück zum Thema: Was hat es nun mit der 41 auf sich?*
Jolightly: *So schnell gibst du auf?*
Little_Donut: *Ich kämpfe nur, wenn es sich lohnt.*
Jolightly: *Das ist unromantisch.*
Little_Donut: *Das ist realistisch.*
Jolightly: *Das ist mir zu abgeklärt.*
Little_Donut: *Nenn es abgeklärt, aber alles andere ist naiv.*
Jolightly: *Du hälst mich für naiv?*

Verdammt, was tat ich da? Ich führte hier kein Privatgespräch! Wir wollten sie angeln, nicht verscheuchen.

Little_Donut: *Sorry, meinte nicht direkt dich. Bin manchmal etwas zu impulsiv.*

Es stimmte gar nicht – eigentlich war ich nie impulsiv. Ich wusste nicht, was mich da geritten hatte.

Jolightly: *Das habe ich heute Morgen schon bemerkt. :) Vor allem, als es um Donuts ging.*

Sehr gut, dachte ich. Das passte zu Walli, ich hatte die Kurve gekriegt.

Little_Donut: *Verrätst du mir nun, was es mit der 41 auf sich hat? Oder lässt du mich dumm sterben?*
Jolightly: *Also das hast du jetzt gesagt.*
Little_Donut: *geschrieben.*
Jolightly: *geschrieben, ja.*
Little_Donut: *Das heißt, du verrätst es mir nicht?*
Jolightly: *Ich finde den Gedanken, dass sich jemand in Köln die Nacht wegen mir um die Ohren schlägt, schon ziemlich verlockend.*
Little_Donut: *Verstehe. Das heißt, ich muss weiterraten?*
Jolightly: *Vielleicht lohnt es sich doch.*

Ich war mir nicht sicher, aber irgendetwas in mir wollte weiterschreiben.

Little_Donut: *Du bist 41 Jahre alt.*
Jolightly: *Kalt.*
Little_Donut: *Du hast 41 Exfreunde?*
Jolightly: *Wärmer.*
Little_Donut: *Waaas?*
Jolightly: *Scherz.*
Little_Donut: *Ich weiß nicht, warum ich jetzt erleichtert bin.*
Jolightly: *Bist du?*

Little_Donut: *Seltsamerweise.*
Jolightly: *Das freut mich. Ist immer schön, was Gutes zu tun.*
Little_Donut: *Das war deine gute Tat für heute?*
Jolightly: *Ja.*
Little_Donut: *Mehr ist nicht drin?*
Jolightly: *Heute nicht mehr.*

Jolightly ist offline.

Ich wusste nicht, warum es mich derart ärgerte, diesen Satz zu lesen. *Jolightly ist offline.* Das war absolut unhöflich, mitten im Gespräch zu verschwinden. Außerdem war sie mir noch eine Antwort schuldig. Mürrisch schloss ich das Chatfenster und schaltete den Computer aus. Einfach so abzuhauen! Das ist doch ... das war ... nun ja. Das war genau das, was ich Walli vor ein paar Stunden geraten hatte. Offensichtlich war ich nicht der Einzige, der diesen Trick anwendete.

Und noch offensichtlicher war, dass ihr klar war, was sie tat. Es war bescheuert, denn ich wusste ja, dass sie eine Betrügerin war. Aber es reizte mich, den Spieß umzudrehen. Und dass sie mich gerade so mir nichts dir nichts abserviert hatte, das passte mir gar nicht in den Kram. Es ärgerte mich richtig.

Nein, das wollte ich nicht so auf mir sitzen lassen. Mich servierte keine einfach so ab. Dieses Spiel kannte ich genau, und auch seine Regeln. Selbst wenn ich nicht derjenige war, der es erfunden hatte, war ich doch jemand, der es beherrschte wie kaum ein anderer – und ich hatte sie an der Angel, auch wenn sie das Gegenteil annahm.

Dabei konnte ich nicht sagen, was mich derart reizte. Aber ich nahm mir vor, die Kommunikation von jetzt an selbst zu übernehmen.

Als ich das Büro verließ und hinter mir abschloss, musste ich grinsen.

»Hey«, sagte das neue Werbeagenturmädchen, das auf einmal hinter mir stand. »Bist du auch gleich noch unten im Joseph's? Die ganze vierte Etage trifft sich heute da.«

»Wenn du Glück hast«, antwortete ich und lächelte sie an.

»Ich freu mich!«

In ihren Augen sah ich, dass es stimmte. Sie war genau mein Typ, und ich augenscheinlich ihrer. Sie war eindeutig ein genetisches Ja und ich ihr Chromosomentempel. Es würde nicht schwer sein, die heutige Nacht nicht alleine zu verbringen. Ich legte meinen Blazer über den linken Arm und hielt meiner Tagesabschnittsgefährtin meinen rechten hin. Sie hakte sich freudestrahlend bei mir ein.

»Simon.«

»Franziska. Aber du kannst gerne Franzi sagen!«

Ihr Lächeln wurde breiter.

»Alles klar, Franzi.«

Nicht oft begegnet man einem gleichgesinnten Spieler, dachte ich. Ich wusste zwar nicht, wer Jolightly genau war. Ich hatte nur eine vage Vorstellung davon, wie jemand sein musste, der solche Spielchen spielte und die Leute derart ausnahm. Aber sie rechnete nicht mit dem besten Spieler, den ich kannte.

Mich.

Und heute hatte ich vielleicht endlich einen auf Augenhöhe gefunden.

7. Kapitel: Josefine

Mit Schwung klappte ich meinen Laptop zu und ließ mich rücklings in die Kissen meines Bettes fallen. Meine Augen waren geschlossen, aber ich musste trotzdem lächeln. Der Typ, der mir heute Morgen noch vorgekommen war wie ein donutsüchtiges, großes Kind – wer um Himmels willen nennt sich im Edelpartner-Chat Little_Donut? –, hatte sich als ganz interessant entpuppt.

Ich konnte es nicht erklären, aber ab einem bestimmten Punkt hatte ich gespürt, dass er kurz davor war, mich mitten im Gespräch abzuwürgen. Und bevor er es tun konnte, hatte ich es getan.

Natürlich hatte ich mir damit ins eigene Fleisch geschnitten, denn die wenigen Zeilen hatten Spaß gemacht. Er sprach meine Sprache und war ganz sicher weder ein Fußfreund noch ein Tuter. Ich vermutete sogar, dass er im wahren Leben bei Frauen gut ankam, denn er ertrug die Ungewissheit als Fragesteller kaum.

Ich klappte den Laptop wieder auf, las die letzten Zeilen wieder und wieder und musste mich richtig zusammenreißen, um ihn nicht gleich wieder anzuschreiben.

Viele andere heiße Fische hatte ich gerade nicht im Netz – der Baron gehörte ja nun der Vergangenheit an. Er hatte mir das Geld geschickt, und ich war natürlich nicht zu ihm gefahren. Sicher hatte er noch versucht, mich anzuschreiben, aber ich hatte ihn vorsorglich blockiert. Er würde zwar entsprechend aufgebracht sein, aber auf rechtliche Schritte wegen seiner Frau und seiner Reputation verzichten, da war ich mir sicher. Zudem gab es mich nicht, ich war unsichtbar und würde es für ihn auch bleiben.

Ich setzte mich auf und zog ein Bündel Geld aus der Schreibtischschublade vor dem Bett. Es würde uns den Aufschub gewähren, den wir brauchten, um uns etwas Neues einfallen zu lassen. Ich war zuversichtlich, dass Paschulke einsichtig sein würde, wenn er erst sah, dass wir zahlungsfähig waren. Und bis dahin würde ich die Lösung haben, die Hugo und mich aus dem Schlamassel zog.

*

Ich hörte ein vertrautes Klopfen.

»Josy?«

»Komm rein«, antwortete ich und verstaute das Geld schnell unter einem der vielen Kissen.

Hugo trat ein und setzte sich zu mir auf mein Bett. Er sah abgekämpft aus – der Besuch von Paschulke hatte ihn wirklich mitgenommen.

»Ich hatte heute keine Lust zu kochen«, sagte er und lächelte mich müde an.

»Macht doch nichts«, erwiderte ich erleichtert, denn ich hatte gar keinen Hunger und mir nur ihm zuliebe etwas reingezwungen. »Ich glaube, es ist langsam an der Zeit für gute Nachrichten.« Mit diesen Worten zog ich das Geldbündel unter dem Kissen hervor.

»Aber woher ...?«

»Keine Sorge. Ich habe keine Bank überfallen!« Dass dieser Spruch nicht unbedingt besonders weit von der Wahrheit entfernt war, wurde mir erst bewusst, als ich ihn schon ausgesprochen hatte.

»Bisschen was gespart, ein paar Schuhe verkauft und so

was«, log ich. »Damit halten wir den Paschulke eine Weile in Schach. Und ich lasse mir in der Zwischenzeit noch etwas anderes einfallen.«

Hugos Augen leuchteten unter den vielen Fältchen, die sich wie kleine Wellen um seine Augen legten.

»Danke.«

Er fragte nicht nach, und ich erklärte nichts. Und obwohl das genau die Reaktion war, die ich mir erhofft hatte, kam ich mir auf einmal mies und schäbig vor. Natürlich war es nicht richtig, den Baron zu betrügen. Aber Hugo zu belügen, das war eine ganz andere Sache. Es tat mir leid, aber ich wusste, dass die Wahrheit uns jetzt nicht helfen würde. Und wenn sie mehr zerstörte, als eine Lüge es tat, dann sollte man sie wohl besser verschweigen.

»Das sind harte Zeiten«, gestand Hugo mir. »Wenn man nicht sagen kann, was gerade am schlimmsten ist, dann weiß man, dass es richtig elend um einen steht.«

Ich nickte stumm.

»Obwohl ich das noch sagen kann.«

Ich sah meinem Onkel in die Augen und presste meine Lippen bedauernd zusammen – ich wusste, was er meinte. Oder besser gesagt, wen.

»Seit Henry weg ist, ist alles nichts mehr.«

»Er hat dir nie gesagt, warum er gegangen ist, oder?«, fragte ich nachdenklich. »Seine dämliche Weltreise hätte er doch auch später machen können.«

»Vielleicht gab es für ihn kein Später.« Hugo sah traurig aus dem Fenster, das mit einem Netz aus Regentropfen überzogen war.

»Warum hast du ihn nie gefragt? Du redest nie darüber.«

»Ich rede nicht darüber, weil ich es nicht kann, mein Schatz. Für manches gibt es keine Worte.«

»Wir schaffen das schon«, flüsterte ich vor mich hin und

war mir nicht sicher, ob ich Hugo oder mich selbst überzeugen wollte. Es gelang mir nicht so gut wie erhofft. Henrys Abschied kam für mich plötzlich, über Nacht, ohne Ankündigung. Aber eine Trennung wird nicht über Nacht entschieden, nur plötzlich umgesetzt. So einer Entscheidung gingen meist lange, qualvolle Überlegungen voraus. Wie hatten sie mir nur verborgen bleiben können?

Ich fragte mich, wie oft wir an etwas festhielten, obwohl wir merken, dass es uns schon längst entglitten ist.

»Wenn man auf sein Leben zurückblickt, sind die traurigen Zeiten genauso wichtig wie die Freude. Und Freude hatte ich viele, viele Jahre. Jetzt ist eben eine andere Zeit gekommen.«

Ich mochte es nicht, wenn Hugo von der Endlichkeit des Lebens sprach. Es machte mich traurig, und gleichzeitig machte es mir Angst.

»Und es werden noch viele, viele gute Jahre kommen«, schob ich ein, »ganz sicher!«

Hugo trommelte mit den Handflächen auf seine schmalen Oberschenkel. »Gut, ich lass dich jetzt in Ruhe. Du brauchst zu allem Übel nicht auch noch das Gejammer eines alten Mannes. Und das ohne Abendessen!«

Mit diesen Worten stand er auf. »Ich liebe dein Gejammer«, antwortete ich und sah zu ihm hoch. »Und das mit dem Abendessen kann ich gerade noch so verkraften.«

Ich zwinkerte ihm zu, obwohl mir das Lächeln ebenso schwerfiel wie ihm.

»Hmmmhm.«

Hugo schloss die Tür hinter sich, und ich war wieder allein. Der Laptop neben mir summte sein immerwährendes Lied, aber ich schob ihn weg. Es war zu verführerisch, ihn aufzuklappen, um zu sehen, ob der kleine Donut wieder online war. Ich musste mich regelrecht zusammenreißen, es nicht zu tun.

Morgen früh erst wieder, nahm ich mir vor, schloss meine Augen und legte mich auf die Seite.

*

Jolightly: *Guten Morgen. Entschuldige den plötzlichen Aufbruch gestern, musste dringend weg.*
Little_Donut: *Das ist gelogen.*

Autsch! Mit einem Ruck wich ich ein Stück von meinem Laptop-Bildschirm zurück. Dann holte ich tief Luft, beugte mich wieder vor und tippte.

Jolightly: *Gut, ich hatte keine Lust mehr.*
Little_Donut: *Das ist auch gelogen.*
Jolightly: *Ein riesiger Adler kam durch mein Fenster geflogen, klaute meinen Laptop und flog davon.*
Little_Donut: *Schon besser. :) Guten Morgen, 41!*
Jolightly: *Guten Morgen. Offensichtlich hast du dir die Nacht um die Ohren geschlagen, ohne hinter das Geheimnis der 41 zu kommen.*
Little_Donut: *Das mit der Nacht stimmt. Allerdings ohne 41.*
Jolightly: *Ein Schwerenöter also.*
Little_Donut: *Gar nicht schwer.*
Jolightly: *Auslegungssache!*
Little_Donut: *Also. Du bist 41 Jahre alt.*
Jolightly: *Knapp daneben.*
Little_Donut: *Es ist Herbst, du warst gestern joggen, und als du duschen gehen wolltest, sind dir 41 Bucheckern aus dem T-Shirt gefallen?*
Jolightly: *Es ist meine Schuhgröße.*
Little_Donut: *Du lebst also auf großem Fuß.*

Jolightly: *So könnte man es interpretieren. 41 ist gar nicht so groß, wie alle immer meinen. Audrey Hepburn zum Beispiel hatte Größe 41.*
Little_Donut: *Und deine Schuhgröße ist das Erste, das dir zu deiner Person einfällt?*
Jolightly: *Na ja, Füße sind wichtig. Sie tragen uns überall hin. Und Schuhe sind dafür da, es so komfortabel zu machen, wie es geht. Und so schön wie möglich.*
Little_Donut: *Shoeaholic?*
Jolightly: *Wenn du so willst.*
Little_Donut: *Jeder hat seine Schwächen ...*
Jolightly: *Die Donuts! Wobei ich eigentlich eher auf etwas anderes tippe.*
Little_Donut: *Und das wäre?*
Jolightly: *Frauen natürlich.*
Little_Donut: *Frauen zu mögen ist nichts Verwerfliches.*
Jolightly: *Und so hat jeder seine Schwachstelle.*
Little_Donut: *In der Rüstung des Alltags nicht oft zu erkennen.*
Jolightly: *Du verblüffst mich, Donut.*
Little_Donut: *Ich entbeeindrucke dich gleich wieder.*
Jolightly: *Womit?*
Little_Donut: *Ich kann Audrey Hepburn nicht leiden.*
Jolightly: *Das glaube ich dir nicht! Jeder liebt sie!*
Little_Donut: *Jeder liebt angeblich auch Katzenbabys, aber alle Tierheime sind voll davon.*
Jolightly: *Dein Vergleich hinkt.*
Little_Donut: *Der Kollege aus dem dritten Stock mit dem Gipsbein hinkt.*
Jolightly: *Du arbeitest also im Büro?*
Little_Donut: *Ja.*
Jolightly: *Verwaltungsangestellter? Steuerprüfer?*
Little_Donut: *So schätzt du mich ein?*
Jolightly: *Gegenfragen gelten nicht als Antworten.*

Little_Donut: *Sagt die 41-Frau. Quid pro quo. Was machst du beruflich? Lass mich raten: Schuhbranche.*
Jolightly: *Eher Fische.*

Es begann wieder stärker zu regnen, und ich hörte, wie die dicken Wassertropfen lautstark gegen mein Fenster trommelten. Dieser Chat war anders als andere, ich hatte gar nicht gemerkt, wie schnell die Zeit verflogen war. Er war nicht nur anders, sondern auch gefährlicher. Mein Gegenüber war eine echte Herausforderung, und ich war anscheinend nicht in der Lage, ihr zu widerstehen.

Little_Donut: *Eine Tierpflegerin?*
Jolightly: *So etwas in der Art. Spezialisiert auf… Fische.*
Little_Donut: *Was für Fische?*
Jolightly: *Große Fische.*
Little_Donut: *Wale? Du bist eine Walforscherin!*
Jolightly: *Wale sind keine Fische.*
Little_Donut: *Stimmt auch wieder.*

Ich hörte das kleine Glöckchen unten im Café – es hatte soeben ein Gast das Henry's betreten.

Jolightly: *Ich muss jetzt leider los.*
Little_Donut: *Lass mich raten: Fische füttern? :)*

*

»Walli! Walli war doch richtig, oder?«

Ich freute mich, den lieben Kerl wiederzusehen, der das letzte Mal zwar diesen unsäglichen Macho-Arsch im Schlepptau hatte, aber heute anscheinend allein gekommen war.

»Josy, du Sahnehäubchen auf meiner heißen Schokolade!« Er begrüßte mich mit einer wilden Umarmung. »Ich brauche dringend einen Trost-Kaffee!«

»Kommt sofort!«, rief ich ihm zu, während ich mich Richtung Theke aufmachte. »Was ist denn passiert?«

»Ach, mein Date gestern war schon wieder ein Reinfall.«

»Das tut mir leid«, beteuerte ich, während ich den heißen Kaffee in die Tassen goss, ich hatte mir gleich eine mitgemacht.

»Na ja, so schade ist es auch wieder nicht. Sie meinte, ich erinnere sie an Benjamin Blümchen. Und mit Benjamin Blümchen könne sie nun mal keinen Sex haben.«

»Oh.« Ich stellte die beiden Kaffeetassen auf einem Tischchen vor uns ab.

»Findest du, ich habe Ähnlichkeit mit Benjamin Blümchen?«

Ich bewegte den Kopf erst nach rechts und nach links, dann nach oben und nach unten. Wir mussten beide lachen.

»Nimm erst mal einen Schluck«, forderte ich Walli auf. Dann legte ich meinen Arm um ihn. »Lieber Benjamin Blümchen als so ein Macho-Arsch wie dein Kolleeeeeeeeee-hehe-ge!«

Als ich gerade das Wort *Macho-Arsch* ausgesprochen hatte, öffnete sich die Tür, und eben dieser stand vor uns.

»Hey Simon, wenn man vom Teufel spricht!«

Walli schien es keineswegs unangenehm zu sein, und so überging ich meinen letzten Kommentar ebenfalls.

»Auch Kaffee?«, fragte ich gequält. Seine arrogante Ausstrahlung toppte er heute mit einem viel zu eng anliegenden schwarzen Anzug und einem gruseligen, beige-karierten Schal. Ich konnte nichts dafür, aber dieser Typ löste allein beim Ansehen Aggressionen bei mir aus. Die Steigerung waren dann wohl nur noch Mordfantasien, wenn er dann auch noch etwas sagen würde.

»Nette Begrüßung«, antwortete er, »man fühlt sich hier gleich willkommen.«

Ohne mich weiter zu beachten, wandte er sich Walli zu. »Du hast übrigens vergessen, das Handy wegzubringen.«

Dann sah er mich wieder an. »Ihr Handy ist übermorgen wieder bereit zum ... Vollquatschen.«

Er grinste mich blöde an.

»Danke.«

Danke? Das war meine Antwort? War ich von allen guten Geistern verlassen?

»Hier werden ganz klar viel zu wenig Donuts verspeist, das ist offensichtlich. Sonst würde hier viel mehr Harmonie herrschen!«

»Ich hasse Donuts!«, sagten der Typ namens Simon und ich gleichzeitig.

»Gut, dann eben Muffins. Oder was anderes Süßes mit weichem Kern. Dir«, Walli sah mich zwinkernd an, »stehe ich selbstverständlich jederzeit zum Anknabbern zur Verfügung!«

»Danke«, antwortete ich lachend und klopfte Walli freundschaftlich auf die Schulter.

»Bekomme ich denn jetzt einen Kaffee, oder eher nicht? Das Handy habe ich übrigens gegenüber in der Seitenstraße in dem Shop abgegeben. Ich bringe es Ende der Woche nach Feierabend vorbei. Bis wann sind Sie hier?«

»Ich bin meistens bis achtzehn Uhr hier, Hugo bis der Laden zumacht, also bis neunzehn Uhr.«

»Dann komme ich um neunzehn Uhr.«

Sehr subtil, dachte ich, aber schon wieder fiel mir keine passende Antwort ein.

»Aha.«

Ich stand auf, um ihm einen Kaffee zu machen. Am liebsten hätte ich mich demonstrativ geweigert, aber das wollte ich Hugo nicht antun. Wenigstens zwei Kunden an diesem gebrauchten Tag. Der Typ war nicht auszuhalten, und sein Ton erinnerte mich jedes Mal aufs Neue daran, dass ich ihn am liebsten vor die Tür setzen wollte.

»Arschloch!«, fluchte ich leise vor mich hin, als ich zur Theke ging. Das nächste Mal musste Hugo ihn bedienen, falls es ein nächstes Mal gab, was ich nicht hoffte.

»Haben Sie etwas gesagt?«, rief er mir nach.

»Einen Moment noch«, brummte ich leise in mein Halstuch.

8. Kapitel: Simon

»Mir wird schwarz vor Augen!«

»Ja, weil du immer einschläfst!«

»Das stimmt gar nicht. Ich bin einfach nur unterzuckert!« Mit diesen Worten atmete Walli einen Schoko-Banane-Riegel ein und schnaufte dabei zufrieden. Ab und zu stieß er einen schmatzenden Grunzer aus.

»Das nervt!«, kommentierte ich das akustische Spektakel.

»Was muss ich tun, damit du glücklich bist, hm?«, fragte Walli mich, nachdem er den ganzen Riegel auf einmal runtergeschluckt hatte.

»Oh Walli! Ich werde dich vermissen!«, feixte ich.

»Penner!«

»Vielfraß!«

»Ich sag dir mal was, Simon. Unsere Herzfischerin, die ist ein ordentliches Kaliber. Normalerweise wickle ich die Frauen ja in Sekundenschnelle um den kleinen Finger, aber gerade eben hat sie mir richtig Konter gegeben.«

Ich horchte auf. Eigentlich hatte ich mir vorgenommen, Walli sofort zu sagen, dass ich ab sofort den Kontakt mit Jolightly weiterführen würde. Aber er schien heute Morgen bereits online gewesen zu sein. Und sie auch.

»Ich konnte es nicht erwarten, mit ihr zu schreiben und war heute ganze achtunddreißig Minuten früher da.«

Ein seltsames Magendrücken breitete sich in mir aus – was sie wohl alles geschrieben hatte?

»Man kann ja nicht gerade behaupten, dass ich ein kognitiver Geizhals wäre.«

»Weißt du überhaupt, was du da gerade gesagt hast?«

»Nö, aber es hörte sich gut an.«

Ich stöhnte wie immer in meinen Bildschirm.

»Ich kann dir übrigens keine Mails mehr mit einer 9 drin schreiben.«

»Und warum?«, fragte ich genervt.

»Hab heute früh die Tastatur versehentlich abgesaugt.«

»Ich hoffe mit dem Staubsauger?!«

»Mir war so danach. Da waren ganze halbe Kekse drin, kannst du dir das vorstellen?«

»Ja, bei dir kann ich mir sogar vorstellen, dass du mit den Essensresten, die man in deiner Tastatur findet, ein kaltes Buffet für zehn Personen ausrichten kannst.«

»Mhm, na ja, und dabei ist eben die 9 flöten gegangen. Es sei denn, du holst sie aus dem Staubbeutel wieder raus.«

»Ich glaube, wir schreiben nicht allzu viele Mails mit einer 9 drin. Aber zur Sicherheit schreibe ich der Putzfrau einen Zettel.«

»Im Notfall ginge ja auch 4+5. Oder 6+3. Oder 7+2. Oder 8+1. Oder ...«

Ich ignorierte Wallis Rechenexempel und notierte *»Tastatur-9 von Wallis PC im Staubbeutel, bitte vor Entsorgung aufbewahren«* auf einem Post-it.

»Also, hör mal«, begann Walli und drehte den Bildschirm in meine Richtung.

Little_Donut: *Trägst du gern Skinny-Jeans?*
Jolightly: *Du meinst diese Thrombosehosen?*
Little_Donut: *Sicher gut für die Blutzirkulation in den Beinen!*
Jolightly: *Sicher gut für die Blutzirkulation woanders!*
Little_Donut: *Stimmt auch wieder!*
Jolightly: *Ich stehe mehr auf Vintage.*

Ich sah meinen Freund irritiert an. »Du fragst sie, welche Jeansform sie trägt? Welche Rolle spielt das?«

»Eine große! Und, was ich dich noch fragen wollte – habt ihr euch gestern geschrieben? Da standen einige völlig unwichtige Informationen, als ich den Chat heute Morgen geöffnet habe.«

»Ja, das wollte ich noch mit dir besprechen.« Ich räusperte mich. »Ich halte es für das Beste, wenn ich das in die Hand nehme. Die Kommunikation ist schon ziemlich heikel, sie könnte jeden Augenblick weg sein, Chat zu und schwupps! Das können wir nicht riskieren. Und da du live eben mehr überzeugst und ich eher verbal, dachte ich, wir verlagern das besser.«

»Du findest, ich überzeuge live mehr?«

Ich nickte heftig. »Ja, absolut.«

»Hm.«

Walli schien angestrengt nachzudenken. »Aber es macht mir solchen Spaß. Und sie fliegt auf mich! Heute Morgen hat sie mir direkt geschrieben, dass sie über mich nachdenken musste.«

»Wirklich?«

Ich scrollte mit der Maus den Chat hoch. Was hatte sie genau geschrieben?

»Sag mal, ist da einer irgendwie angeturnt oder so?« Walli sah mich breit grinsend an.

»Quatsch«, winkte ich ab, »man muss halt nur den Gesprächsverlauf genau im Auge behalten. Sonst bringt das alles nichts. Schließlich wollen wir sie dazu bringen, sich mit uns zu treffen, oder?«

»Stimmt«, antwortete Walli. »Und da kommt die Skinny-Jeans ins Spiel!«

Lachend klopfte ich meinem Freund auf die Schulter. »Ausgefuchster Plan, den du da hast!«

»Sag ich doch!«

»Ich hab ihr übrigens verklickert, dass wir einen Jaguar F-Type fahren. Jetzt kann sie die Kohle riechen.«

»Wir?«

»Ja, ich meine ich. Also du. Duweißtschon!«

»Also, ich mach hier an der Fischerfront weiter, okay?«, schwenkte ich um, während ich versuchte, in dem Chatprotokoll die Stelle zu finden, an der ich gestern aufgehört und Walli heute Morgen weitergemacht hatte.

»Bitte, wenn du meinst«, maulte Walli beleidigt. »Ich glaube, das mit dem ›du überzeugst live mehr‹ hast du dir nur ausgedacht, um mich zu überlisten.«

»Kann sein«, murmelte ich und scrollte weiter. »Was hast du da alles geschrieben? Körbchengröße? Walli, um Himmels willen, so vergraulen wir sie doch nur!«

»Ach was!«, widersprach Walli, »du immer mit deinem Vergraulen! Guck doch mal, was sie geantwortet hat!«

Jolightly: *Wie war das mit quid pro quo? Wie viele Zentimeter hast du zu bieten?*

»Von wegen eingeschüchtert! Diese Frau ist ein Maneater!« Ich befürchtete Schlimmes und scrollte weiter.

Little_Donut: *Rate mal, warum mein zweiter Spitzname Titan-Boa ist!*

»Titan-Boa?« Ich sah Walli ungläubig an.

»Ja, die längste Schlange der Welt, eigentlich Titanoboa. Ist ganze vierzehn Meter lang geworden. Und über eine Tonne schwer! Mittlerweile zwar nur noch ein Fossil, aber es hat sie nachweislich gegeben. Und ich bin der menschliche Gegenpart dazu, soweit ich das beurteilen kann. Die meisten brauchen ja einen Porsche oder ein Cabriolet, um fehlende Größe wettzumachen.«

Walli riskierte einen Seitenblick, den ich sehr wohl bemerkte. »Vielen Dank für die nützliche Information bezüglich meines fehlenden Egos. Aber ich kann dich beruhigen, es ist alles in bester Ordnung da unten. Frag die Neue von nebenan, Franziska.«

»Was? Du hast die Neue aufgerissen? Die ist doch erst eine Woche hier auf unserer Etage!«

»Man sollte Versuchungen nachgeben«, sagte ich zwinkernd und schob mir eine der Rumkugeln aus dem Schokoschälchen neben Wallis PC in den Mund. »Hat schon Oscar Wilde gesagt. Wer weiß, wann sie wiederkommen!«

»Du Saubeutel!«, schimpfte Walli und platzierte das Schälchen außerhalb meiner Reichweite. »Du kriegst einfach immer alles!«

»Richtig erkannt«, antwortete ich und ließ die Schokolade genüsslich in meinem Mund schmelzen. »Und deswegen geht mir auch die kleine Herzfischerin hier ins Netz! Obwohl ich dein Schlamassel mit der Tintenboa hier erst mal wiedergutmachen muss.«

»Titanoboa!«, verbesserte Walli mich naserümpfend.

»Wie auch immer. Sie mag schlagfertig sein, aber irgendeine Schwäche hat sie. Und die werde ich herausfinden.«

»Du hast auch welche, auch wenn du das nie zugeben würdest!«, sagte Walli und klang vorwurfsvoll.

»Stimmt«, gab ich zu, »eine habe ich.«

Walli horchte auf. »Und welche?«, fragte er neugierig.

»Eine Rotgrünschwäche.«

*

Little_Donut: *Ich muss mich für meinen geistigen Ausfall, was Körbchen und andere Größen betrifft, entschuldigen. Ich hatte wohl zu wenig Schlaf!*
Jolightly: *Ich habe mich schon gewundert. Obwohl ... wenn ich so recht darüber nachdenke, eigentlich doch nicht. Du hast wieder nicht geschlafen? Ganz schön viel ... Frequenz bei dir.*
Little_Donut: *Nein, keine Frequenz. Eher schlaflos.*
Jolightly: *Das kenne ich.*
Little_Donut: *Ich muss immer allein schlafen, um überhaupt ein Auge zuzubekommen. Aber dann wache ich doch jede Nacht um Punkt vier wieder auf.*
Jolightly: *Punkt vier? Ich toppe: drei!*
Little_Donut: *Du kannst auch nicht schlafen?*
Jolightly: *Nein.*
Little_Donut: *Der Lärm der Stadt?*
Jolightly: *Den mag ich eigentlich. Er erinnert mich daran, dass da draußen Tausende andere sind, die gerade die gleichen Geräusche wie ich hören. Das beruhigt mich irgendwie.*
Little_Donut: *Oder der Lärm in deinem Kopf?*
Jolightly: *Gedanken brummen nachts so laut wie große Hummeln am Frühlingsanfang.*
Little_Donut: *Und was brummen sie so?*
Jolightly: *Manchmal klingt ihr Brummen vorwurfsvoll, über Ärger von Antworten, die mir zu spät eingefallen sind. Und manchmal lassen sie sich über Versäumnisse anderer aus. Dann ist das Brummen ganz tröstlich.*
Little_Donut: *Vielleicht hören wir es tagsüber aber auch, nur hören nicht hin. Weil es unbequeme Wahrheiten über uns mit sich bringt.*
Jolightly: *Meinst du, der Lärm des Tages übertönt das Brummen, sodass es sich nachts seinen Weg bahnt?*
Little_Donut: *Ja, vielleicht.*
Jolightly: *Und, was machst du mit deinen unbequemen Wahrheiten?*

Little_Donut: *Wenn es Probleme gibt, löse ich sie.*
Jolightly: *Pragmatiker.*
Little_Donut: *Analytiker. Es gibt für alles eine Lösung.*
Jolightly: *Nicht für alles.*
Little_Donut: *Natürlich. Man muss nur mal um die Ecke denken.*
Jolightly: *Und wenn hinter der Ecke nur noch mehr Probleme sind?*
Little_Donut: *Richtung wechseln!*
Jolightly: *Welche, wenn nicht geradeaus?*
Little_Donut: *Quer.*
Jolightly: *Bei dir klingt das alles so leicht.*
Little_Donut: *Es ist leicht, es kommt nur auf die Sichtweise an.*
Jolightly: *Dann bin ich ab jetzt gespannt auf deine.*

Ich lehnte mich zufrieden in meinem Schreibtischstuhl zurück und verschränkte die Arme hinter meinem Kopf. Sie begann mir zu vertrauen, und das machte mich stolz. Sie würde nach und nach mehr von sich preisgeben, als ihr lieb sein konnte, und irgendwann würde sie sich mit mir treffen. Mir schien ihr Panzer gar nicht so dick zu sein, wie ich befürchtet hätte, hätte ich nicht gewusst, dass ich so gut im Panzerknacken war. Ich hatte Wallis Schlamassel behoben und war nun ganz obenauf.

Pfeifend folgte ich Walli in unsere Kaffeepause, die ich, anders als er, heute wieder im Joseph's verbringen würde, am besten so weit weg von der Verrückten wie nur möglich.

»Einen Filterkaffee bitte«, sagte ich.

»Oh, den haben wir nicht.«

»Was? Ihr habt Latte macchiato, Soja-Latte, Frappuchino, Ginger-Coffee – aber keinen stinknormalen Filterkaffee?«

»Leider nicht«, bedauerte mein Lieblingskellner Marco. »Aber seit wann trinkst du so was?«

»Seit jetzt.«

»Mein Lieber, ich bringe dir jetzt erst mal einen starken Espresso. Dann geht's dir gleich wieder besser.«

Mit den Worten verließ er den Tisch.

»Da ist aber einer heute ganz schön verwirrt!«, flüsterte er seiner Kollegin lachend zu und verschwand hinter der Theke.

9. Kapitel: Josefine

Im Fernsehen lief gerade *Rasant*, und alle News der Stars und Sternchen und deren Fehltritte wurden unter die Lupe genommen. Wieder Bilder von einem roten Teppich, auf dem ich nicht war, wieder diese fünf Meter Glanz vor einer Pappwand, die allen so viel bedeuteten. Aber was bedeutete es mir? Vermisste ich dieses Leben wirklich? Oder war nur die fehlende Vorstellung von einem anderen, neuen Leben, ohne all das, so schwer?

Die Bilder von bekannten und neuen Stars, perfekt gestylt, flimmerten an mir vorbei, während ich in Leggins und Stoppersocken und einem Poncho, den ich mir wie ein schützendes Zelt übergeworfen hatte, in meinem billigen Ikea-Bett saß und mir schrecklich unglamourös vorkam. Ich hatte eine Flasche Wein vom billigen Lieferservice neben mein Bett gestellt, an dem ich jetzt aus einer Kaffeetasse nippte. Dazu gab es Pizza-Cracker, die ich noch in der Küche gefunden hatte und die bereits zwei Monate abgelaufen waren, aber immer noch genauso ungenießbar schmeckten wie frisch gekauft.

Ich sah zu den Vitrinen mit meinen Schuhen, dem Schmuck und der Schaufensterpuppe mit dem kleinen Schwarzen von Chanel. Sie schienen mich direkt anzusehen und mich zu verhöhnen, wie ein Mahnmal aus besseren Zeiten. Sofort überkam mich das Verlangen, meinen virtuellen Warenkorb zu füllen. Neue Schuhe oder vielleicht eine Tasche, ein schöner Armreif, das würde mich über die nächste schwere Stunde bringen. Doch als ich online ging, öffnete sich auch der Chat auf meiner Startseite.

Footy: *Was macht mein Füßlein?*
Jolightly: *Ich habe mir gerade die Füße eingecremt. Mit der extra hornhautreduzierenden Antihorn-Creme. Sie sind jetzt ganz weich! Willst du ein Bild?*
Little_Donut: *Antihorn?!?!*

Ach du Schreck! Ich hatte eigentlich Footy zurückschreiben wollen, aber das Chatfenster von Little_Donut noch aufgelassen, weil ich ihn auf keinen Fall verpassen wollte. Und jetzt das!

Little_Donut: *Aber ein Bild hätte ich gerne. :)*

Aber vielleicht hatte er die Verwechslung gar nicht bemerkt? Hektisch tippte ich meine Antwort.

Jolightly: *Das war ein Scherz! Antihorn, was für ein bescheuerter Name! Da haben sich irgendwelche Werbefuzzies bestimmt einen Scherz mit ein paar ganz armseligen Typen gemacht, die in ihrer Freizeit an Füßen riechen!*
Footy: *Ach, so siehst du das also! Und das nach all den Wochen!*

Scheiße! Schon wieder das falsche Fenster! Dieses ständige Aufpoppen, wenn der Chatpartner etwas schrieb, machte mich ganz wahnsinnig. Ich wusste doch, dass man nicht parallel schreiben sollte, das war eine der ersten Regeln beim Herzfischen. Das führte nur zu unglückseligen Situationen wie diesen, und das wollte ich unbedingt vermeiden.

Jolightly: *Scherz! Ich habe mich nur gerade über die Schmierqualität der Creme geärgert, die ist auch nicht mehr das, was sie mal war. Kleine Übersprunghandlung, bitte sei nicht böse!*
Footy: *Und wie war das mit den armseligen Typen gemeint, die an Füßen riechen?*
Little_Donut: *Versteh mich nicht falsch, ein Bild von dir wäre klasse, ehrlich. Nur deine Füße … na ja, ich hatte mir da doch eher eine Porträtaufnahme erhofft.*
Jolightly: *Da bin ich aber froh, dass du kein verrückter Fußfreund bist, der Füße in Geruchsklassen wie gut gereiften Käse einteilt!*
Footy: *Du hältst mich also für komplett irre?*

Oh nein! Oh nein!

Jolightly: *Nein! Natürlich nicht. Wer unsere Vorliebe nicht versteht, versteht eben nichts von wahrer Leidenschaft!*
Little_Donut: *Deine Leidenschaft sind Füße?*

Ich klappte den Laptop vor lauter Schreck mit einer schwungvollen Handbewegung zu.

Mist! Ich hatte mich total vertippt, und das nicht nur einmal. Ich brauchte erst mal einen klaren Kopf, um nicht in totale Panik zu verfallen und aus Hektik noch mehr Unheil anzustellen. Tief durchatmen, Josy, dachte ich. Du bist die Anglerin, nicht der Fisch!

Es war mir schlussendlich gelungen, Little_Donut davon zu überzeugen, dass ich keine Fußfetischistin war, und Footy, dass ich eine war. Auch wenn das ein wenig mehr Überredungskunst gebraucht hatte, als ich es sonst gewohnt war. Erledigt ließ ich mich aufs Bett fallen. Der Chat mit Little_Donut machte mir Spaß, und ich hatte nie das Bedürfnis, ihn zu beenden, auch wenn das alles andere als professionell war. Wir hatten uns locker für den heutigen Abend verabredet, und ich freute mich jetzt schon darauf. Aus irgendeinem Grund machte er mich neugieriger als die anderen. Er klang einerseits echter als die anderen, und auf der anderen Seite hatte ich das Gefühl, dass hinter diesem taffen Auftritt mehr steckte.

Nachdenklich begann ich, eine Dose für Usch zu öffnen und eine Portion mithilfe eines Löffels in ihren Futternapf zu bugsieren. Ein lautes Miauen holte mich aus meinen Gedanken.

»Was ist denn?«, fragte ich meine Katze, als könne ich eine Antwort von ihr erwarten. Usch stand vorwurfsvoll vorm Futternapf und blickte erst mich und dann ihren Napf pikiert an. Ich sah auf die Dose, die ich immer noch in der Hand hielt. *Junge Erbsen und Möhrchen* stand darauf.

*

Little_Donut: *Heute musste ich an dich denken. Ich habe eine winzige Frau mit riesigen roten Gummistiefeln gesehen. Sie war so klein, dass ich befürchtete, dass sie mit ihrem Schirm vom Wind weggeweht werden würde. Ihre Stiefel wirkten wie riesige rote Plastikbügeleisen. Du hattest recht: Große Füße sind wie Anker!*
Jolightly: *Und schwamm sie am Ende dann in ihrem Regenschirm als Bötchen davon?*
Little_Donut: *Eigentlich wollte ich noch stehen bleiben …*
Jolightly: *Lass mich raten: Du hattest keine Zeit?*
Little_Donut: *Zeit ist Geld!*
Jolightly: *Gerade habe ich mich noch über dein Gummistiefelankerbild gefreut, aber diese Floskel zerstört es schlagartig.*
Little_Donut: *Nenn es unromantisch, aber die Welt ist nun mal ein Karussell, das sich immerzu dreht. Man kann nicht einfach aussteigen.*

Jolightly: *Manchmal wird man aber auch hinausgeworfen, ohne dass man aussteigen wollte.*
Little_Donut: *Und dann?*
Jolightly: *Seitdem dreht sich das Karussell ohne mich.*
Little_Donut: *Warum bist du nicht wieder aufgesprungen?*
Jolightly: *In der nächsten Runde war mein Platz schon besetzt.*
Little_Donut: *Weißt du, warum ich so gern süß-salziges Popcorn gemischt esse?*
Jolightly: *Weil du immer alles willst?*
Little_Donut: *Das ist deine Interpretation. Meine ist: Es ist wie im Leben. Man schmeckt das Salzige nicht ohne das Süße.*
Jolightly: *Für jemanden, der sich selbst kleiner Donut nennt, ist das doch schon ziemlich tiefschürfend.*
Little_Donut: *Für jemand, der auf großen Füßen durchs Leben geht, stehst du ganz schön wackelig.*
Jolightly: *Vielleicht solltest du dir kein Urteil über Menschen erlauben, die du nicht kennst.*
Little_Donut: *Du hast recht, es tut mir leid. Ich wollte dich nicht angreifen.*
Jolightly: *Um mich angreifen zu können, müsste mir etwas an dir liegen.*
Little_Donut: *Ist das jetzt unser erster Streit? Wenn ja, ist das mein persönlicher Rekord.*
Jolightly: *Ich wette, du streitest nie. Lass mich raten – du bist einer, der geht, noch bevor ein Streit überhaupt entsteht.*
Little_Donut: *Ich verharre nicht in unangenehmen Situationen.*
Jolightly: *Du stellst dich ihnen wahrscheinlich nicht mal.*
Little_Donut: *Ich hasse Stagnation. Veränderung ist das einzig Wahre.*
Jolightly: *Veränderung ist gut, sagen immer alle. Dabei ist es doch nur ein Trost, um darüber hinwegzukommen, dass etwas vorbei ist. Ich hasse Veränderungen.*
Little_Donut: *Das Leben ist kein Wartezimmer. Wir brauchen Veränderungen. Sie sind wichtig, um weiterzukommen.*

Jolightly: *Und wenn man überhaupt nicht weiterkommen will?*
Little_Donut: *Jeder will weiterkommen.*
Jolightly: *Eigentlich wollte ich da bleiben, wo ich war.*
Little_Donut: *Das Neue ist nicht immer böse, Jolightly.*
Jolightly: *Es ist aber auch nicht automatisch gut. Ich kann mit dieser Wegwerfmentalität nichts anfangen. Läuft nicht, weg, neu.*
Little_Donut: *Diese Betrachtungsweise ist vielleicht ein wenig zu extrem.*
Jolightly: *Du neigst doch sonst gern zu Extremen.*
Little_Donut: *Im Vergleich zu dir nur in die andere Richtung.*
Jolightly: *Anders ist nicht schlechter.*
Little_Donut: *Ich befürchte da was.*
Jolightly: *Was?*
Little_Donut: *Was ist, wenn wir beide recht hätten?*

Ich konnte nicht fassen, dass ein völlig Fremder mir diese Geständnisse entlockte. Gut, es war sicher nicht schlecht für unser Vertrauensverhältnis, wenn ich ihm etwas über mich erzählte. Und irgendwie tat es gut, mit jemand Unbekanntem darüber zu sprechen, es war wie eine Last, die ich, ohne Bekenntnisse zu machen, ablegen konnte.

Jolightly: *Vielleicht hast du ein bisschen recht, und ich rechter.*
Little_Donut: *Du musst immer das letzte Wort haben, stimmt's?*
Jolightly: *Vielleicht.*
Little_Donut: *Bist du immer so?*
Jolightly: *So was?*
Little_Donut: *So ...*
Jolightly: *... anstrengend?*
Little_Donut: *Eher herausfordernd.*
Jolightly: *Vielleicht gleiche ich damit Versäumnisse in anderen Bereichen aus.*

Little_Donut: *Ja, das klingt ganz nach Herausforderung.*
Jolightly: *Oder Kapitulation.*
Little_Donut: *Kapitulieren steht dir nicht.*
Jolightly: *Woher weißt du, was mir steht?*
Little_Donut: *Kapitulation steht niemandem.*
Jolightly: *Manchmal gibt es eben kein Weiter.*
Little_Donut: *Wenn dir etwas wichtig ist, dann findest du einen Weg. Ist es das nicht, findest du eine Ausrede.*

Er hatte recht. Mir war der Laden wichtig, Hugo war mir wichtig, unser Leben hier. Ich würde alles dafür tun, dass dieser Paschulke uns das Café ließ. Es war die Ironie des Schicksals, dass gerade Little_Donut mir diesen Anstoß gab. Denn ausgerechnet er war derjenige, der mir zum Erfolg verhelfen würde.

*

»Das ist aber doch sehr schön«, sagte Paschulke und notierte sich etwas in ein schwarzes, schmales Heft in der Größe einer Taschentuchpackung.

»Wenn ich ehrlich sein soll, hätte ich nicht damit gerechnet, dass Sie mit einer ersten Zahlung so schnell sein würden. Das begrüße ich sehr.«

Ich hatte uns Kaffee in drei Tassen eingeschüttet, die auf dem Tresen vor uns standen. Jetzt reichte ich Paschulke eine davon.

»Das heißt, wir sind erst mal aus dem Schneider? Also, vorläufig?«, fragte ich.

»Na, na, so einfach ist das auch wieder nicht«, antwortete Paschulke und gab zwei Löffel Zucker in seinen Kaffee.

»Das ist ein Anfang, gut. Aber die Restsumme ist höher als das Doppelte der Anzahlung.«

Er nahm einen Schluck und zog ihn durch die Zähne wie ein Sommelier. Die Temperatur des heißen Getränks schien ihn dabei nicht zu stören.

»Hmm. Hmm. Wann kann ich also mit der nächsten Zahlung rechnen?«

»Ich weiß noch nicht, wann genau«, gab ich zu, »aber wir bemühen uns wirklich, das Geld so bald wie möglich aufzutreiben.«

»Hmm. Hmm. Hmmm«, machte Paschulke und nickte dabei, während er den Kaffee immer noch zu probieren schien. Er war einer der Menschen, die einem nie wirklich sympathisch wurden, egal was sie auch taten. Natürlich konnte das mit seinem Beruf zusammenhängen, ich vermutete vielmehr, dass es seine glatte Art war, die Unbehagen in einem auslöste. Er war wie einer der grauen Männer in *Momo*, die die Zeit zu stehlen versuchten. Nur, dass er anstatt Zeit Geld von uns wollte. Aber auch die Zeit rann mir durch die Finger, ich wusste, dass es mit jedem Tag enger wurde.

Hugo stand etwas unsicher neben uns und schaute in die schwarze Flüssigkeit, als ob sie eine Art Orakel sei, das augenblicklich die Lösung unseres Geldproblems ausspucken würde.

»Aber mit der Zahlung bekommen wir doch Aufschub, nicht wahr?«, fragte er und sah Paschulke hoffnungsvoll an.

»Bald ist es wieder kalt draußen, das Leben findet mehr drinnen statt. Das Vorweihnachtsgeschäft ist immer besser als der Sommer. Sie müssen wissen, dass wir unseren heißen Kakao noch aus echter Schokolade machen.«

Ich wusste, dass uns die eine oder andere heiße Schokolade nicht retten würde. Selbst das Weihnachtsgeschäft war eingebrochen, seit es überall um uns herum Cinnamon Latte und Christmas Blend gab.

»Echte Schokolade ist teurer. Das ist nicht rentabel. Denken Sie mal darüber nach.«

Noch bevor Hugo weitere Angriffspunkte liefern konnte, mischte ich mich wieder ein. »Wie lange haben wir noch?«

»Hmm«, machte Paschulke. »Regulär hätten Sie jetzt noch zehn Tage. Ich kann gerne noch einmal auf vierzehn verlängern, aber das ist das Äußerste.«

Ich atmete tief durch. Der Baron war weggefallen, und von Footy konnte ich vielleicht noch die eine oder andere kleine Summe erfischen. Aber die restlichen fast achttausend Euro in der kurzen Zeit zu bekommen, war eine echte Herausforderung. So zumindest würde es wohl Little_Donut formulieren. Seltsam, dass ich weniger wegen der Summe gerade an ihn denken musste, als vielmehr wegen dem, was er mir geschrieben hatte.

»Das ist eine Herausforderung«, stimmte ich Paschulke zu, »aber wir werden sie meistern. Verlassen Sie sich darauf.«

Meine Stimme klang fest und entschieden, und es wunderte mich selbst, dass von dem Kloß im Hals, der mir bei Paschulkes letztem Besuch im Hals stecken geblieben war, jetzt nichts mehr zu spüren war.

»Hmm. Hmm. Gut.«

Hugo war die Verzweiflung förmlich ins Gesicht geschrieben. Es tat mir in der Seele weh mitanzusehen, wie sehr er sich quälte.

Als Paschulke den Laden verlassen hatte, zählte ich mit Hugo die Kunden des heutigen Tages durch.

»Vier?« Ich starrte meinen Patenonkel an. »Es waren nur vier Kunden heute?«

Hugo hob die Schultern. »Es ist hoffnungslos. Ich weiß, du meinst es gut, Josy, aber was bringen uns die vier Tage Aufschub denn? Vielleicht sechzehn Kunden, wenn's hochkommt, und davon können wir nach den Abzügen gerade mal das Porto für den Brief an Paschulke bezahlen, in dem wir ihm mitteilen, dass wir nicht zahlen können.«

»Noch geben wir nicht auf«, sagte ich leise mehr zu mir selbst als zu Hugo, »noch nicht.«

*

Little_Donut: *Wie war dein Tag?*
Jolightly: *... ganz okay. Und deiner?*
Little_Donut: *... auch ganz okay.*
Jolightly: *Gut, er war katastrophal.*
Little_Donut: *Meiner war auch verbesserungswürdig. Gerade musste ich für etwas aufkommen, für das ich gar nichts konnte. Mich ärgert nicht die Summe, sondern vielmehr das undankbare Verhalten der betreffenden Person.*
Jolightly: *So etwas kenne ich gut. Das Schlimme ist immer, dass meine Wut jedes Mal alle meine guten Antworten zu verschlucken scheint, sodass ich in dem Moment keinen Ton herausbringe. Oder wenn, dann sage ich etwas völlig Schwachsinniges.*
Little_Donut: *Dagegen kann man sich wappnen.*
Jolightly: *Wie denn? Ich komme mir dann immer vor wie ein Schmetterling im Boxring.*
Little_Donut: *Auch ein Schmetterling kann einen Boxer aus dem Konzept bringen. Und zudem glaube ich nicht, dass du ein Schmetterling bist. Aber ich muss dich vorwarnen.*
Jolightly: *Wovor?*
Little_Donut: *Wenn du dich gewehrt hast, wenn du das gesagt hast, was du dir immer und immer wieder vorgestellt und dir selbst vorgesagt hast, fühlst du dich vielleicht im ersten Moment besser. Aber das Gefühl, das danach kommt, ist viel schlechter.*
Jolightly: *Du meinst also, es ist besser zu schweigen?*
Little_Donut: *Wie wäre es mit dem Gegenteil? Gutes verwandelt jeden zum Besseren.*
Jolightly: *Wann hast du zum letzten Mal etwas Gutes getan?*
Little_Donut: –

*

Hugo und ich hatten uns eine Flasche Wein geöffnet, die wir zu dem Sauerbraten, den er uns in der Küche zubereitete, trinken wollten. Ich nahm zur Sicherheit einen Schluck, um sicherzugehen, dass er nicht verkorkt war. Als das samtige Getränk meine Kehle hinunterlief, spürte ich, wie sehr mir der Tag zugesetzt hatte und wie gut der wohlig-weiche Schluck tat. Bis Hugo fertig war, würde ich mir noch den einen oder anderen Schluck gestatten. Ich grübelte über das, was Little_Donut mir geraten hatte. Ich musste mir nur immer und immer wieder vorstellen, was ich bei der nächsten Begegnung mit einem wie dem Ritter-Sport-Gesicht sagen wollte. Aber irgendwie fiel mir nichts Passendes ein. Bei ihm klang alles immer so leicht, aber wenn ich es versuchte, war es das gar nicht mehr. Ich hoffte also auf eine Eingebung, wenn er hier mit meinem Handy auftauchen würde, eine Erleuchtung, die ihm ein für alle Mal signalisieren würde, dass er nicht der Held war, für den er sich hielt.

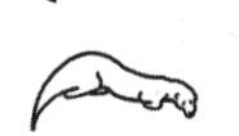

Der Laden musste noch abgeschlossen werden, es war bereits nach neunzehn Uhr. Gerade, als ich den Schlüssel ins Schloss stecken wollte, stand auf einmal das Ritter-Sport-Gesicht vor mir.

»Bis Sie kommen, wollte ich schon längst weg sein«, schoss es mir durch den Kopf. Doch seltsamerweise kamen auch genau diese Worte aus meinem Mund. So laut, dass nicht nur ich sie hören konnte.

Mit einem Blick auf die Weinflasche hinter mir, antwortete das Ritter-Sport-Gesicht: »Bis ich Sie wiedersehe, wollte ich längst betrunken sein.«

»Sie waren früher bestimmt einer dieser Schülerlotsen, die sich immer freiwillig aufgedrängt haben und ständig alles besser wussten!«

»Ich wollte gerade blöde Kuh zu Ihnen sagen. Zum Glück habe ich es nicht gesagt.«

»Oh, tun Sie sich keinen Zwang an. Ich habe auch gerade gedacht, was für ein arroganter Affenarsch Sie sind.«

»Waren Sie schon immer so oder rufe ich das in Ihnen hervor?«

Auf einmal mussten wir beide lachen. Es war seltsam, und auch völlig skurril, denn immerhin hatten wir nicht gerade eimerweise Sympathie übereinander ausgeschüttet. Wir lachten so laut, dass Hugo hinter der Theke auftauchte, dem ich nur gekrümmt, mit der Hand wedelnd, zuwinkte. »Scho-hohon gu-hut!«

»Na, das Geräusch habe ich hier ja schon länger nicht mehr gehört!«, kommentierte er die Situation überrascht.

Dann, als wir wieder etwas Luft bekamen, sagte das Ritter-Sport-Gesicht: »Keine Angst, ich will nicht reinkommen. Ich wollte nur Bescheid sagen, dass die Reparatur sich verzögert. Es ist nicht nur das Glas kaputt, sondern noch ein anderes Teil angebrochen. Sie könnten dann zwar die angerufene Person hören, die aber Sie nicht.«

Und mit einem süffisanten Lächeln fügte er noch hinzu: »Aber vielleicht wäre das gar nicht so schlecht für die Person.«

»Es gibt Leute, die bringen einen zum Trinken«, erwiderte ich kampfeslustig.

Ich konnte es nicht fassen, aber ich war in der Spur! Auf einmal war ein Schlagabtausch ganz ohne Drehbuch möglich. Und: Es machte Spaß.

Hugo rief von hinten zu uns herüber. »Kommen Sie doch rein! Wir freuen uns immer über Menschen, die gute Stimmung mitbringen. Das Essen ist gerade fertig, seien Sie unser Gast!«

»Hugo!« Ich drehte mich hundertachtzig Grad um meine eigene Achse. »Spinnst du?«, zischte ich.

»Nein, vielen Dank, das ist lieb von Ihnen. Aber ich muss los.«

Auf einmal stand Hugo neben mir. »Na, aber zu Abend

essen müssen Sie ja wohl sicher, oder? Was kann so wichtig sein, dass Sie auf Sauerbraten mit Klößen und Rotkohl verzichten?«

»Da läuft gleich so eine Dokumentation über Beutelratten auf 3Sat…«, sagte das Ritter-Sport-Gesicht, aber ich bemerkte sofort wieder das Zucken in seinen Mundwinkeln. Er musste sich zusammenreißen, um nicht zu lachen, was wiederum mich zum Grinsen brachte, obwohl ich es gar nicht wollte.

»Haben Sie gerade Sauerbraten und Klöße gesagt?«, hakte er nach.

Hugo nickte. »Jawohl!«

»Das habe ich mein halbes Leben nicht mehr gegessen!«

»Dann wird es aber höchste Zeit!« Hugo schleifte das Ritter-Sport-Gesicht an mir vorbei Richtung Küche. Ein weiteres »Hugo!« meinerseits ignorierte er geflissentlich.

Na, toll, dachte ich, wird jetzt hier jeder, mit dem man einmal an der Tür gelacht hat, gleich zum Essen eingeladen? Was sollten wir mit diesem Typen in unserer Küche?

Hugo holte ein drittes Gedeck aus dem Hängeschrank und quetschte es zwischen unsere beiden Teller. Der Tisch war viel zu klein dafür, und zwei Teller hingen nun halb über der Tischkante in der Luft.

»Ich nehme meinen Teller in die Hand«, sagte das Ritter-Sport-Gesicht, »Vielen Dank für die spontane Einladung!«

»Da werden die Beutelratten aber traurig sein«, sagte ich gespielt traurig und holte ein drittes Weinglas aus dem Schrank.

»Dabei läuft heute *Das Haus am See* auf Pro7. Aber Liebesfilme schauen Sie sicher ohnehin nicht, schätze ich.«

»Simon, bitte«, antwortete er. »Und *Das Haus am See* habe ich bis heute nicht verstanden.«

»Ehrlich nicht?« Ich drehte mich staunend um. »Ich auch nicht!«

»Ja, wie er dann am Ende versuchen will, sie zu treffen, und sie ihm schreibt, dass er der Mann war, der vor ihren Augen ums Leben kam, und dass er nicht versuchen solle, sie an diesem Tag zu kontaktieren. Er soll noch zwei Jahre auf sie warten und dann zum Haus kommen. Völlig unlogisch!«

»Ja, und er liest den Brief im Jahr 2006 oder so, und in der nächsten Szene kommt er im Jahr 2008 zu ihr. Was war dazwischen? Ich meine: zwei Jahre! Und dann fallen die beiden sich auf einmal in die Arme und küssen sich. Was für ein bescheuertes Ende!«

»Total unrealistisch!«

»Aber so was von total unrealistisch!«

Hugo tat uns auf und sparte wie immer nicht an den Portionen.

»Danke, danke!«, sagte Simon und hielt die Hand über den Teller. »Zwei Klöße von diesem Format reichen wirklich. Das duftet einfach köstlich.« Er schien den Essensgeruch regelrecht zu inhalieren. »So was bekommt man hier in den Restaurants nicht.«

»Ich weiß«, sagte Hugo. »So was nennt man auch Seelentröster.«

Irgendwie war ich jetzt ganz froh, dass Hugo nicht seine Frutti di mare gemacht hatte. Beim Sauerbraten konnte ich sicher sein, dass nur das drin war, was auch reingehörte.

Ich füllte Hugos und mein Glas wieder mit Rotwein auf und goss Simons Glas ebenso voll.

»Prost!«, sagte ich, mehr aus Gewohnheit, und überlegte mir einen Anlass. »Auf die Beutelratten, die heute ohne dich auskommen müssen!«

Wir prosteten uns zu und nahmen alle einen kräftigen Schluck. Meiner war besonders kräftig, so, als wolle ich mir noch mehr Mut antrinken. Ich konnte nicht sagen, dass ich mich unwohl in Simons Gegenwart fühlte – was ja angesichts unserer Vorgeschichte fast schon ein Durchbruch war –, es war eher so, als wäre mein Tachometer leicht überdreht und ich nicht in der Lage, einen Gang zurückzuschalten.

»Auf die Beutelratten, das bescheuerte Haus am See, und ein wahres Seelentrösteressen!«, antwortete Simon kauend.

»Man isst nicht mit vollem Mund«, predigte ich. »Äh, ich meine, man ... man ... ach, du weißt schon!«

Verdammt! Ich war wirklich durch den Wind. Es war einfach ungewohnt für mich, nicht mit Hugo in unserer Küche allein zu essen.

»Eigentlich bin ich ganz aufgeräumt«, erklärte ich entschuldigend, »außer in meinem Kopf.«

Gut, das war noch bescheuerter. Am besten, ich sagte erst mal gar nichts mehr.

»Schon klar«, erwiderte Simon und grinste mich frech an. Seine grauen Augen hatten etwas Jungenhaftes, so als ob sie nicht mitgewachsen wären und sich geweigert hätten, zu dem steifen Anzugträger zu passen, der jetzt vor mir saß.

»Ich sehe schon, es war eine gute Idee von mir, Sie einzuladen, Simon«, sagte Hugo und erhob erneut sein Glas. »Wir hatten schon Ewigkeiten keinen Besuch mehr an unserem bescheidenen Tisch. Und so strahlend wie jetzt gerade habe ich meine Josy schon lange nicht mehr erlebt! Prost!«

»Hugo!«, wies ich meinen Patenonkel zurecht. Es war nicht nur peinlich, dass Simon jetzt glaubte, dass ich fast vom Stuhl fiel ob seiner Anwesenheit. Er musste auch gleichzeitig annehmen, dass ich keine Freunde hatte.

Gut, ich hatte keine Freunde, aber das musste ich ja nicht mit einem Megafon durchs halbe Land brüllen.

Wir aßen und redeten und tranken. Immer der, der gerade nicht ein riesiges Stück Kloß im Mund hatte, erzählte etwas, und es war, als würden sich alte Freunde treffen. Es dauerte nicht lange, und die zweite Flasche Wein musste dran glauben.

Simon erzählte, dass er hier um die Ecke ein Büro habe, das

etwas mit Sicherheit mache, was ich allerdings nicht wirklich verstand. Was mich wunderte, war, dass er während des ganzes Gesprächs keine Fragen zu meiner Schauspielkarriere stellte, etwas, was ich nicht gewohnt war. Vielmehr interessierte er sich für das Café.

»Wie lange haben Sie das Henry's schon?«, fragte er.

»Eine halbe Ewigkeit«, antwortete Hugo, »seit über zwanzig Jahren. Die ersten Jahre lief es auch wirklich gut, die Leute fühlten sich wohl. Aber jetzt, seit die Kranhäuser da sind und die ganzen feschen Lokale um uns herum, wird es immer schwerer. Ich fürchte, lange wird es den Laden nicht mehr geben.«

Ich legte meine Hand auf Hugos Schulter. »Ach Hugo ...«

»Verstehe. Ich muss zugeben, dass ich einer von denen bin, die diese feschen Lokale aufsuchen«, gab Simon zu und sah sogar fast ein wenig schuldbewusst aus.

»Macht nichts«, erwiderte Hugo, »es ist ja sowieso schon zu spät.«

»Ist es nicht«, widersprach ich. »Wir wollen unser Konzept überarbeiten«, erklärte ich Simon, »und jetzt auch Espresso anbieten.«

Simon wischte sich mit der Papierserviette, auf der kleine Osterhasen aus Eiern sprangen – herrje Hugo! –, den Mund ab.

»Ich fürchte, das wird nicht reichen.«

»Bist du jetzt auch noch Unternehmensberater?«, fragte ich scharf.

Simon schüttelte den Kopf. »Ich weiß, einmischen ist immer schwierig. Aber habt ihr schon mal darüber nachgedacht, vielleicht einen Mittagstisch anzubieten? Lokale Gerichte, Hausmannskost, einfach, aber gut? So wie das hier.«

Er deutete auf den Teller vor ihm. »So was gibt es hier sonst nicht.«

Hugo horchte auf.

»Dafür haben wir nicht mehr genug Zeit«, erklärte ich kopfschüttelnd, und mit einem Blick durch die Küche ergänzte ich, »und auch nicht genug Platz, wie du siehst.«

»Na ja«, wandte jetzt Hugo ein, wenn wir One-Pot-Gerichte machen und Sauerbraten im Schmortopf...«

»Das ist doch Irrsinn«, sagte ich und stand auf, um die Teller in die Spüle zu räumen. »Bis sich das rumspricht, sind wir längst weg. So was dauert Monate, wenn nicht gar Jahre.«

»Nicht, wenn ich im Büro ein bisschen Promotion mache«, antwortete Simon. »Unser Büro ist in der vierten Etage, neben uns sind verschiedene Agenturen, und die Leute aus Etage drei und fünf kenne ich auch fast alle.«

»Die Leute oder die Frauen?«, fragte ich spöttisch.

»Beides«, antwortete Simon und zwinkerte mir zu. Jetzt, da ich einmal damit angefangen hatte, konnte ich gar nicht damit aufhören, ihn zu ärgern, ich war regelrecht auf den Geschmack gekommen. Und das ganze Essen war erschreckend harmonisch abgelaufen, sodass ich glaubte, dem dringend etwas entgegensetzen zu müssen.

»Und überhaupt, was ist *One Pot?*«, fragte ich Hugo, während ich Wasser über die Teller in der Spüle laufen ließ.

»Gerichte, die nur in einem Topf gemacht werden«, erklärte Hugo, »zum Beispiel Nudeln und Gemüse mit Wasser und Brühe, alles zur gleichen Zeit in einen Topf geworfen. Kocht dann im eigenen Sud. Der neueste Trend an der Kochfront, sag ich euch. In der heutigen Zeit ein toller Gegenentwurf zu Fast Food, macht aber so gut wie keine Arbeit und keinen Spüldreck.«

Ich war beeindruckt. Hugo verweigerte sonst jeglichen Trend mehr als nur konsequent, kannte aber den neuesten heißen Kurs im Kochuniversum.

»Du bist ja richtig up to date!«

»Wenn ich das Walli erzähle, flippt er sowieso total aus«,

sagte Simon und nahm noch einen Schluck Wein. Seine Lippen hatten die Farbe des dunkelroten Weins angenommen und wirkten nun blau-lila, so, als ob er zu lange in kaltem Wasser geschwommen wäre.

Dann stand er abrupt auf. »Jetzt muss ich wirklich los. Es kam glaube ich noch eine Doku über winterfeste Stauden auf Arte. Die darf ich wirklich nicht verpassen.«

Dann beugte er sich noch einmal zu Hugo herunter. »Danke für das fantastische Essen. Es war wie ... zu Hause zu sein.«

»Da nich für«, sagte Hugo und winkte ab, wie er es immer tat, wenn jemand ihn in Verlegenheit brachte.

»Und überlegen Sie sich das mit meinem Vorschlag, Hugo.«

Ich brachte Simon zur Tür, die ich wegen seines plötzlichen Auftauchens vorhin völlig vergessen hatte abzuschließen.

»Sagt mir einfach Bescheid, ob ihr das machen wollt. Ein Gericht, ein Zeitfenster von ein, zwei Stunden, Montag bis Freitag, einfache Sachen. Ich bin sicher, dass das klappt. Vor allem, wenn wir Walli im Boot haben.« Er zwinkerte mir zu.

»Vielen Dank für das Angebot«, antwortete ich, »aber ich glaube, wir sind für so etwas nicht ausgestattet.«

»Meine ersten Aufträge habe ich mit achtzehn im Dachgeschoss meiner Eltern abgewickelt«, sagte Simon und sah mir in die Augen. »Die Umstände sind immer verbesserbar. Es geht um den Geist einer Idee.«

Das Jungenhafte, das vorhin noch so in seinen Augen blitzte, war einem entschlossenen, fokussierten Blick gewichen. Es war der Blick eines Mannes, der ganz genau wusste, wo er im Leben stand. Einen kurzen Augenblick beneidete ich ihn darum.

»Nein, wirklich. Aber trotzdem vielen Dank.«

»Das war ein seltsamer Abend.« Simon lächelte mich an. »Da können weder Beutelratten noch winterfeste Stauden mithalten.«

»Seltsam?«, fragte ich. »So wie seltsam-seltsam?«
Er wandte sich Richtung Straße, doch dann stockte er und drehte sich auf der Türschwelle noch einmal um.
»Eher seltsam-gut.«

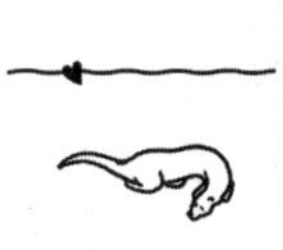

10. Kapitel: Simon

Der Abend hatte einen völlig anderen Verlauf genommen, als ich erwartet hätte. Ich hatte die Flucht ergriffen, weil Franziska vor der Tür stand und mit mir über Nadia *reden* wollte. Eigentlich wollte sie mich eher anschreien, und ich hatte keine Lust auf eine Dauerbelagerung vor meiner Wohnungstür. In solchen Situationen war eine Wohnung nur ein Haus vom Büro entfernt nun wirklich kein Vorteil. So wie sie mich angiftete, war aller Charme, den sie zu Beginn unserer Bekanntschaft versprüht hatte, vollends verschwunden. Ich hasste solche Eskapaden und versuchte sie zu vermeiden, wo ich nur konnte. Dieses Bekehrungs-Gen, über das so viele Frauen verfügten, die einen glücklichen Junggesellen zum treuen Ehemann machen wollten, ging mir völlig ab. An diesem Abend wollte ich eigentlich nur meine Ruhe und irgendwo allein zu Abend essen. Dass ich kurz davor noch in diesem schrägen Trödelcafé Halt machte, war eher ein Zufall. Ich wusste selbst nicht genau, was mich geritten hatte, der Einladung zum Essen zu folgen, aber es hatte sich als überraschend herausgestellt. Überhaupt hätte ich nie geglaubt, dass ich gerade mit der Person, über die ich mich in den letzten Tagen mehr als einmal geärgert hatte, einen ganzen Abend verbringen könnte. Und noch viel weniger, dass dieser Abend sich sogar als recht unterhaltsam entpuppen würde. Es war so unkompliziert – schon fast leicht – gewesen, an diesem winzigen Küchentisch mit der vergilbten Decke zu sitzen, Wein zu trinken und zu reden. Es gab keine Ambitionen, keine Erwartungen, nichts, was ich erreichen wollte, und ich merkte, wie schnell mich das entspannt hatte.

Über Josys skeptische Haltung zu meinem Vorschlag zur Rettung des Ladens ärgerte ich mich und wunderte mich gleichzeitig darüber, dass mich das überhaupt interessierte. Ich konnte mich nicht daran erinnern, wann ich das letzte Mal jemandem helfen wollte, der mich nicht dafür bezahlte.

Jolightly: *Noch wach?*
Little_Donut: *Ich komme gerade von einem überraschenden Treffen.*
Jolightly: *Manchmal entwickeln sich Dinge eben ganz anders als erwartet.*
Little_Donut: *Ich muss dir etwas gestehen.*
Jolightly: *Ich hoffe nichts, was mich durch Mitwissen zum Straftäter macht. ;-)*

Little_Donut: *Ich habe heute etwas zum ersten Mal getan.*
Jolightly: *Jetzt machst du mich neugierig.*
Little_Donut: *Ich habe etwas getan, ohne einen Nutzen davon zu haben. Ich meine, nicht wirklich getan, nicht im Sinne einer echten Tat. Eher ein Angebot.*
Jolightly: *Und was passierte dann?*
Little_Donut: *Eigentlich nichts.*
Jolightly: *Gar nichts?*
Little_Donut: *Na ja, es war ein gutes Gefühl.*
Jolightly: *Das ist doch eine ganze Menge.*
Little_Donut: *Ich glaube, das warst du.*
Jolightly: *Was war ich?*
Little_Donut: *Du warst diejenige, die das in mir ausgelöst hat. Mit deiner Frage.*
Jolightly: *Und war es schwer, über deinen Schatten zu springen?*
Little_Donut: *Nein, es war vielmehr so, als ob er in dem Moment gar nicht existieren würde.*
Jolightly: *Dann war es richtig.*

Little_Donut: *Ich denke auch.*
Jolightly: *Und wirst du so was demnächst öfter tun?*
Little_Donut: *Man muss ja nicht gleich übertreiben. ;-)*
Jolightly: *Du kannst es darauf ankommen lassen. Aber du hast recht. Das analoge Leben ist schwer, ständig muss man irgendwelche Erwartungen erfüllen.*
Little_Donut: *Na ja, zumindest ist es ehrlicher. Das Internet ist eine viel größere Lüge, man zeigt doch nur seine guten Seiten. Das, was man zeigen will.*
Jolightly: *Ich sehe es genau andersherum. Im Internet kann man sein, wer man wirklich ist. Ohne die ganzen Filter der Gesellschaft, ganz ohne Schubladen. Jedes Wort kommt völlig pur daher, ohne Beiwerk, ohne Mimik oder Gestik, ohne Rahmen. Es zählt nur das Wort allein.*
Little_Donut: *Und deswegen wiegt es schwerer?*
Jolightly: *Es ist bedeutungsvoller, vielleicht.*
Little_Donut: *Aber es birgt auch viele Missverständnisse.*
Jolightly: *Wie die Liebe?*
Little_Donut: *Liebe ist ein biologisches Phänomen, ein Reiz-Reaktionsprozess, genau wie Durchfall.*
Jolightly: *Ich glaube nicht, was du da gerade geschrieben hast.*
Little_Donut: *Doch, natürlich. Die meisten rennen doch nur einer Illusion von etwas hinterher, die der Realität nicht standhalten kann.*
Jolightly: *Dann laufe ich lieber hinterher …*
Little_Donut: *Lieber hinterher als …?*
Jolightly: *Davon.*

*

»Guten Morgen!«

»Morgen«, brummte Walli, und ich ahnte, dass er entweder noch nichts gegessen oder mal wieder ein mieses Date gehabt hatte.

»Wie war dein Abend?«, fragte ich, ohne aufzusehen wie jeden Morgen.

»Na ja, ich glaube, ich habe es gut hingekriegt.«

»Was hast du denn je gut hingekriegt?«, ärgerte ich meinen Freund und grinste in meinen Bildschirm.

»Einen perfekten Gin Tonic zum Beispiel.«

»Du hast gestern Cocktails gemacht?«

»Ich habe gestern für eine Frau gekocht.«

Das war gestern wohl der Abend der kollektiven Überraschungsessen.

»Und?«, fragte ich nach. »Ich dachte immer, du könntest gar nicht kochen.«

»Kann ich auch nicht. Ich bleibe einfach immer so lange vorm Herd sitzen, bis es mir schmeckt. Und im Sitzen bin ich gut.«

»Immerhin etwas. Und wen hast du so bekocht?«

»Die Käsethekenschnuckelmaus hat mir eine zweite Chance gegeben. Mann soll ja bekanntlich auf sein Herz hören. Auch wenn mir meins gesagt hat, dass ich den Pizzadienst anrufen soll. Na ja, wie auch immer, ich hab ihr versichert, dass sie das sonst ihr ganzes Leben bereuen würde. Am Ende der Zirkusfolge findet nämlich sogar Benjamin Blümchen eine Frau.«

»Und dann?«

»Dann ziehen sie zusammen mit dem Zirkus rum, glaube ich.«

»Nicht sie, *ihr!*«

»Wir haben uns geküsst.«

Ich drehte den Schreibtischstuhl in Wallis Richtung und beugte mich vor. »Und wie war's?«

»Ich weiß es nicht so genau.«

»Ich meine, manche Frauen sind eher wie eine Sättigungsbeilage und andere wie das Filet. War sie ein Filet oder eine Kartoffel?«

»Das ist eine sehr schwierige Frage, Simon. Ich mag ja Kartoffeln auch wirklich gern, wenn man sie so quetscht, mit Soße und …«

»Walli, hör zu. Es gibt gute und schlechte Küsse, war's also gut oder nicht gut?«

»Es schmeckte nicht schlecht. So ähnlich wie … Hähnchen.«

Ich drehte mich kopfschüttelnd zurück zu meinem Schreibtisch.

»Was macht eigentlich unsere Herzfischerin?«, fragte er mit neugierig hochgezogenen Augenbrauen.

»Verwunderlicherweise ist sie ganz handzahm«, gab ich beiläufig zurück, »bis jetzt gab es noch keinerlei Forderungen. Vielleicht sind wir aber auch noch in der Annäherungsphase.«

»Bist du sicher, dass ich das nicht lieber übernehmen soll?«, fragte Walli und schob sich einen halben Schokoriegel quer in den Mund. »So richtig viel scheinst du noch nicht über sie herausgefunden zu haben. Ich habe da nur dein Daten-Mantra in meinen zierlichen Öhrchen.«

»Keine Sorge, ich habe alles im Griff.«

»Ich mein ja nur, jetzt, wo ich meinen Erfahrungsschatz praktisch horizontal und vertikal ausgeweitet habe.«

»Oh«, horchte ich auf, »vertikal auch?«

»Ja, wir haben die halbe Nacht geredet.«

»Verbal meinst du?«

»Sag ich doch!«

»Also was denn nun? Wilden Sex auf dem Küchentisch?«

»Wie kommst du denn jetzt auf Sex auf dem Küchentisch? Sind bei dir Krümel im Bett?«

»Weil das durch Leidenschaft eben manchmal passiert«, stöhnte ich. »Außerdem krümelst du ja hier schon alles voll, das brauche ich ganz sicher nicht in meiner Wohnung.« Dann sah ich ihn neugierig an. »Los jetzt, hattest du nun oder hattest du nicht?«

»Ich dachte zwischendurch, ich hätte einen Orgasmus gehabt, aber ich hatte mich wohl nur verschluckt.«

*

Jolightly: *Heute habe ich eine Ameise beobachtet, wie sie mit einem Krümel im LAN Slot meines Laptops verschwunden ist.*
Little_Donut: *Ich glaube, sie feiert dort jetzt eine wilde Krümel-Party mit ihren Kumpels, die allesamt auch dort eingezogen sind und sich die warmen Wellen des Laptop-Lüfters um die vollgefutterten Bäuche wehen lassen. Dann gründen sie ein Dorf rund um den Krümel herum, um den sie Nacht für Nacht tanzen.*
Jolightly: *Bei der Vorstellung von tanzenden Ameisen in meinem Laptop ist mir nicht ganz wohl …*
Little_Donut: *Ich wollte dich nur zum Lachen bringen.*
Jolightly: *Die meisten Männer sind nicht witzig und denken nur, sie seien es, weil irgendwelche Kicherweibchen immer lachen, die ihnen einen Gefallen tun wollen. Und dann laufen sie ab der fünften Klasse herum und glauben, sie seien unfassbar humorvoll.*

Little_Donut: *Das war hart.*
Jolightly: *Tut mir leid.*
Little_Donut: *Muss es nicht. Es stimmt schon, du hast sicher recht, dass das auf manche zutrifft.*
Jolightly: *Lass mich raten: nur nicht auf dich, richtig?*
Little_Donut: *Neben Eloquenz strotze ich vor Witzigkeit. Natürlich sehe ich auch gut aus.*
Jolightly: *Du bist rund und hast in der Mitte ein Loch?*
Little_Donut: *Knapp daneben. Aber das wirft eine neue Frage auf. Wie siehst du aus, Jolightly?*
Jolightly: *Hast du keine Vorstellung?*
Little_Donut: *Immer wenn ich meine, eine zu haben, schreibst du wieder etwas, was nicht dazu passt, und ich fange wieder von vorn an.*

Jolightly: *Wenn du nichts hast, hast du alles, in deiner Fantasie.*
Little_Donut: *Dafür, dass du dich mit Fischen auskennst, lässt du sie ganz schön lang zappeln.*
Jolightly: *Hast du nicht gestern Abend gesagt, die Realität sei voller Erwartungen?*
Little_Donut: *Und die möchtest du hier nun nicht erfüllen?*
Jolightly: *Im Gegenteil. Ich möchte sie nicht enttäuschen.*

11. Kapitel: Josefine

»Ich habe eine Einladung für dich!«

Walli war kurz vor Feierabend im Laden aufgetaucht und hielt mir einen Briefumschlag hin.

»Oh, danke. Zu was denn?«, fragte ich. Es war lange her, dass ich zu irgendetwas eine Einladung bekommen hatte.

»Zum Brunch. Ich habe am Sonntag Geburtstag.«

»Und du willst, dass ich komme?«, hakte ich ungläubig nach.

»Was für eine Frage!«

»Warum?«

»Ich mag dich einfach.« Walli sah mich mit seinen treuen Augen liebevoll an. Seine klare Art, jemandem zu zeigen, dass er ihm auf Anhieb sympathisch war, war mir irgendwie über die Jahre abhanden gekommen.

»Ich weiß nicht, ob ich Sonntag arbeiten muss«, wandte ich ein.

»Muss sie nicht!«, rief Hugo hinter dem Tresen hervor, »Sie hat frei!«

Walli vollführte einen Freudentanz und sprang umher wie aufpoppendes Mikrowellenpopcorn. Wie ziemlich großes, schweres aufpoppendes Mikrowellenpopcorn.

»Ich freu mi-hi-hich!«

Dann umarmte er mich stürmisch. »Ich zähle auf dich! Du bist mein Ehrengast!«

Er drückte mir die Einladung in die Hand und schwofte zur

Tür. »Das wird ganz toll! Ich hab eine Hammer-Location ausgewählt, das wird euch alle umhauen!«

Ich winkte ihm mit dem Briefumschlag in der Hand nach. Wann war ich das letzte Mal auf einem Geburtstag eingeladen gewesen? Ich wusste es nicht.

»Unsere neuen Freunde scheinen einen Narren an dir gefressen zu haben«, sagte Hugo, der auf einmal hinter mir stand.

»Quatsch«, antwortete ich und wischte die Behauptung mit der Hand beiseite. »Walli ist einfach ein lieber Kerl.«

»Ich meinte auch hauptsächlich jemand anderen«, sagte Hugo und sah mich unverwandt an.

»Das arrogante Ritter-Sport-Gesicht?«

»Simon war sein Name, richtig?«

»Meinetwegen Simon. Er weiß immer alles besser. Solche Leute kann ich einfach nicht ausstehen.«

»Aber es ging doch ganz gut mit euch beiden.«

»Bis er diesen Vorschlag gemacht hat. Kennt uns kaum und meint sofort zu wissen, was gut für uns ist.« Ich schnaubte ärgerlich durch die Nase.

»Vielleicht weiß er es gerade deshalb? Wir beide haben doch total den Überblick verloren und gehen am Ende mitsamt unserem großen Kahn unter. Er sitzt weiter oben, auf einer Art Leuchtturm, und kann von dort aus vielleicht besser sehen.«

»Er sitzt auf einem verdammt hohen Ross, trotz allem. Ich bleib dabei. Auch wenn der Abend nicht so schlimm war, wie befürchtet. Ich habe sowieso nicht verstanden, was du dir dabei gedacht hast, ihn einzuladen.«

»Gar nichts.«

»Das dachte ich mir.«

Hugo kraulte sich nachdenklich sein bereits etwas schlaffes Kinn mit dem weiß-grauen Dreitagebart, der ihn richtig interessant wirken ließ.

»Vielleicht sollten wir uns seinen Vorschlag wirklich zu Herzen nehmen. Ich meine, wir können dann wenigstens sagen, wir hätten es versucht. Ich fand, es klang gar nicht so schlecht.«

Ich dachte über meine einzige Alternative nach, das Herzfischen.

»Ja, vielleicht. Aber es wäre eine echte Hau-Ruck-Aktion. Kannst du das? Für so viele Leute kochen, meine ich?«

»Na sicher. Ich habe früher auf See für zig Leute gekocht, da habe ich auch meine legendären Frutti di mare à la Hugo her.«

Ich hatte gar nicht gewusst, dass Hugo zur See gefahren war, wunderte mich aber jetzt nicht mehr über die seltsame Zusammenstellung seines Gerichts.

»Hm. Und die Küche? Ist sie nicht viel zu klein?«

»Das passt schon«, sagte Hugo und klopfte mir sanft auf den Rücken. »Der junge Mann hat mich beeindruckt mit seiner spontanen Art. Er wird uns sicher helfen.« Hugo sah mich auffordernd an.

»Du meinst, ich soll nun in sein Büro gehen und ihn um Hilfe bitten? Niemals!«

»Was ist daran so schwer?«, fragte Hugo.

»Nichts«, sagte ich und sah weg. »Ich meine, er ist so ein blöder Affenarsch gewesen und dann weiß er auch noch alles besser und ich soll jetzt zu ihm gehen und ...«

»Du musst das nicht tun«, sagte Hugo und nahm seinen Mantel vom Jackenständer. »Ich wollte sowieso noch ein paar Besorgungen machen. Dann kann ich gleich bei ihm vorbeigehen und ihn fragen.«

Er warf sich den Mantel über und ging Richtung Tür.

»Warte doch ...«, brummte ich ihm hinterher.

Es ärgerte mich, dass Hugo es mit seiner stoischen Gelassenheit immer wieder schaffte, mich ohne viele Worte zu überzeugen.

»Ist noch was?«, fragte er und ich nahm ein winziges Zwinkern seiner fältchenumrahmten Augen wahr.

»Na gut.« Ich seufzte. »Ich gehe hin!«

»Fein!«, antwortete Hugo und hängte seinen Mantel wieder an den Ständer.

»Ich mach dir gleich eine Einkaufsliste für die nächsten beiden Tage.«

Als ich mich umwandte, um meine Tasche zu holen, fiel mein Blick auf Hugos Füße.

Er trug nur Pantoffeln.

*

Als ich das Krangebäude gegenüber unserem Laden betrat, wurde mir klar, dass ich gar nicht wusste, wie Simons und Wallis Firma hieß. Ritter Sport vielleicht? Ich musste einen Augenblick lang schmunzeln. Das Gebäude war riesig, die Eingangshalle ebenso. Die Decke war irrsinnig hoch, alles glänzte in kühlem Mamorgrau und war bis in jede Ecke durch gewaltige, übergroße Lampen in raumschiffartigen Formen ausgeleuchtet.

Jeder Winkel wirkte aufgeräumt, zwar kühl, aber klar, so als ob es nur eine Richtung gäbe. Nach oben.

Hinter einer nussschalenartigen Theke saß eine junge Frau mit Pferdeschwanz, die mich freundlich begrüßte. »Guten Tag, was kann ich für Sie tun?«

»Hallo«, erwiderte ich, »ich bin auf der Suche nach ...«

Ich hatte weder Simons Nachnamen noch den seiner Firma parat. »Er heißt Simon, den Nachnamen weiß ich leider nicht mehr genau ...«

Dann kam mir ein Gedanke. »Er hat so ein Ritter-Sport-Gesicht, wissen Sie?«

»Und ein gewinnendes Lächeln?«, fragte sie mich und lächelte wissend.

»Ja, genau!«

Die junge Frau sah mich unverwandt an. »Ich kenne Sie doch irgendwoher ...«

Ich wusste, dass ich nicht drumherumkam, erst recht nicht, weil ich etwas von ihr wollte.

»Warten Sie, sind Sie etwa DIE Jojo?«

Ich ließ meinen Kopf langsam nach vorn sinken, was eigentlich ein Nicken werden sollte.

»Sie sind es! Ich glaub's nicht!«

Manchmal glaub ich's auch nicht, dachte ich.

»Ich war immer Fan! Ihr größter! Ganz bestimmt!«

»Danke, das ist sehr nett«, antwortete ich.

Sie hielt mir ihre Hand unter die Nase. »Ich bin Ann-Kathrin!«

»Hallo Ann-Kathrin«, sagte ich und presste meine Lippen aufeinander, sodass es wie ein halbes Lächeln wirkte.

Dann hielt sie mir einen kleinen Zettelblock hin. »Ich brauche unbedingt ein Autogramm! Und eins für meine Freundin! Und für meinen Bruder! Wir haben Sie immer zu Hause abends vorm Schlafengehen gesehen, als wir na ja ...«, sie sah mich entschuldigend an, »noch kleiner waren.«

»Ja, ist lange her«, kommentierte ich ihre gedankliche Zeitreise und unterschrieb auf den Zetteln.

»Wir müssen dringend ein Selfie machen! Die flippen aus, wenn ich das poste!«

»Oh, bitte nicht posten«, winkte ich ab, »ich bin ungeschminkt, und meine Haare, und na ja ...«

»Ach, das macht nichts! Ich liebe es, Stars auch mal ungeschminkt zu sehen! Da kommt man sich dann selbst nicht mehr so unglamourös vor!«

Ich fragte mich, wer hier gerade unglamourös war. Ann-Kathrin sah aus wie einem Hautcreme-Werbespot entsprungen. Ihre Haare lagen perfekt. So, als würde jemand versteckt hinter ihr am Infopoint sitzen und immer wieder nur für

Sekunden auftauchen, um ihr die einzelnen Haarsträhnen so zu legen, wie es sich auf einem Foto am besten machen würde. Höchstwahrscheinlich Juan Carlo de Vita, der in seiner Mittagspause hier schnell vorbeihuschte. Noch bevor ich ein weiteres Veto einlegen konnte, hatte Ann-Kathrin ihr Handy ausgepackt.

»Hören Sie, Ann-Kathrin, bitte nicht, das ist ...«

»Ach was, da warte ich mein halbes Leben drauf, das kannst du mir doch nicht verwehren!« Sie formte mit ihren vollen Lippen einen Schmollmund, der ganz sicher in anderen Situationen hervorragend funktionierte, bei mir aber nur ein weiteres, gequältes Lächeln hervorrief. Dann verließ sie ihre Nussschale und tippelte aufgeregt um sie herum, stellte sich neben mich und hielt das Handy vor uns in die Luft.

»Lächeln bitte!«

Ich ergab mich. In wenigen Minuten gab es also ein weiteres Jojo-ungeschminkt-Foto auf Facebook, Twitter, Instagramm und sonstwo. Eine Zeit lang gab es unzählige davon: Ich beim Einkaufen, in der Warteschlange, beim Einwohnermeldeamt, morgens zerstreut beim Bäcker ... irgendwann verließ ich das Haus nur noch, wenn es sein musste, und vergaß meine obligatorische Sonnenbrille nie. Heute hatte ich sie nicht aufgesetzt, und gerade bereute ich es.

»Smiiiiiiileeeeeeeeeeeeeeeee!«, sagte Ann-Kathrin erneut und drückte auf den Handykameraauslöser.

»Ich kann's immer noch nicht glauben«, erklärte sie dann, während sie zurück zu ihrem Platz ging. »Wohnst du hier? Wir können ja mal einen Kaffee trinken gehen! Ich hab jeden Tag um eins Mittagspause! Es geht auch eher, wenn es dir besser passt! Ich hab mir früher immer vorgestellt, eine Freundin wie dich zu haben! Und jetzt stehst du vor mir! Das ist doch ein Wink des Schicksals, oder?«

Sie redete aufgeregt und ohne Pause vor sich hin und sah mich dabei immer wieder mit aufgerissenen Augen an.

»Oder?«

»Ja, also, ich arbeite mittags immer. Das passt nicht so gut.«

»Ach was, wir kriegen schon einen Termin hin! Und an was arbeitest du denn? Neues Projekt? Neue Serie? So was Retromäßiges? Sag bitte ja!«

Ich schüttelte den Kopf. »Nein, nichts dergleichen. Ich hab auch wirklich nicht so viel Zeit gerade, also ...«

»Verstehe. Das Ritter-Sport-Gesicht mit dem gewinnenden Lächeln. Simon.«

Ich nickte. »Genau.«

»Dann gibt es hier nur einen, auf den das zutrifft. Hast du einen Termin?«

»Nein. Aber wenn du Josy vom Trödelcafé sagst, dann weiß er Bescheid.« Dann hob ich unsicher meine Schultern. »Glaube ich zumindest.«

»Josy vom was?«

»Trödelcafé.«

Ann-Kathrin sah mich erstaunt an. »Oookaaaay ...«

Als Ann-Kathrin die Nummer wählte, um mich anzukündigen, überkam mich plötzlich ein heftiger Fluchtinstinkt.

Was machte ich hier? Das war mehr als nur bescheuert, hier aufzukreuzen. Dieser Typ arbeitete in einer Branche, die offensichtlich nichts mit sozialem Engagement zu tun hatte. Was hatte er mit Hugos und meinen Problemen zu schaffen? Nichts. Und so würde es auch bleiben. Ich kam mir plötzlich wie eine nervige Obstfliege vor, die ihn umkreiste und die er nicht mehr loswurde.

»Schon gut«, flüsterte ich und wedelte mit der Hand vor ihrem Gesicht herum, »ich hab's mir anders überlegt. Sie können ihm Bescheid sagen, dass ich ihn nicht weiter stören will.«

Mit diesen Worten wandte ich mich zum Gehen um. Ann-Kathrins verdutztes Gesicht nahm ich trotzdem noch aus dem

Augenwinkel wahr, bevor ich mich eiligen Schrittes zum Ausgang bewegte.

Als ich vor dem Gebäude stand und die kühle Luft einatmete, ging es mir schlagartig besser. Es wäre einfach zu peinlich gewesen und unsinnig und vollkommen bescheuert und ...

»Josy?«

Ich drehte mich ruckartig um.

Vor mir stand Simon und sah mich fragend an.

Seine grauen Augen wirkten auf einmal nicht mehr grau, sondern kristallklarhellblau wie das Wasser eines klaren Bergbachs.

*

Wir setzten uns auf eine der Holzbänke vor dem Gebäude, die an allen Eingängen der Kranhäuser zwischen perfekt gestutzten Buchsbäumen in übergroßen Schiefertöpfen standen.

»Hugo fand deine Idee nicht ganz so übel«, druckste ich herum, »und er meinte, wir könnten dich mal fragen, weil du ja ein paar Ideen hattest, was Werbung betrifft und so.«

Simon sah zwei Passanten nach, die offensichtlich auf dem Weg zu einem Meeting waren und das richtige Gebäude suchten.

»Und was meinst du?«

Ich hob die Schultern. »Ich weiß nicht. Ich meine, ich würde alles tun, um den Laden zu retten.« Mit einem Blick in Richtung der Passanten, die nun schon das dritte Mal vor uns auf und ab liefen, schob ich noch leise hinterher: »Ich *tue* alles, um den Laden zu retten.«

Simon nickte und atmete dabei tief ein, als müsse er sich zu dem, was er nun sagen wollte, aufraffen.

»Okay. Der Laden ist wirklich, ich sag mal, speziell. Aber er scheint euch eine Menge zu bedeuten, und der Gedanke gefällt mir irgendwie. Klingt im ersten Moment ziemlich unlogisch, dass man etwas so schätzt, was einem eigentlich nur Probleme bereitet.«

Er lachte mich mit seinem perfekten Weiße-Zähne-Lächeln an. Ich war mir sicher, er benutzte Zahnseide. Ich ging manchmal sogar ohne Zähneputzen ins Bett.

»Tust du gerade nicht im Grunde genau das Gleiche?«, fragte ich vorsichtig und dachte an die nervige Obstfliege.

»Ich scheine wohl gerade meine Schwäche für das Sentimentale zu entdecken«, antwortete er und lachte.

»Danke«, sagte ich leise.

»Bedank dich erst, wenn es geklappt hat«, widersprach er mir, »noch haben wir nichts erreicht.«

Ich schüttelte den Kopf. »Es ist nicht so, als ob man ständig Menschen trifft, die einem helfen wollen.«

Ich sah den Passanten nach, die augenscheinlich den richtigen Eingang gefunden hatten und nun hinter einer Glastür verschwanden. »Oder, dass man es selbst tut.«

»Es scheint kälter geworden zu sein«, sagte Simon nachdenklich und klappte sein Revers hoch.

*

Dass Simon mir seinen Schlachtplan nicht in Form einer Excel-Tabelle vorlegte, wunderte mich fast, so durchstrukturiert war er. Von der Konzeption bis zur Erstellung und über die konkrete Ansprache der Zielgruppe hatte er alles schon im Kopf. Walli mussten wir gar nicht erst mobilisieren; er sprang seit der Verkündung unseres Plans nach Simons Angaben wie eine menschliche Litfaßsäule in den Gängen des Bürogebäudes herum und verkündete die frohe Botschaft über unseren One-Pot-Mittagstisch, als wäre es das kleine Jesuskind höchstpersönlich, das für alle kochen würde.

»Was wir beachten müssen: Wenn ihr auch alkoholische

Getränke ausschenken wollt, braucht ihr eine Gaststättenerlaubnis.«

»Darüber habe ich noch gar nicht nachgedacht«, sagte ich erschrocken.

»Das habe ich gemerkt«, antwortete Simon und grinste mich verschmitzt an. »Für's Erste wird es sicher auch ohne gehen. Langfristig müsstest du dich darum kümmern. Ich habe aber noch ein Idee, wie ihr wenigstens Bier und einen Hauswein anbieten könnt.«

»Und was ist das für eine Idee?«

»Wenn ihr keine Speisekarte habt, seid ihr kein richtiges Restaurant. Ergo habt ihr auch keine Preise.«

»Aber wenn wir keine Preise haben, wie sollen wir dann was verdienen?«

»Schon mal was von Pay what you want gehört?«

Ich schüttelte den Kopf.

»Das ist ein neuer Trend, der sich hier noch nicht durchgesetzt hat, aber in anderen Länden durchaus üblich ist. Es gibt für eine erbrachte Leistung keinen festen Preis, sondern jeder gibt das, was es ihm wert war.«

Ich überlegte. »Aber macht man dann nicht hohe Verluste? Ich meine, dann könnte doch jeder nur einen Bruchteil von dem geben, was es tatsächlich wert war.«

Simon zwinkerte mir zu. »Wenn du einen One Night Stand hast, sicher. Willst du aber wiederkommen, weil es gut war, gibst du mehr. Und das wird passieren. Das Prinzip appelliert an die menschliche Moral, an Wertschätzung und Anstand. Und da will sich keiner lumpen lassen, und erst recht nicht vor anderen. Statistiken belegen, dass man mit diesem Prinzip sogar mehr einnimmt, als man mit festen Preisen erwirtschaftet hätte.«

»Oh«, sagte ich erstaunt, »klingt nicht übel.«

Moral, Wertschätzung und Anstand – das waren große Worte, die schwer wogen auf meinen schmalen Schultern.

»Und du meinst, so können wir die Gaststättenerlaubnis umgehen und gleichzeitig mehr Geld verdienen?«

»Wenn ihr keine Preise habt, es ergo kein echtes Restaurant ist und wir die Kunden hauptsächlich per Mundpropaganda erreichen, können wir eine Grauzone nutzen. Eine Art »Essen-für-Freunde-Treff«, bei dem nur die Lebensmittel mitfinanziert werden, nicht aber die Dienstleistung. Also, offiziell. So ähnlich wie Straßenmusiker, die mit einem Hut herumgehen.«

»Verstehe.«

Auf diese Idee wäre ich selbst nie gekommen, zweifelte aber noch immer an der Umsetzung.

»Und woher wissen wir, welche Mengen wir benötigen? Und wenn es dann am Ende viel zu viel ist oder sogar zu wenig?«

Simon bearbeitete sein Kinn mit Daumen und Zeigefinger, als denke er angestrengt nach.

»Wir könnten Walli mit einer Art Anmeldezettel herumgehen lassen. Das würde er sogar aus gleich zwei Gründen sofort machen.« Simon buffte mir in die Seite.

»Eine bessere Gelegenheit, die Bürohäschen anzusprechen, findet er nie.«

Ich nickte verständnisvoll. »Verstehe.«

»Dort steht dann das Gericht des Tages und die möglichen zehn, zwanzig Plätze. Oder wie viel auch immer bei euch in dieses Möbeltetris da reinpassen.«

Ich verzog mein Gesicht.

»Das war gemein.«

»Ich weiß.«

»Warum hast du es dann gesagt?«

Simons Ton klang wieder ernster. »Ich bin keiner von diesen lieben Kerlen, Josy.«

Dann machte sich ein Lächeln auf seinem Gesicht breit. »Ich habe schließlich einen Ruf zu verlieren!«

Jetzt musste ich auch grinsen. »Ganz schön verrückt«, antwortete ich nachdenklich.

»Was?«

»Dass du Angst davor hast, zu nett zu sein.«

12. Kapitel: Simon

»Sind wir schon an die Big Database angebunden?«

Ich sah zu Walli rüber, der – wie auch anders möglich – gerade einen Schokoriegel mit einem Energy Drink hinunterspülte.

»Nope. Ich teste grade die ersten Parameter. Bin mir aber sicher, dass das Scoring der Plattform hier schnell ist. Das schaffen wir heute noch. Rock 'n' Roll!«

»Gut.«

Wir konnten uns wirklich nicht über zu wenige Aufträge beklagen, zu unseren Security Standards hatten wir ja nun auch noch den Romance-Scamming-Fall übernommen und ich hatte mir den ehrenamtlichen Job zur Rettung des Trödelcafés aufgehalst. Es war seltsam, aber die Rolle des selbstlosen Helfers gefiel mir aus unerfindlichen Gründen ganz gut. Es hatte so etwas Sankt-Martin-mäßiges.

»Ich finde deine Strategie für Josy übrigens ziemlich ausgefuchst«, bemerkte Walli wie beiläufig.

»Die Pay-what-you-want-Strategie ist nicht von mir, die funktioniert schon länger«, erklärte ich, »ich hab das Rad nicht neu erfunden.«

»Ich meine auch nicht die Strategie zur Rettung des Cafés«, sagte Walli und presste den letzten Schluck aus der Dose.

»Welche dann?«

»Na, die um Josy zu beeindrucken.«

»Ich bitte dich«, antwortete ich und winkte ab, »ich will

diese Frau ganz sicher nicht flachlegen. Eher würde ich ihr einen vernünftigen Friseurbesuch bezahlen.«

»Ich sagte ja auch nicht *flachlegen*, sondern *beeindrucken*«, widersprach Walli mit einer hochgezogenen rechten Augenbraue.

»Ich will sie auch nicht beeindrucken, wozu denn?«, sagte ich genervt und verdrehte die Augen. »Ich mache das nur, weil ich finde, dass diese Sankt-Martin-Nummer mir ausgesprochen gut steht.«

Lachend schnappte ich mir meinen Mantel vom Stuhl und legte ihn mir wie einen Umhang über die Schulter. Der Schreibtischstuhl diente als Pferd und von Wallis Schokoriegelberg schnappte ich mir eine Handvoll.

Dann begann ich zu summen. »Sankt Martin, Sankt Martin, Sankt Martin ritt durch Schnee und Wind ...«

»Alter, du bist echt 'n Arsch«, bemerkte Walli unbeeindruckt, aber ich sah, dass er trotzdem schmunzeln musste, während er sich schnaufend wieder dem Computerbildschirm zuwandte.

»Lieber Arsch als Idiot«, sagte ich, legte den Mantel weg und öffnete den Chat, in dem ich Jolightly erwartete. Ich konnte es nicht beschreiben, aber die Chats hatten mittlerweile einen festen Platz in meinem Tagesablauf eingenommen, den ich nicht zu ändern gedachte.

»Sie kommt übrigens mit zu meinem Geburtstagsbrunch.« Walli feixte. »Da kannst du dann deine Sankt-Martin-Nummer so richtig ausbauen. Aber lass dir eins gesagt sein: Dieses Mädchen ist was Besonderes. Ich hab da einen Riecher für. Und deine Spielchen spielst du besser woanders.«

»Hooohooo!«, machte ich lautstark. »Steckt da jemand seinen Claim ab?«

»Nicht die Bohne«, erwiderte Walli, »ich mag sie nur.«

»Keine Sorge. Wie du weißt, ist sie so gar nicht mein Typ.«

»Aber sie könnte es werden.«

»Nicht mal wenn sie morgen als Victoria's-Secret-Model über den Rheinauhafenplatz läuft«, feixte ich.

Diese Frau war nun wirklich alles andere als mein Typ. Ihre Art hatte etwas Weltfremdes, das ich schwer einzuschätzen wusste und auf ihre generelle Überfordertheit zurückführte. Ich hatte mich wirklich gewundert, als Katharina mich aus der Lobby anrief und mir sagte, dass sie dort unten stehe. Damit hatte ich, wenn ich ehrlich war, nicht gerechnet.

»Wo gehen wir denn hin?«, wechselte ich das Thema, während ich mich mit meiner ID anmeldete.

»Das ist eine Überraschung. Ich hatte an etwas mit Event-Charakter gedacht.«

»Hmmm«, machte ich, als ich bereits die ersten Worte tippte.

Little_Donut: *Bist du da?*

Sobald ich Jolightly angeklickt hatte, erschien ein grüner Punkt hinter ihrem Namen. Sie war online. Ein kleiner grüner Punkt, und irgendwas kribbelte.

»Warum grinst du denn so debil?«, rief Walli zu mir rüber.

»Ach was«, tat ich seinen Kommentar ab.

»Du chattest mit unserer Herzfischerin, ja? Holla die Waldfee, ich glaube, sie hat dich an der Angel und nicht andersrum!«

»Du siehst echt überall nur Herzen und Angeln, was?«, fragte ich, während ich die nächsten Worte tippte. »Erst soll ich angeblich Josy beeindrucken, dann hänge ich an der Angel unserer Herzfischerin. Noch irgendwelche Geschichten, die du mir anhängen willst?«

»Du kannst sagen, was du willst, aber irgendwas ist da«, meinte Walli nachdenklich.

»Klar ist da was«, antwortete ich, »und zwar unser nächster Auftrag. Und nichts anderes interessiert mich hier.«

»Genau«, antwortete Walli, »und ich hole mir gleich einen veganen Sojasprossensalat ohne Dressing zum Mittag.«

»Hmmmhm«, machte ich abwesend, »bring mir einen mit.«

Jolightly: *Ich bin da, und ich freue mich, dass du es auch bist.*
Little_Donut: *Das klingt nach Vermissen.*
Jolightly: *Du neigst zu Superlativen.*
Little_Donut: *Nur in gewissen Bereichen.*
Jolightly: *Die da wären?*
Little_Donut: *Das verrate ich natürlich nicht.*
Jolightly: *Feigling.*
Little_Donut: *Wieso sagen das jetzt eigentlich alle auf einmal ständig?*
Jolightly: *Wer ist alle?*
Little_Donut: *Ach, eine fremde Frau sagte so was. Na ja, eher Bekannte. Obwohl man das auch nicht so nennen kann. Sie ist mir eher … zugelaufen. Ich glaube, da gibt es keinen Begriff für.*
Jolightly: *Für gewöhnlich laufen einem eher Katzen zu als Frauen.*
Little_Donut: *Das stimmt. Aber sie hat etwas von einer. Abgesondert von der Welt, irgendwie gewollt, aber dann auch wieder nicht.*
Jolightly: *Und du triffst dich mit dieser Frau?*
Little_Donut: *Treffen klingt so nach Date. Es ist eher eine Art Projekt.*
Jolightly: *Also rein beruflich?*
Little_Donut: *Wieso willst du das so genau wissen?*
Jolightly: *Ich merke gerade, dass der Gedanke mich irritiert.*
Little_Donut: *Dass ich mich mit Frauen treffe?*
Jolightly: *Dass du dich mit einer Frau triffst.*

Little_Donut: *Dir wäre also der Plural lieber?*
Jolightly: *Ja.*
Little_Donut: *Warum?*
Jolightly: *Viele Frauen bedeuten nichts, sie sind austauschbar. Eine einzige hingegen ist es nicht.*
Little_Donut: *Glaub mir, diese Frau ist kein Grund, eifersüchtig zu sein.*
Jolightly: *Ich bin nicht eifersüchtig, wie könnte ich, ich kenne dich gar nicht.*
Little_Donut: *Es klang aber gerade so.*
Jolightly: *Was ist nun mit dieser Frau?*
Little_Donut: *Na ja, sie ist total verkorkst.*
Jolightly: *Inwiefern?*
Little_Donut: *Ich glaube, sie hat den Knall nicht gehört.*
Jolightly: *Bitte?*
Little_Donut: *Ach, so würde es mein Kollege nennen. Ich meine damit, dass sie irgendwie den Anschluss verpasst hat und immer noch an der Straßenbahnhaltestelle steht, obwohl sie schon längst geschlossen ist.*
Jolightly: *Manchmal ist es nicht möglich, alles loszulassen und sich zu neuen Ufern zu begeben.*
Little_Donut: *Und manchmal stellt sich der Sprung ins kalte Wasser als recht erfrischend heraus.*
Jolightly: *Du bist also jemand, der immer nur nach vorn sieht, ohne sich je umzudrehen?*
Little_Donut: *Es ist nicht wichtig, was hinter uns liegt. Die Zukunft zählt.*
Jolightly: *Und die Vergangenheit hat uns zu dem gemacht, was wir sind.*
Little_Donut: *Wir machen selbst aus uns, was wir sind.*
Jolightly: *Du hast also nie etwas bereut?*
Little_Donut: *Das hieße ja, dass ich einen Fehler begangen hätte. Ich bin kein Freund von Übersprunghandlungen. Was ich entscheide, ist gut durchdacht.*

Jolightly: *Niemand ist perfekt.*
Little_Donut: *Aber Entscheidungen können es sein. Pläne können es sein.*
Jolightly: *Du triffst also immer die perfekte Entscheidung? Verrate mir dein Geheimnis.*
Little_Donut: *Da gibt es kein Geheimnis. Ich treffe Entscheidungen, indem ich Einsatz und Nutzen abwäge und meinen Vorteil darin sehe. Wenn der nicht gegeben ist und Einsatz und Aufwand im Verhältnis zum Nutzen zu groß sind, entscheide ich mich dagegen. Das war bis jetzt immer erfolgreich.*
Jolightly: *Du handelst also immer nach diesem Prinzip?*
Little_Donut: *Anders zu entscheiden wäre unlogisch.*
Jolightly: *Und so ist es auch mit der zugelaufenen Frau?*
Little_Donut: *Sie ist vielleicht eine Ausnahme.*
Jolightly: *Sag ich doch!*
Little_Donut: *Wie meinst du das?*
Jolightly: *Ich habe allen Grund, eifersüchtig zu sein.*

*

Walli machte seinem Job als wandelnde Litfaßsäule alle Ehre. Er hatte fast die komplette vierte Etage vom Mittagstisch im Trödelcafé überzeugt, der ab morgen starten würde. Dazu hatte er einige aus der dritten Etage ebenfalls dazu gebracht, sich das Prinzip zumindest anzusehen.

Ich sah auf die Liste. Es waren dreißig Anmeldungen für das morgige Essen.

»Das sind mehr Leute, als in den Laden passen«, gab ich zu bedenken, »du darfst nicht überkalkulieren.«

»Das wird der Obeeeer-buuuuuurner«, sang Walli tänzelnd vor mir, »ich gehe gleich rüber und erzähle Josy und Hugo davon. Sie werden ausflippen.«

»Mach das.«

»Kommst du mit?«

Ich schüttelte den Kopf. »Ich hab noch zu tun.«

Walli deutete mit seinem nicht vorhandenen Kinn auf den Bildschirm. »Jolightly?«

»Arbeit. Das ist Arbeit.«

»Komm doch wenigstens auf einen Kaffee nach«, schmollte er. »Wir müssen die erste Etappe feiern.«

»Ja, ja«, gab ich mich geschlagen. »Ich komme nach.«

Es stimmte, ich wollte Jolightly noch nicht gehen lassen. Ganz abgesehen davon, dass uns die Zeit davonlief und wir immer noch nicht über ein Treffen gesprochen hatten, reizten mich unsere Chats, die so wenig über sie verrieten und doch so viel. Und sie hatte diese unaufdringliche Art, mir etwas zu entlocken, obwohl mein Plan im Grunde genommen genau andersrum war. Natürlich musste ich auch etwas von mir preisgeben, wenn ich sie knacken wollte, das war unvermeidlich. Aber ich hatte das Gefühl, dass wir, ohne es zu merken, eine Ebene erreicht hatten, die anders war und auf eine bemerkenswerte Weise ehrlich. Es war schwer greifbar, was mich daran faszinierte, mit einem Geist zu sprechen, einer erfundenen Person, von der ich sogar wusste, das ihre Identität erstunken und erlogen war und nur einem Zweck diente. Aber ihre Worte beschäftigten mich, ihre Fragen ebenso, ihre Art, Dinge infrage zu stellen, mich infrage zu stellen. Sie lieferte mir keine Antworten, öffnete aber mit ihren Fragen Türen, die ich längst hinter mir geschlossen hatte. Die Chats waren kein Spaziergang, aber sie waren vielleicht die letzte große Herausforderung. Ich musste es schaffen, ihr näherzukommen, näher als sie selbst erwarten würde. Wir brauchten eine nächste Stufe, wenn ich sie zu einem Treffen bewegen wollte, zu dem sie auch wirklich erscheinen würde. Das war mir klar. Es würde nicht mehr lange dauern, und Walli würde ihren Standort eingekreist haben, und dann war es nur noch eine Frage der Zeit, bis wir sie lokalisierten. Und die Frage nach dem Geld würde sicher nicht

mehr lange auf sich warten lassen, und dann hatten wir sie.

Ich prüfte die Security Standards von einem unserer amerikanischen Kunden, merkte aber, wie ich immer wieder von Neuem ansetzen musste.

Little_Donut: *Ich kann nicht arbeiten, wenn du online bist.*
Jolightly: *Ich würde ja schreiben, dass es mir leidtut, wenn es mir leidtäte.*
Little_Donut: *Ich weiß, dass es das nicht tut.*
Jolightly: *Keine Sorge, mir geht es ähnlich.*
Little_Donut: *Dabei ist es verrückt, ich weiß nichts von dir. Im Grunde genommen bist du ein Geist. Du könntest alles sein, noch nicht mal eine Frau.*
Jolightly: *Ich bin eine Frau, diese Sorge kann ich dir nehmen. Aber ich verstehe, was du meinst.*
Little_Donut: *Ich meine, wie soll das weitergehen? Entweder unsere Gespräche verlaufen irgendwann im Sand, oder es geht ans Eingemachte.*
Jolightly: *Du meinst, es ist Zeit für eine neue Ebene?*
Little_Donut: *Ja.*
Jolightly: *Okay.*
Little_Donut: *Deal?*
Jolightly: *Deal.*

Okay. Es war nur dieses eine Wort, aber es bedeutete, dass wir eine Tür aufmachten. Eine, die wir bewusst öffneten und die wir nicht ohne weitere Bekenntnisse durchschreiten können würden. Bei allem, was wir bewusst steuerten – ihre Herzfischerin-Masche, mein Auftrag, den es zu erfüllen galt –, bei alldem würden wir nicht um das ein oder andere Geständnis herumkommen. Und es versetzte mich beinahe in Euphorie, dieses neue Terrain zu betreten.

Little_Donut: *Ich freue mich auf dieses neue Terrain.*
Jolightly: *Ich hoffe, es sind nicht zu viele Landminen dort versteckt.*
Little_Donut: *Wir können sie zusammen entschärfen.*
Jolightly: *Oder hochgehen lassen.*
Little_Donut: *Meinst du, es wird Verletzte geben?*
Jolightly: *In der Liebe und im Spiel gibt es immer Verletzte.*
Little_Donut: *Und was von beidem wird das hier?*
Jolightly: *Ich glaube, beides gehört zusammen.*
Little_Donut: *Dann wird es also Opfer geben?*
Jolightly: *Ich schließe es nicht aus.*
Little_Donut: *Du klingst, als hättest du das schon mal erlebt.*
Jolightly: *Du hast ja keinen blassen Schimmer.*
Little_Donut: *Ich befürchte, langsam doch.*
Jolightly: *Weißt du, was ich bei dir wirklich bewundernswert finde?*
Little_Donut: *Du wirst es mir hoffentlich gleich sagen.*
Jolightly: *Bei dir ist alles ein Deal.*
Little_Donut: *Was ist das Leben, wenn nicht ein Geschäft? Ich tue etwas, um etwas zu erreichen.*
Jolightly: *Und manchmal verrät dich das Schicksal.*
Little_Donut: *Mit dem Schicksal ist es genauso wie mit Einhörnern. Alle reden davon, aber noch niemand hat je eines gesehen.*
Jolightly: *Und wenn ich dein Schicksal bin?*
Little_Donut: *Wenn du eine geheimnisvolle Einhornfrau bist, glaube ich dir vielleicht.*
Jolightly: *So stellst du dir mich vor?*
Little_Donut: *Ich habe wirklich versucht, mir ein Bild von dir zu machen, immer wieder. Aber ich sehe seltsamerweise nichts, zumindest nichts Äußerliches.*
Jolightly: *So geht es mir mit dir. Ich sehe dich von innen. Ich weiß, es hört sich verrückt an. Ich sehe deine Art, nicht dein Aussehen.*

Little_Donut: *Es ist nicht verrückt, es ist exakt so. Obwohl, ein bisschen verrückt ist es schon.*
Jolightly: *Es ist gut-verrückt.*
Little_Donut: *Ja, es fühlt sich okay an.*
Jolightly: *Okay?*
Little_Donut: *Gut, es fühlt sich gut an.*
Jolightly: *Schon besser.*
Little_Donut: *Du?*
Jolightly: *Hm?*
Little_Donut: *Darf ich sagen, ich mag dich? Irgendwie? Auf eine verrückt-gute Weise?*
Jolightly: *Du darfst.*
Little_Donut: *Du winkst kräftig, aber lehnst dich nie aus dem Fenster, nicht wahr?*
Jolightly: *Ich könnte herausfallen.*
Little_Donut: *Ich könnte dich auffangen.*
Jolightly: *Du?*
Little_Donut: *Ja.*
Jolightly: *Seit wir uns schreiben, fühlt sich alles irgendwie intensiver an. Die Sonne scheint wärmer, der Kaffee schmeckt stärker, das Herbstlaub ist ... bunter.*
Little_Donut: *Du tust es doch.*
Jolightly: *Mich aus dem Fenster lehnen?*
Little_Donut: *Ja.*
Jolightly: *Mein Oberkörper hängt schon längst aus dem Rahmen.*
Little_Donut: *Gut, dass du so große Füße hast.*
Jolightly: *Ich fürchte, dass selbst solche Anker mich nicht halten können.*
Little_Donut: *Du meinst, du könntest es riskieren zu fallen?*
Jolightly: *Manchmal verliere ich den Halt und weiß nicht, was gut für mich ist.*
Little_Donut: *Ich fang dich auf.*

Jolightly: *Vorher müsstest du aber deine verschränkten Arme vor der Brust öffnen.*

Ich kam mir ertappt vor, denn ich saß schließlich fast immer mit verschränkten Armen da. Es war, als könne sie mich sehen, mich hindurchsehen, in mich hinein. Ich mochte es nicht, wenn mir jemand zu nahe kam. Gleichzeitig war es fast ein erleichterndes Gefühl, den Panzer abzulegen, der mit den Jahren schwer geworden war.

Little_Donut: *Ich halte meine Arme offen. Aber was ist, wenn ich derjenige bin, der fällt?*
Jolightly: *Der, der zuerst unten ist, fängt den anderen auf.*
Little_Donut: *Abgemacht.*
Jolightly: *Jetzt haben wir doch einen Deal.*
Little_Donut: *Das hatten wir von Anfang an.*
Jolightly: *Du meinst, wir sind jetzt so was wie Geschäftspartner?*

Little_Donut: *Im weitesten Sinne. Ich sagte ja, das Leben ist ein Tauschgeschäft.*
Jolightly: *Und unsere Gedanken sind unsere Währung. Manchmal wünschte ich, ich könnte Gedanken lesen.*
Little_Donut: *Die Gedanken sind die Cent-Stücke. Und sei froh, dass du es nicht kannst. Könnten wir es, würde kein Mensch mehr auch nur ein Wort mit einem anderen reden. Gedanken sind oft schlechter, als man sich vorstellt.*
Jolightly: *Gut, dann bin ich froh. Wenn die Gedanken also Cent-Stücke sind, was sind dann unsere Gefühle? Sind die Scheine unsere Gefühle?*
Little_Donut: *Der Logik nach ja.*
Jolightly: *Wenn alle Cent-Stücke, alle Zehner und Zwanziger und Fünfziger und sogar alle Hunderter aufgebraucht sind und auch keine Zweihunderter mehr da, dann bleibt nur noch einer.*

Little_Donut: *Der Fünfhunderter.*
Jolightly: *Das Herz.*

13. Kapitel: Josefine

Es war aufregend, was wir vorhatten, und diese Aufregung schien neues, ungekanntes und bereits verloren geglaubtes Leben im Henry's zu erwecken. Hugos Lebensgeister schienen von einem Tag auf den anderen wie neu geweckt, und auch ich strotzte vor Tatendrang.

Wir erstellten Kochpläne, Sitzaufstellungen und Küchenpläne, rechneten die Einkäufe durch und das, was wir im Mindestfall verdienen müssten. Es war eine elende Schlepperei, die Einkäufe zu Fuß zu erledigen, und ich war mehr als einmal dankbar, als Walli mir seine Hilfe anbot und sich selbst als Fahrer engagierte. Wir hatten einen Sechs-Tages-Plan erstellt, nur einen Tag in der Woche würden wir nicht kochen. Natürlich würden wir nicht die gesamte Summe, die uns noch fehlte, in dieser kurzen Zeit erwirtschaften können. Aber laut Simons Marktanalyse konnten wir mit einem weiteren Drittel in zehn Tagen rechnen, sodass nur noch ein letztes Drittel übrig blieb, um das ich mich kümmern musste. So würde ich, das hatte ich mir bereits zurechtgelegt, Paschulke überzeugen können, vielleicht noch ein oder zwei Tage dranzuhängen, falls mein Fisch nicht sofort anbiss, um mir zum letzten Teil des fehlenden Betrags zu verhelfen.

Immer wenn ich daran dachte, dass dieser Teil mir und Little_Donut noch bevorstand, überkam mich ein dumpfes Gefühl in der Magengegend. Es war vielleicht nie so ganz richtig gewesen, dieses Herzfischen zu betreiben – zumindest nicht in der Version, wie ich sie zuletzt mit Tenderlok umgesetzt hatte. Aber zwischen Tenderlok und mir stand nur mein schlechtes Gewissen, dass ich, sobald ich an seine Frau und sein privilegiertes Leben dachte, in dem ich ohnehin nur eine Marionettenrolle gespielt hätte, mit einem Klick auslöschen konnte.

Doch bei Little_Donut war etwas anders; es war mehr als ein schlechtes Gewissen, was mich bei dem Gedanken einholte. Es war etwas Größeres, etwas, das stetig wuchs und über das ich mehr und mehr die Kontrolle zu verlieren schien. Ich hatte das Gefühl, dass wir wie zwei Adler eine Beute umkreisten, aber keiner den Anfang machen wollte, es zu Ende zu bringen. Denn je länger ich darüber nachdachte, dass ein Treffen das Ende unserer Kommunikation sein würde, umso weniger wollte ich zu diesem Ende kommen. Andererseits war genau das der Grund unserer Gespräche, und das durfte ich nicht aus den Augen verlieren, es war das Henry's, das auf dem Spiel stand, und das wog tausendmal mehr als jede Unterhaltung, sosehr sie mich auch begann, nach und nach auszufüllen.

Und dann war da noch etwas, was ich kaum verleugnen konnte: Ich spürte den Drang, ihn *wirklich* zu treffen. Eine Art Neugier vermischt mit dem wirren Gefühl, dass dort draußen irgendjemand war, der mich zum ersten Mal richtig sah, so, wie ich war. Er war vollkommen anders als ich, fast mein Gegenteil, aber er gab mir etwas, das für mich in den letzten Jahren unbezahlbar geworden war. Er hatte keine Erwartungen an mich, wie ich zu sein hatte, sein sollte, sein würde, einmal war. Um all das scherte er sich nicht, und ich war mir nicht einmal sicher, was es genau war, was ihn an mir interessierte. Aber das war auch egal, denn das Gefühl, einfach sein zu können, ohne Rolle, war gefährlich und wohltuend zugleich. Es war tatsächlich eine Art des Fallenlassens, die ich noch nicht kannte. Die Rollen, die ich für den Baron oder meinen Fußfreund gespielt hatte, hatten mich jeweils eine Zeit lang von der Realität befreit, und ich hatte diese Flucht immer genossen. Aber dieses Fallenlassen war ein anderes, eines, das der Realität erschreckend nahekam und doch weiter von ihr entfernt war denn je.

Und es war ein ganz klares Gefühl, das mich erreichte, wenn ich an den bevorstehenden, unvermeidlichen Moment dachte, an dem ich den Fisch an der Angel aus dem Wasser ziehen musste.

Bedauern.

Ich bedauerte, dass ich ihn gerade jetzt kennengelernt hatte. Vielleicht hätten wir zu einer anderen Zeit eine echte Chance gehabt, vielleicht auch nicht. Aber das Gefühl, das nie zu erfahren, wog ungeahnt schwer.

*

»Josy! Walli ist mit den Getränken da!«

Hugos Stimme riss mich aus meinen Gedanken.

»Und Simon ist auch da!«, hörte ich Wallis Stimme zu mir hochbrüllen.

»Ja-haa! Moment noch!«, rief ich zurück.

Ich hatte ein echtes Leben, das aus irgendeinem Grund gerade wieder sprichwörtlich aus dem Dornröschenschlaf erweckt wurde.

Vielleicht bildest du dir das alles auch ein, Josy, dachte ich. Es war wahrscheinlich mehr eine Mischung aus Gedanken, Wünschen und Projektion, es war nicht die Wirklichkeit. Die Wirklichkeit, das war das Henry's, das es zu retten galt, das war Hugo, der meine Familie war, und Menschen wie Walli, die uns helfen wollten. Und ja, Simon gehörte nun auch dazu, gestand ich mir widerwillig ein. Er hatte den Anstoß zu der Idee gegeben. Auch wenn unsere Wege sich im Normalfall niemals gekreuzt hätten, war ich dankbar für seine Hilfe. Es war zwar nicht mein Wunsch, die nächsten Wochen eine Horde Yuppies mit Egos so groß wie der Kilimandscharo zu bedienen, aber es war ein Plan.

Und einen Plan für mein Leben hatte ich lange Zeit nicht mehr gehabt.

Es war ein Anfang.

»Ich komme!«, rief ich nun und klappte den Laptop zu. Als ich auf dem Weg zur Treppe an dem alten Wandspiegel vorbeilief, blieb ich kurz stehen, um meine Haare mit ein paar Handstrichen zu bändigen. Ich musste ja nicht unbedingt wie der letzte Waldschrat herumlaufen. Mein Gesicht wirkte blass und dadurch seltsam müde. Ich schnappte mir meinen uralten, roten Lipgloss, den ich schon eine Ewigkeit nicht mehr benutzt hatte. Es war nur noch ein kleiner Rest drin, den ich vollkommen aufbrauchte.

Mit einem Blick auf meine Bluse, die noch ein wenig schief saß und die ich nun zurechtzupfte, hörte ich mir selber bei dem Versuch zu, lässig zu pfeifen.

*

»Also, ihr habt Erbsensuppe am Dienstag . . .«

»Check!«

»Sauerbraten am Mittwoch . . .«

»Check!«

»Kasseler mit Sauerkraut am Donnerstag . . .«

»Check!«

». . . und Gemüsepfanne mit Fisch am Freitag«, fasste Simon zusammen, während er die Liste las, die Hugo und ich erstellt hatten.

»War da nicht noch von Frutti di mare à la Hugo die Rede gewesen?«

Noch bevor Hugo antworten konnte, mischte ich mich ein.

»Nein, das ist zu aufwendig und die Zutaten zu teuer, ich habe das schon durchgerechnet. Lohnt sich nicht.«

Da weder Hugo noch Simon weitere Einwände geltend machten, atmete ich erleichtert auf. Wir konnten nicht riskieren, unsere Gäste schon in der ersten Woche der Frutti-di-mare-Feuerprobe auszusetzen, und sie damit direkt in die Flucht zu schlagen.

»Aber wir könnten es nächste Woche auf die Karte setzen, wenn es gut läuft, vielleicht«, schob Hugo ein.

»Vielleicht«, gab ich ihm nickend zu verstehen und legte meine Hand auf seine Schulter. »Obwohl es ja mein persönliches Familienessen ist, das ich ungern mit anderen teile.«

Walli rieb sich die Hände. »Das wird ein Fest!«

»Für dreißig Personen müsste das ungefähr hinkommen«, sagte er und sah erst Hugo, dann mich an. »Aber ich sehe da ein ganz anderes Problem. Es gibt zu wenige Tische hier.«

»Darüber habe ich auch schon nachgedacht«, erwiderte ich. »Wir haben zwar schon ein bisschen umgestellt, aber wir könnten eine Mischung aus Steh- und Sitzparty veranstalten, ganz ungezwungen, wie auf einer richtigen Party. Das One-Pot-Motto ziehen wir einfach durch. Alles in einer Hand. Die Leute können stehen, sitzen, sich an die Theke lehnen und vergessen völlig, dass dies ein steifer Lunch ist, der womöglich auch noch für Geschäftsgespräche genutzt wird. Eher so, wie man unter Freunden essen würde, ohne Etikette, also, ich meine, im weitesten Sinne. Locker und mit Spaß am Genuss, an der regionalen Küche und dem einfachen, guten Leben.«

»Wow«, bemerkte Walli, »du könntest glatt in die Werbung gehen. Simon, sie ist ein echtes Überzeugungstalent!«

»Ja, ja«, sagte Simon nachdenklich, »das könnte funktionieren. Ist auf jeden Fall etwas anderes, und etwas, das es hier meines Wissens noch nicht gibt.«

»Essen mit Freunden«, sagte Hugo, »das klingt wie früher, als wir selbst noch jung waren. Da wurde auch gekocht und gegessen, wo man gerade war, völlig ohne Blick auf Etikette. Das gefällt mir.«

»Mir auch«, sagte Simon. »Dann haben wir im Grunde alles, was wir brauchen?«

»Der Anmeldezettel für den Dienstag ist voll«, erklärte Walli stolz, »die hohe Frauenquote ist natürlich meiner Person geschuldet und soll euch nicht weiter irritieren.«

Er sah mit geschwellter Brust in die Runde, und wir konnten uns ein Lachen nicht verkneifen.

»Ich kann euch gar nicht sagen, wie dankbar ich für eure Hilfe bin!« Hugo umarmte erst Walli, der Hugo in seiner typisch-überschwänglichen Walli-Art beinahe zerquetschte, dann Simon, der, steif wie ein Stock, einfach stehen blieb und dann Hugo aus Verlegenheit ein paar Mal unsicher auf den Rücken klopfte. »Schon gut, schon gut!«

»Ich bringe euch raus«, sagte ich und begleitete beide zur Tür.

Walli verabschiedete sich mit einem Kuss auf die Wange.

»Danke, für alles.«

Und mit einem Blick auf Simon flüsterte ich ein zweites »Danke« hinterher, ohne ihm in die Augen zu sehen.

»Bitte«, sagte er leise, und es klang sanft wie ein Flüstern, das keines sein sollte.

*

Die Nacht von Montag auf Dienstag war schwerer für mich, als ich erwartet hätte. Ich war nervös und wälzte mich in meinem Bett hin und her. Was, wenn Hugo einen großen Andrang mit seinen Kochkünsten nicht bewältigen konnte? Was, wenn unsere Strategie nicht aufging? Was, wenn in der Stadt das Essen-mit-Freunden und Jeder-zahlt-was-er-will-Prinzip nicht aufging? Was, wenn alle nur so wenig gaben, dass wir riesige Verluste machten? Und was, wenn es einen Unfall in der Küche gab? Hugo war schließlich nicht mehr der Jüngste. Und schaffte ich es allein, alle zu bedienen, ohne dass das Essen kalt wurde?

Fragen über Fragen quälten mich, und ich stellte mir Little_Donut vor, und was er antworten würde.

*

Jolightly: *Ich weiß, es ist spät, aber ich brauche etwas von dir.*
Little_Donut: *Einen Rat?*
Jolightly: *Nein, eigentlich mehr eine Bestätigung. Ich glaube, ich weiß, was du sagen würdest, aber ich muss es aus irgendeinem Grund von dir hören.*
Little_Donut: *Lesen.*
Jolightly: *Ja, lesen, du Klugscheißer!*
Little_Donut: *Dann schieß los!*
Jolightly: *Wenn das Risiko bei einer Unternehmung hoch ist und einen die ganzen Fragen zu dieser Sache nachts wach liegen lassen, was kann man dann tun?*
Little_Donut: *Du willst nicht im Ernst ein Allheilmittel von mir!*
Jolightly: *Es gibt keines, ich weiß …*
Little_Donut: *Da muss ich dich enttäuschen, es gibt eines.*
Jolightly: *Welches?*
Little_Donut: *Stell dir einfach vor, es funktioniert.*
Jolightly: *Genau das habe ich gebraucht.*
Little_Donut: *So einfach?*
Jolightly: *Aus irgendeinem Grund wusste ich, dass du so was sagen würdest.*
Little_Donut: *Das meintest du also damit, dass du mich nur innerlich sehen kannst.*
Jolightly: *Ich glaube schon.*
Little_Donut: *Ich kann es nicht beschreiben, aber das hier ist irgendwie so …*

Jolightly: *Intim?*
Little_Donut: *Ja. Vielleicht intimer als jedes Gespräch über Sex.*
Little_Donut: *Das wir selbstverständlich nicht führen.*
Jolightly: *Nein, selbstverständlich nicht.*
Jolightly: *P.S. Ich trage ein Spitzennachthemd.*
Little_Donut: *Ich wusste, dass jetzt so was kommt!*
Jolightly: *Ich bin anscheinend nicht die Einzige, die in das Innere sehen kann.*
Little_Donut: *Das Verrückte ist, dass mir die Vorstellung, wie du da in deinem Nachthemd vor dem Bildschirm sitzt und mir schreibst, sehr gut gefällt. Aber nicht annähernd so gut wie die Vorstellung, dass du weißt, wie ich denke.*
Jolightly: *Ich weiß.*
Little_Donut: *Woher?*
Jolightly: *Weil es mir genauso geht.*

*

»Bin ich hier richtig bei dem One-Pot-Event?« Eine junge Frau im engen, schwarzen Kostüm stand im Türrahmen des Henry's.

»Ja«, sagte ich, »Kommen Sie doch rein. Ich wollte gerade das Schild anbringen.«

Das Schild »One-Pot-Mittag« war aus Papier, auf das ich mit bunten Stiften den Schriftzug gemalt hatte. Es war mehr als nur provisorisch, und Hugo und ich hatten lange darüber diskutiert, es überhaupt aufzuhängen. Man musste die Behörden ja nicht noch mit wehenden Fahnen auf ihre eigenen Grauzonen aufmerksam machen. Aber irgendeinen Hinweis brauchten wir, und dieser musste reichen.

Die junge Frau sah sich um. »Das ist ja verrückt. Ich arbeite schon ein paar Monate hier, aber dieser Laden ist mir noch nie aufgefallen.«

Sie lächelte mich an und erinnerte mich dabei an eine italienische Schauspielerin, auf deren Namen ich nicht kam. »Ja, das geht den meisten so. Deswegen gibt's jetzt auch ein paar Neuerungen.«

Sie trat noch etwas unsicher ein und sah sich um. Wir hatten für den Mittagstisch nicht viel verändert, nur die weißen Einmaltischdeckchen auf den alten Möbeln waren neu.

»Setzen Sie sich doch.« Ich deutete auf einen der Sessel. »Noch haben Sie die freie Auswahl.«

Dann klingelte das Türglöckchen und Walli steckte seinen Kopf durch den Türspalt.

»Ich hab gehört, hier geht heute ein exzellenter Mittagstisch ab?«

Dann riss er die Tür auf und gab den Blick auf eine Menschengruppe frei, die wohl die benannten Kollegen aus der dritten und vierten Etage waren und die allesamt ziemlich genauso aussahen wie die junge Frau, die soeben unseren Laden betreten hatte. Walli trieb sie wie eine Horde Schäflein in den Laden und sorgte dafür, dass niemand verloren ging. Nur ein Schäferstock fehlte noch, um das Bild zu komplettieren. Ich musste bei dem seltsamen Anblick der gestylten Marketiers und Manager unabsichtlich lachen, die sich jetzt wie Falschgeld im Henry's umsahen und nicht so recht wussten, was sie erwartete. Walli schien echte Überzeugungsarbeit geleistet zu haben und stand entsprechend stolz vor mir.

»Na, hab ich's nicht gesagt, dass wir die Bude vollkriegen?«

Ich schaute mich um. Walli hatte recht. Der Laden schien bereits jetzt schon gut gefüllt, und es war gerade erst kurz nach zwölf.

»Ach, ist das schön, wenn man clever ist!« Walli klopfte sich auf seine eigene Brust.

Ich ließ meinen Blick umherschweifen. Ich konnte nicht sagen warum, aber eine gewisse Enttäuschung überkam mich genauso plötzlich wie ungewollt.

»Suchst du nach Simon?«, fragte Walli mich grinsend.

»Quatsch!«

Ich verdrehte die Augen und lachte ein wenig zu schrill.

Dann wandte ich mich unseren Gästen zu, die in ihren enganliegenden Boss-Anzügen und Kostümen einen deutlichen Kontrast zum Interieur des Henry's abgaben. Mittlerweile hatte Hugo die Küche verlassen und sich neben mich gestellt. Er trug seine alte Küchenschürze, die vor lauter Flecken keine eindeutige Farbe mehr aufwies und eher nach Leopardenteppich aussah als nach Küchenutensil.

»Wir müssen was sagen«, flüsterte er mir zu.

Er war kein Mann der großen Worte, und bevor er alle mit einem »Guten Appetit« begrüßte, musste ich unser Experiment gebührend vorstellen. Ich hatte lange nicht mehr vor einer Menschengruppe gesprochen und musste mich regelrecht dazu überwinden; meine Lippen fühlten sich fast wie aneinandergeklebt an.

Aber wie hatte Little_Donut so schön gesagt? Manchmal kann ein Sprung in kaltes Wasser erfrischend wirken. Also riss ich mich zusammen und sagte: »Willkommen im Henry's im Namen aller Angestellten! Wir freuen uns, dass Sie den Weg zu uns gefunden haben und uns und unser Experiment unterstützen. Die Teller werden ihnen gebracht. Es ist eine Art Stehparty angedacht, und Getränke können an der Theke geholt werden. Wenn das Essen aus ist ...« – ich überlegte – wie formulierte ich es am besten? – »dann ist das Essen aus.« Das war dann wohl der pragmatische Ansatz.

»Treffend formuliert«, rief Walli in die Runde und klatschte, und die Gäste klatschten mit.

»Auf in die Schlacht!«, flüsterte er mir zu und warf sich eine Serviette über den linken Unterarm. Dazu machte er ein wichtiges Gesicht. »Was darf's sein, Gnädigste?«

»Du willst doch nicht ernsthaft mitkellnern?«, fragte ich ihn erstaunt.

»Sicher doch! Gerade in den ersten Tagen müsst ihr euch noch zurechtfinden!«

»Du bist wirklich unbezahlbar«, sagte ich dankbar und warf Walli einen Luftkuss zu. »Na, dann mal los!«

Wir bahnten uns unseren Weg zur Theke, um die ersten Teller mit Erbsensuppe entgegenzunehmen. Als der Duft mir entgegen stieg, überkam mich eine Welle von Stolz. Diese Suppe war mehr als nur eine Erbsensuppe. Sie war eine Erinnerung an alte Zeiten und ein Versprechen, dass es sie noch immer gab.

Dann fiel mir etwas ein. »Aber was ist mit deinem Job bei Simon?«, fragte ich Walli.

»Mittagspause. Da kann ich schließlich machen, was ich will.«

»Na, dann ist ja gut. Ich hatte mir schon Sorgen gemacht, dass es Ärger geben könnte.«

Ich schnappte mir die ersten drei Teller, stellte einen auf meinem linken Unterarm ab, den zweiten in die Handfläche davor und den dritten nahm ich in die rechte Hand.

»Simon ist gar kein so übler Kerl«, sagte Walli und schnappte sich zwei Teller. »Wenn man mal genauer hinsieht vielleicht nur ein verbeultes Auto.«

»Aha«, machte ich beiläufig und deutete zum ersten Tisch. »Lass uns hier anfangen und uns dann langsam vorarbeiten.«

Ich setzte den ersten Teller vor einem eifrig diskutierenden Kollegenpaar ab, die ihr Gespräch nun unterbrachen.

»Das duftet köstlich«, sagte der Mann mit den grauen Schläfen. Er sah schwer nach Anwalt aus. »Wie zu Hause.«

Ich nickte und stellte den zweiten Teller ab. »Genau das war der Gedanke dahinter.«

»Sind Sie nicht die ... die ... die ...«

Ich schüttelte den Kopf. »Nein, ich kellnere nur hier.«

Der Blick des Mannes wirkte enttäuscht. »Und ich dachte, Sie sind dieses Mädel aus der Serie ...«

»Ich werde öfter verwechselt. Anscheinend sehen wir uns ähnlich.«

Jetzt sah er mich freundlich an. »Sie sind viel hübscher. Natürlich-hübsch.«

Woher wusste er, dass ich das gerade richtig gut gebrauchen konnte? Ich knickste symbolisch mit einem Lächeln. Bevor ich mich umwandte, sah ich noch zu, wie er und seine Begleitung den ersten Löffel der Suppe zu sich nahmen. Sie schlossen dabei die Augen.

Wallis Aussage ließ mir keine Ruhe, und als ich auf dem Rückweg zur Theke war, tippte ich ihn von hinten an.

»Wie meinst du das genau? Ich meine, das mit dem verbeulten Auto?«

Walli grinste. »Männer mit gebrochenem Herzen sind wie verbeulte Autos. Du kannst die Dellen ausbeulen und neu lackieren, aber der Farbunterschied wird immer sichtbar sein, immer ein wenig heller als der Rest. Das angeschlagene Ego versucht sich dann ein Leben lang mithilfe von Krücken in Form von Frauen, die ihnen nicht gefährlich werden können, auszubeulen.«

Ich sah ihn beeindruckt an. Ich hatte mich nie gefragt, warum jemand wie Simon so eine aalglatte Art hatte, sondern nur darüber geärgert, dass es so war. Aber was brachte mir diese Erkenntnis?

»Gefühle sind für ihn wie für mich eine Packung Chips. Er kann sie einfach nicht zulassen.«

Ich überlegte. Vielleicht waren Simon und ich uns gar nicht so unähnlich, wenn es stimmte, was Walli sagte. Nur dass Simon eine weitaus erfolgreichere Strategie gefunden hatte, damit umzugehen, als ich.

»Und seitdem ist er ein Herzensbrecher, ja?«, hakte ich nach und kam mir gleichzeitig völlig bescheuert vor, so eine dämliche Frage überhaupt nur zu denken und sie dann auch noch zu formulieren.

»Ich sach mal so, er führt einen gewissen offensiven Lebensstil«, antwortete Walli gespielt ernsthaft. »Du weißt schon, kaputtes Herz und Trostpflaster und so ...«

»Und was macht kaputte Herzen wieder froh?«, fragte ich Walli scherzhaft und wechselte galant das Thema.

Walli sah mich erwartungsvoll an. »Süße Miniplunder?«

Wir mussten beiden lachen, während wir die nächste Ladung Teller durch den engen Raum bugsierten. Walli schob seinen runden Bauch mit den Tellern davor gemütlich vor sich her. »Leg mal einen Zahn zu!«, ärgerte ich ihn.

»Ich renne nie, meine Liebe. Nie. Wenn du mich je rennen siehst, dann weißt du, dass gerade etwas wirklich, wirklich Schlimmes passiert ist. So etwas in der Größenordnung des Weltuntergangs oder so.«

Ich ging Richtung Tür, um die stehenden Gäste neben der Fensterfront zu bedienen, als mir ein kalter Luftzug entgegenströmte. Zwei Männer, die direkt vor mir standen, drehten sich der Tür entgegen und gaben so den Blick durch die Menschenmenge frei. In der Tür stand Simon.

Ich sah ihn an und ging einen Tick zu hastig weiter, stolperte aber über etwas und hörte ein lautes Kreischen.

»Usch!« Beinahe hätte ich meine eigene Katze umgerannt. Mit einem verärgerten Fauchen machte sie sich aus dem Staub und huschte an Simon vorbei durch die offene Tür.

»Auweia!« Ich hörte Wallis Stimme neben mir und spürte jetzt etwas Warmes, Geschmeidiges die dicke Strumpfhose unter meinem alten Cordrock herunterlaufen.

»Wir brauchen einen neuen Teller, Hugo!«, rief Walli. »Der erste Verlust des Tages wurde zur Fangopackung umfunktioniert!«

»Oh Mann«, stöhnte ich mit einem Blick auf mein Bein, das aussah, als hätte sich Usch gerade darauf übergeben.

»Zur Kellnerin bist du aber auch nicht gerade geboren«, sagte Simon, der jetzt unmittelbar vor mir stand.

»Komm her, ich helf dir!« Er schnappte sich eine Servierte von einem der kleinen Tische und begann, an meinem Bein herumzurubbeln.

»Ich mach das schon«, wehrte ich ab.

»Keine Widerrede!«

Ich kam mir mehr als nur bescheuert vor, hier inmitten unserer Premiere gleich am ersten Tag vor all den Leuten herumzustehen, während mir jemand Erbsensuppe vom Bein rubbelte. Die Gäste schien das aber nicht sonderlich zu interessieren, vor allem wahrscheinlich deswegen, weil Walli beim Bedienen eine Art Eiskunstläufer-Performance ablieferte, was mir anhand seines Umfangs und den knapp bemessenen räumlichen Gegebenheiten des Ladens schier unmöglich vorkam, aber er schaffte es irgendwie.

»Ist schon gut!«

Simon hatte sich halb hingekniet und rubbelte wie wild weiter. »Das reicht, danke!«

»Na gut«, sagte er und richtete sich auf. »Jetzt sind wir verschüttungstechnisch wenigstens quitt.« Dann grinste er mich breit an. »Irgendwie passt es ja sogar zu deinem Look.«

»Ich hatte mich schon gefragt, wann es wieder zum Vorschein kommt«, erwiderte ich und wandte mich wieder Richtung Theke um.

»Was?«, fragte Simon.

Ich drehte mich nicht um, sondern sah nur halb über meine Schulter.

Simon stand jetzt mit seinem Gesicht unmittelbar dahinter und sah mich unverwandt an.

»Was zum Vorschein kommt?«, fragte er erneut.

»Das verbeulte Auto.«

14. Kapitel: Simon

Little_Donut: *Was hältst du von Vergleichen?*
Jolightly: *So was wie: Das Leben ist eine Pralinenschachtel, man weiß nie, was man bekommt? Das aus Forrest Gump?*
Little_Donut: *Dieser Vergleich hinkt übrigens, denn es gibt auf jeder Pralinenschachtel eine Beschreibung, in der steht, was für Sorten es gibt und wie sie aussehen.*
Jolightly: *Wenn du sowieso nichts von Vergleichen hältst, warum fragst du mich dann?*
Little_Donut: *Es beschäftigt mich eben.*
Jolightly: *Diese Frau beschäftigt dich, stimmt's?*
Little_Donut: *Und du bist doch eifersüchtig.*
Jolightly: *Vielleicht.*
Little_Donut: *Das brauchst du nicht. Ich muss ehrlich zugeben, dass du recht hast. Der Kommentar, der mich beschäftigt, war von ihr. Aber wie so ziemlich alles von ihr war auch der seltsam.*
Jolightly: *Du machst dir trotzdem viele Gedanken um sie.*
Little_Donut: *Sie ist eine von der Sorte, die sich selbst alles schönredet, aber der Realität nicht ins Auge sieht.*
Jolightly: *Manchmal tut es ganz gut, das Schönreden.*
Little_Donut: *Mach die Augen zu, und der Regen hört sich an wie Applaus.*
Jolightly: *Du bist zu hart.*
Little_Donut: *Lass uns nicht über sie reden.*
Jolightly: *Sondern?*
Little_Donut: *Über dich.*

Jolightly: *Sie beschäftigt dich anscheinend aber.*
Little_Donut: *Ich mache mir noch viel mehr Gedanken um dich.*
Jolightly: *Welche denn?*
Little_Donut: *Na ja, was du so machst, wenn wir nicht chatten.*
Jolightly: *Nicht viel.*
Little_Donut: *Du weißt schon, das außerhalb des flimmernden Rahmens, auf den du gerade starrst. Das nennt sich Leben.*
Jolightly: *Das ist nicht besonders spektakulär. Manchmal gieße ich meine Blumen.*
Little_Donut: *Das ist, was du tust?*
Jolightly: *Seit Kurzem auch nicht mehr. Die Eintagsfliegen auf den Blumen leben länger als die Pflanzen selbst. Ich habe keinen grünen Daumen.*
Little_Donut: *Was ist mit den Fischen?*
Jolightly: *Nicht für deine Ohren bestimmt. Oh, Verzeihung: Augen.*
Little_Donut: *Du verrätst mir also nicht, was du sonst so treibst?*
Jolightly: *Du darfst gerne raten.*
Little_Donut: *Wenn es nicht so einfach wäre, würde ich sagen, du hast etwas zu verbergen.*
Jolightly: *Ist das deine nächste Ebene?*
Little_Donut: *Mit einer Antwort wäre es unsere.*
Jolightly: *Du willst meine Abgründe erforschen, hab ich recht?*
Little_Donut: *Wenn du welche zu bieten hast, nur her damit.*
Jolightly: *Du kannst schon mal dein Messer wetzen. Bitte sehr: Ich bin einmal vor etwas davongelaufen, und jetzt holt es mich immer wieder ein. So ähnlich wie mit dem Igel und dem Hasen. Ich laufe, aber der Igel ist immer schon vor mir da.*
Little_Donut: *So was ist wie im Kreis herum zu rennen.*
Jolightly: *Eher wie ein Strudel, der einen runterzieht.*
Little_Donut: *Dann brauchst du einen Felsen, an dem du dich festhalten kannst.*
Jolightly: *In meiner Gegend gibt es schon lange keine Felsen mehr. Stell dir eine Wüste vor.*

Little_Donut: *Auch in der Wüste gibt es Steine, hab ich mal gehört.*
Jolightly: *Was ist mit dir? Was ist deine schlimmste Version deiner selbst?*
Little_Donut: *Das hört sich ein wenig zu dramatisch an für meinen Geschmack. Jeder hat doch Abgründe, aber meist ist es nicht so schlimm, wie man denkt.*
Jolightly: *Kommt drauf an. So wie ich dich einschätze, gibt es bei dir große Höhen. Aber dann sind die Abgründe auch tiefer.*
Little_Donut: *Das meiste ist nicht so schlimm, wie die Leute sagen. Im Übrigen auch nicht so gut.*
Jolightly: *Ich war schon lange nicht mehr, wie ich sein sollte.*
Little_Donut: *Man sollte nie so sein, wie man sein sollte.*
Jolightly: *Ich bin schon lange nicht mehr wie ich. Mit einer Ausnahme.*
Little_Donut: *Dann wird es Zeit, Jolightly. Allerhöchste Eisenbahn, wenn du mich fragst.*

Jolightly: *Sagt Mr. Perfect? Wann warst du das letzte Mal du?*
Little_Donut: *Das ist ja das Verrückte. Ich bin es hier.*
Jolightly: *Das war es, was ich mit Ausnahme meinte.*
Little_Donut: *Ich fühle mich auf eine seltsame Weise geehrt.*
Jolightly: *Das darfst du sogar. Für dich werfe ich sämtliche Prämissen über Bord.*
Little_Donut: *Nur nicht die großen Fische.*
Jolightly: *Davon hab ich nur einen.*
Little_Donut: *Und was gedenkst du, mit ihm zu tun?*
Jolightly: *Erst einmal muss er ins Netz.*
Little_Donut: *Und dann? Nimmst du ihn aus?*
Jolightly: *Vielleicht. Vielleicht hüte ich ihn aber auch wie meinen Augapfel.*
Little_Donut: *Also eine 50/50-Chance für den armen Kerl?*
Jolightly: *Exakt.*
Little_Donut: *Das Schöne an der Hoffnung ist ja die Ungewissheit.*

Jolightly: *Das trifft es ziemlich genau.*
Little_Donut: *Darf ich also hoffen?*
Jolightly: *Kommt darauf an, auf was.*
Little_Donut: *Dass ich dir ins Netz gehe und du mich nicht ausnimmst?*
Jolightly: *Du darfst.*
Little_Donut: *Ich freue mich.*
Jolightly: *Freu dich nicht zu früh. Fürchtest du dich nicht?*
Little_Donut: *Seltsamerweise nicht.*
Jolightly: *Warum nicht?*
Little_Donut: *Dein schlimmster Gegner bist du selbst.*
Jolightly: *Wenn du jetzt hier wärst, würde ich dir eine runterhauen …*
Little_Donut: *… oder?*
Jolightly: *… oder dich küssen.*
Little_Donut: *Ich würde dich zurückküssen.*
Jolightly: *Ich glaube, wir sind angelangt auf der neuen Ebene.*
Little_Donut: *Ich glaube auch.*
Jolightly: *Manchmal berühren dich Worte wie Küsse.*
Little_Donut: *Jetzt gerade denke ich – und ich weiß nicht warum –, die einzige Möglichkeit, die Welt anzuhalten, ist das Küssen.*
Jolightly: *Ich finde, es gibt keine größere Magie als die des ersten Kusses. Es ist, als stünde der Planet still, als ob alles nur noch um ihn herumkreist. Losgelöst von Zeit und Raum gibt es kein Gestern mehr, kein Morgen, nur diesen einen Augenblick unvergleichlicher Vollkommenheit.*
Little_Donut: *Es kommt auf den Kuss an. Es gibt gute und schlechte Küsse. Aber die guten unterscheiden sich mehr untereinander. Es gibt sexy Küsse, die nach mehr schreien. Und dann die wenigen seltenen, die für einen kurzen Moment deine Seele berühren.*
Jolightly: *Wow. Du liest mich sprachlos. Kennst du das, wenn du an etwas Leckeres denkst und dann ganz furchtbar Appetit darauf bekommst? Ach, wen frage ich! Du heißt Little_Donut!*

Little_Donut: *Ich weiß genau, was du meinst.*
Jolightly: *Es ist schlimm, dass ich dich jetzt nicht küssen kann.*
Little_Donut: *Schlimm, aber auf eine gute Weise?*
Jolightly: *Ja.*
Little_Donut: *Du weißt, was diese neue Ebene bedeutet.*
Jolightly: *Wir werden uns irgendwann treffen.*
Little_Donut: *Wann?*
Jolightly: *In nicht allzu langer Zeit.*
Little_Donut: *Es ist verrückt, aber ich denke nicht an alles Weitere dabei. Nicht an Sex, auch wenn deine Kussversion mich neugierig gemacht hat. Ich weiß nicht, wann genau der Wendepunkt war, aber es spielt keine Rolle mehr.*
Jolightly: *Schreiben ist sich komplett nackig zu machen, ohne sich auszuziehen.*
Little_Donut: *Und nun?*
Jolightly: *Jetzt willst du einen Rat?*
Little_Donut: *Vielleicht.*
Jolightly: *Wenn alles gut geht, sind wir komplett verloren.*

Ich musste schmunzeln. Wer oder was war diese eigenartige Frau hinter diesem gefährlich-guten Account? Ich hatte nie verstanden, wie Leute wie der Baron sich auf so jemanden einlassen konnten. Es war doch klar, dass keine guten Absichten dahinterstecken konnten. Und ich bin sogar noch mit viel mehr Wissen in diese Gespräche gegangen, mit dem Wissen um eine kriminelle Ader, die diese Frau in sich trug und mit der sie auch mir begegnen würde. Und doch war es so, dass es mir immer schwerer fiel, das zu glauben. Hier, mit mir, war sie anders.

Mein Firmentelefon klingelte.

»ON/SEC, Simon Demand am Apparat«, meldete ich mich.

»Von Hohenstein hier«, hörte ich eine tiefe Stimme.

»Herr Baron, es ist mir eine Ehre, von Ihnen zu hören.«

»Ich melde mich, um die neuesten Entwicklungen abzufragen«, erklärte er leicht ungehalten. »Wie steht es um diese blamable Farce?«

»Alles in Ordnung«, beruhigte ich ihn, »wir haben sie bereits an der Angel. Es ist nur noch eine Frage der Zeit, bis sie uns ins Netz geht.«

»Ich hoffe, eine Frage kurzer Zeit«, sagte er. »Meine Frau darf nichts davon erfahren, hören Sie? Ich setze bei Ihrer Firma auf das höchste Maß an Integrität.«

»Sie können sich ganz auf uns verlassen«, antwortete ich, »nur noch ein paar Tage, und diese unschöne Sache ist geklärt. So diskret es irgend geht.«

»Gut«, sagte der Baron und klang erleichtert. »Diskretion ist nicht mit Geld aufzuwiegen.«

Ich schmunzelte. »Sie sind bei uns genau in den richtigen Händen. Wir sind nicht die Günstigsten, aber die Besten.«

»Melden Sie sich bitte in den nächsten Tagen mit dem neuesten Stand«, sagte der Baron abschließend.

»Das mache ich.«

Als ich auflegte, fühlte ich mich wie nach einer kalten Dusche. Der Chat mit Jolightly hatte mich in eine wattige Irrealität versetzt, und das Gespräch mit dem Baron soeben wirkte wie ein Weckruf.

Wahrscheinlich war genau das der Trick. Vielleicht dachten alle Männer, die Jolightly ins Netz gegangen waren, genau dasselbe. Vielleicht dachten alle, sie seien die berühmte Ausnahme, die die Regel bestätigt. Vielleicht hatte der Baron dasselbe gedacht und gefühlt. Nur mit einem Unterschied: Er war nicht vorgewarnt worden. Ich war es, und ich musste verdammt noch mal einen kühlen Kopf bewahren. Das wär's ja noch, dachte ich und lachte kurz auf, dass eine professionelle Herzfischerin nicht mir, sondern ich ihr ins Netz ging. Ich wusste, was auf mich zukam. Das ist alles manipulativ, Simon, schoss es mir durch den Kopf. Hör auf, dir etwas anderes einzubilden. Großer Gott! Sie ist eine Abzockerin! Es war nur eine Frage der Zeit, bis sie nach Geld fragen würde. Und dann gäbe es ein Treffen, und damit wäre die Sache erledigt. Natürlich würde ich nicht so leichtsinnig wie der Baron sein und ihr den Betrag vorher zukommen lassen. Ich würde ihn ihr übergeben, das wäre meine Bedingung. Unsere Gespräche würden Schall und Rauch sein.

Himmelherrgott, reiß dich zusammen, Simon!

All das war Illusion.

Projektion.

Was auch immer.

Aber es war nicht echt.

Ich schnappte mir meine Sachen und verließ das Büro. Ich hatte Walli versprochen, im Henry's vorbeizuschauen, um das Premierenessen nicht zu verpassen.

Und ich hatte Lust auf Erbsensuppe.

Einen anderen Grund gab es nicht.

*

Als ich die Tür öffnete und Josefine sah, die gerade einen Teller Erbsensuppe auf ihr Bein goss, während sie mich entgeistert ansah, musste ich mir schon wieder ein Lachen verkneifen. Und wieder trug sie Schuhe, die gar nicht zu ihrem sonst so unauffälligen Outfit passten; diesmal waren es goldene Riemchenschuhe.

Diese Frau war wirklich seltsam, man wusste nie, ob sie einfach nur weltfremd war oder wirklich verrückt. Im wahrsten Sinne des Wortes verrückt, wie woanders hingerückt, verrückt, an eine andere, falsche Stelle gerückt, an die sie nicht gehörte. Es war ihr peinlich, die Erbsensuppe verschüttet zu haben; ich sah es daran, dass sie augenblicklich einen hochroten Kopf bekommen hatte und gereizt auf mein Hilfsangebot reagierte. Sie hatte mich angesehen, als sei ich an dem

Schlamassel schuld, dabei war es die unfreundliche Katze mit dem Namen, der wie ein Geräusch klang, gewesen. Ich wollte es ihr leichter machen und krempelte meine Ärmel hoch, um ihr und Walli mit den Tellern zu helfen. Ich wusste, dass Nadia, die auch unter den Gästen war, mich schief ansehen würde, aber das war mir egal. Ich hatte das spontane Bedürfnis, Josy unter die Arme zu greifen. Sie wehrte sich ein wenig, ließ es dann aber zu.

Es wurde ein erfolgreicher erster Tag, soweit ich es sehen konnte, und die Suppe ging bis auf den letzten Löffel weg. Wallis Liste an Anmeldungen für den nächsten Tag war bereits vor Mittagsende dicht, und die Mundpropaganda würde ihr Übriges tun. Der aufgestellte Kochtopf mit der Aufschrift *»Jeder zahlt wassa will«* war randvoll, und ich war gespannt, ob sich bereits der erste Tag rentiert hatte.

Alle waren begeistert von diesem einfachen, zwanglosen Angebot, genau wie ich es vorausgesagt hatte.

Als alle Gäste den Laden verlassen hatten, wir das Gröbste weggeräumt hatten und Walli und ich uns anschließend erschöpft auf einige der Sessel fallen ließen, setzte sich Josy dazu.

»Ich kann euch gar nicht sagen, wie dankbar ich euch bin.« Ihre Wangen waren gerötet, ob vor Anstrengung oder Aufregung oder noch immer von dem Peinlichkeitsmoment vorhin, das wusste ich nicht. Aber es stand ihr – zum ersten Mal wirkte sie richtig lebendig.

»Das war ein echter Kracher!«, kommentierte Walli das Gesagte und sah triumphierend in die erschöpfte Runde, zu der sich jetzt auch der alte Hugo gesellt hatte.

»Wir sind ein Dream Team! So eine Art Avengers von Kölle!«

Ich lachte. »Dann hätte ich aber auch gern deren Superkräfte. Ich bin fix und alle!«

»Leute, das ist ja anstrengender gewesen als früher für die

ganze Kompanie auf hoher See zu kochen«, pflichtete Hugo uns bei und prustete laut Luft aus seinen Lungen. Dann fügte er mit einem Augenzwinkern hinzu: »Na ja, vielleicht bin ich jetzt auch nur das eine oder andere Jährchen älter!«

Walli sah ernst in die Runde. »So, jetzt Butter bei die Fische. Wie viel ist drin? Ziehen wir damit die Kuh vom Eis?«

Er begann zusammen mit Josy die Geldstücke und Scheine zu kleinen Türmen und Stapeln zu sortieren, und ich zählte zusammen. Wir kamen auf knapp dreihundert Euro.

»Das ist mehr, als ich erwartet hätte«, sagte Hugo anerkennend.

»Aber zu wenig, um es in acht Tagen zu schaffen«, seufzte Josy.

»Das wird sicher mehr, wenn es Sauerbraten gibt!«, ermutigte Walli sie.

»Ich glaube auch, dass es noch steigerbar ist«, warf ich ein, »das ist ja erst der Anfang. Und für den ersten Tag doch ganz gut. Natürlich, wenn ihr die Kosten und die Arbeit abzieht ...«

»... dann bleibt nicht mehr besonders viel.« Josy klang resigniert.

»Trotzdem. Das Konzept funktioniert, und darauf kommt es an«, resümierte ich und sah Josy an.

»Ich danke euch allen für eure großartige Unterstützung.« Hugo lächelte uns an. »Jetzt gilt es, die nächsten Tage auch noch erfolgreich zu wuppen.«

»Nur ohne Erbsensuppe«, ergänzte ich.

»Danke, dass du mich daran erinnerst. Aber der Fleck passt ja zu meinem Look, wie ich erfahren durfte.«

»Das war nicht so gemeint«, scherzte ich, »wirklich.«

Josy sah mich unsicher an, aber etwas in ihrem Blick verriet mir, dass sie sich eine Antwort überlegte.

15. Kapitel: Josefine

Der erste Tag mit Mittagstisch war geschafft, und ich warf mich erledigt auf mein Bett. Ich wusste nicht, was ich mir erhofft hatte, aber trotz der eigentlich angemessenen Einnahmen blieb unterm Strich viel zu wenig übrig. Wenn wir die nächsten acht Tage ähnliche Einkünfte zu verzeichnen hatten, kamen wir nie und nimmer auf die von Paschulke geforderte offenstehende Summe. Natürlich, wir würden es vielleicht schaffen, noch ein paar Tage dranzuhängen, wenn ich all meine Überzeugungskünste einsetzte, aber es würde nicht reichen. Ich brauchte meinen Fisch. Und ich wusste, dass es mir von Tag zu Tag schwerer fiel, ihn so zu sehen, wie ich es geplant hatte. Es gab eine unsichtbare Verbindung zwischen uns, die ich auch außerhalb des World Wide Web spürte.

Ich setzte mich auf und sah aus dem Fenster. Der Himmel färbte sich gerade langsam rötlich, der Tag ging dem Ende zu und erstrahlte noch einmal in den schönsten Herbstfarben. Ob er gerade den gleichen Ausblick hatte? Ob er an mich dachte? Wie oft dachte er an mich? Irgendwie war er immer bei mir, und dieser Gedanke war so stark, dass es sich wirklich so anfühlte. Er war eine Art unsichtbarer Begleiter geworden, eine stille Stimme, die mir das Gefühl gab, dass jemand an meiner Seite stand.

Es war verrückt, aber vorhin im Laden hatte ich regelrecht das Gefühl, seine Anwesenheit zu spüren. Dieses Gefühl war erschreckend und wunderbar zugleich und immer wieder irritierend. Die Vorstellung, jemanden an meiner Seite zu haben, der einfach da war, der immer einen Rat zur Hand hatte, und wenn es nur »Gib nicht auf!« war, wurde mehr und mehr zu einem Bild, das ich so lange nicht mehr gesehen hatte. Und jetzt, da es da war, wollte ich es nicht mehr hergeben.

Wenn eine Vorstellung Formen annimmt, die die Welt der Fantasie übersteigen, wenn sie ansatzweise real wird, können wir uns ihr nicht mehr entziehen. Und ich merkte, dass ich das auch nicht wollte. Ich wollte mich fallen und auffangen lassen, festhalten an seinen Worten, die wie ein Fels waren in der harten Brandung meines Lebens. Es war eine Art Zwang, etwas von ihm lesen zu müssen, der mich jetzt wieder dazu brachte, meinen Laptop zu öffnen. Ich hatte regelrecht Sehnsucht nach den Worten meines unsichtbaren Begleiters.

Jolightly: *Was ist, wenn ein Felsen zwar in Sicht ist, aber man ihn in der Wirklichkeit nicht erreichen kann?*
Little_Donut: *Es geht nicht um die Wirklichkeitsform, sondern um die Möglichkeitsform.*
Jolightly: *Wie meinst du das?*
Little_Donut: *Kannst du es dir in deinen Gedanken vorstellen?*
Jolightly: *Ja, aber …*
Little_Donut: *Kein Aber. Wenn du es dir vorstellen kannst, ist es möglich.*
Jolightly: *Es macht mir Angst, dass du immer eine Antwort weißt. So was gibt es nicht. Gleichzeitig habe ich das Gefühl, immer wieder Antworten von dir zu brauchen. Vielleicht, weil ich selbst zu wenige habe.*
Little_Donut: *Ich glaube nicht, dass du zu wenig Antworten hast. Ich glaube, du hast sie alle. Du vertraust ihnen nur nicht. Du vertraust einer fremden, unsichtbaren Person mehr als dir selbst, Jolightly. Warum ist das so?*
Jolightly: *Vielleicht konnte ich meine eigene Stimme irgendwann*

nicht mehr hören. Je leiser es um mich herum wurde, umso leiser wurde sie.
Little_Donut: *Vielleicht braucht sie nur einen Verstärker, damit du sie wieder hören kannst.*
Jolightly: *Dich?*
Little_Donut: *Eher so etwas wie unsichtbare Ohren. Keine Stimme gibt auch nur einen Ton von sich, wenn sie nicht gehört wird. Du musst lernen, ihr wieder zuzuhören.*
Jolightly: *Dann sei mein Verstärker.*
Little_Donut: *Das bin ich zu gern.*
Jolightly: *Was sagt deine Stimme dir? Hörst du sie immer?*
Little_Donut: *Für gewöhnlich sind wir uns einig. Aber momentan ist sie etwas ... stur.*
Jolightly: *Was will sie denn nicht?*
Little_Donut: *Die Frage ist eher, was sie will.*
Jolightly: *Gut, was will sie?*
Little_Donut: *Etwas Unvernünftiges.*
Jolightly: *Die Leute sagen immer, man solle auf seinen Kopf hören. Aber meinen sie nicht eigentlich das Herz?*
Little_Donut: *Vor nicht allzu langer Zeit gehörte ich zu diesen Leuten.*
Jolightly: *Und nun nicht mehr?*
Little_Donut: *Nun wehrt sich da eine etwas sture Stimme.*
Jolightly: *Ein bisschen freut mich das ja.*
Little_Donut: *Du freust dich diebisch, gib's zu!*
Jolightly: *Okay, ich freue mich ein bisschen mehr als nur ein bisschen.*
Little_Donut: *Dabei ist es so ...*
Jolightly: *... albern?*
Little_Donut: *Seltsam. Was wissen wir voneinander, was uns dazu bringt, so zu denken? Ich gebe zu, ich denke an dich.*
Jolightly: *Oft?*
Little_Donut: *Manchmal.*
Jolightly: *Wie oft?*

Little_Donut: *Immer.*
Jolightly: *Ich habe manchmal das Gefühl, du stündest neben mir. Heute erst, als ich etwas Neues begonnen habe. Ich dachte, du seist da und würdest mir Mut zusprechen. Das war ein wirklich seltsames Gefühl. Aber allein der Gedanke daran, dass du an mich denkst, da draußen irgendwo, macht alles ein wenig leichter.*
Little_Donut: *Ich habe an dich gedacht.*
Jolightly: *Und ich an dich.*
Little_Donut: *Das ist verrückt.*
Jolightly: *Gut-verrückt.*
Little_Donut: *Ich denke an dich, wenn ich Musik höre.*
Jolightly: *Ich denke an dich, wenn die Sonne untergeht.*
Little_Donut: *Ich denke an dich, wenn ich eigentlich Feierabend machen will, dann aber doch noch länger im Büro bleibe, weil ich mich nicht von dir trennen will, sei es auch noch so kurz.*
Jolightly: *Ich denke an dich, wenn ich einen Rat brauche.*
Little_Donut: *Ich denke an dich, wenn ich mir etwas zu essen bestelle und mich frage: Würde sie es mögen?*
Jolightly: *Ich habe heute Silberstreifen am Horizont gesehen. Sie durchkreuzten sich und bildeten ein Gitter. Sofort wollte ich es dir sagen und mit dir Drei gewinnt mit Luftballons am Himmel spielen.*
Little_Donut: *Du hattest recht.*
Jolightly: *Womit?*
Little_Donut: *Wenn alles gut geht, sind wir verloren.*
Jolightly: *Das sind wir bereits.*
Little_Donut: *Ich weiß.*

*

Es stimmte. Ich war verloren. Verloren in die Vorstellung, dass unsere Gespräche Grundlage für eine Wirklichkeit wären. Aber das waren sie nicht, würden es nie sein. So oft hatte ich lernen müssen, dass genau diese Vorstellung der Realität nicht standhalten konnte. All die unbeantworteten Fragen, die großen Löcher im Bild des Gegenübers stopfen wir mit unseren eigenen Wünschen, Träumen und Sehnsüchten. Wie gestopfte Socken, deren Löcher immer mehr und mehr werden, bis sie irgendwann nur noch aus vernähten Stücken bestehen und wir sie endgültig wegwerfen müssen. Ich erinnerte mich an einen der ersten Sätze, die ich über das Herzfischen im Internet gelesen hatte:

Das Herzfischen ist eine komplizierte Angelegenheit. Es dient dazu, andere über die Liebe auszunehmen, um selbst dabei Gewinn zu machen. Doch es passiert – wenn auch nur ganz selten –, dass man selbst dabei sein Herz verliert.

Damals hatte ich darüber gelacht, denn weder mein Fußfreund, noch der Baron oder einer der anderen würde mir je gefährlich werden. Es war jedes Mal nur ein Sprung, bei dem es ein Sicherheitsnetz gab. Ich fürchtete mich nie, mein Herz zu verlieren. Und genau diese Sicherheit hatte mich erfolgreich gemacht. Männer, wie ich sie hier kennengelernt hatte, konnten mir nicht gefährlich werden.

Wallis Kommentar zu Simon und der Vergleich mit dem verbeulten Auto kam mir in den Sinn.

Es war verrückt und erschreckend zugleich, dass ich anscheinend mehr mit Simon gemein hatte, als ich zugeben wollte.

*

Der Mittwoch würde ein Sauerbratentag sein. Hugo wurschtelte am Vorabend in der Küche herum, und auch ich konnte kaum still sitzen. Ich half ihm bei den Vorbereitungen und schnippelte kiloweise Zwiebeln und Möhren und beseitigte das von Hugo verursachte Chaos.

Ich war besorgt, ob er dieses Gericht auf den Punkt für so viele Leute hinkriegen würde, und auch, ob es allen schmecken würde, sie zufrieden sein würden und unsere Arbeit entsprechend honorierten. Walli hatte sich wieder für seine Mittagspause angekündigt und seine Hilfe angeboten, was mich wirklich beruhigte. Er war der Klassenclown, den so eine Idee brauchte, ohne ihn hätten wir die Gästeliste nie und nimmer so voll bekommen. Und ich sah ihm an, dass er Spaß hatte. Vielleicht würde ich es irgendwann wieder gutmachen können, redete ich mir ein.

Simon hatte nichts zum Mittwoch gesagt, und ich wusste nicht, ob er kommen würde. Er hatte beim Bedienen geholfen, was mich zuerst sehr verwundert hatte. Es passte gar nicht zu ihm, und er wirkte in seinem Outfit mächtig overdressed. Obwohl ich zugeben musste, dass mir die Art, wie er seine Ärmel hochgekrempelt hatte, irgendwie gefiel. Aber jedes Mal, wenn er etwas tat, was mich dazu bringen konnte, ihn vielleicht doch ein wenig zu mögen, machte er es – wie auf Kommando – mit etwas anderem kaputt. So als ob er seine eigene gute Seite nicht ertragen konnte und sie wieder mit etwas Unfreundlichem ausgleichen musste. Dieser Kerl war und blieb mir ein Rätsel. Ich konnte mir nie sicher sein, ob er mich bemitleidete, mich doch irgendwie mochte oder nicht leiden konnte. Das war irgendwie anstrengend, und ich hatte genug von anstrengenden Dingen.

Als alle Vorbereitungen getroffen, die Braten eingelegt waren und der Sud langsam vor sich hin köchelte, musste ich wieder online gehen.

Little_Donut vor 2 Stunden online

Ich war enttäuscht, dass er nicht da war. Aber was erwartete ich auch? So ziemlich jeder hatte ja auch ein richtiges Leben, außerhalb des World Wide Web. Außer mir vielleicht. Aber was für ein Leben führte er? Was tat er? Wie wohnte er? Wen traf er? Ich wusste so wenig über ihn.

Anderseits wusste ich Dinge, die nur ich – und dessen war ich mir relativ sicher – wusste, weil jemand wie er normalerweise nicht über seine Gefühle sprach. Wir hatten also all die unwichtigen Details wie Arbeit, Wohnung, Freunde ausgelassen und waren direkt in die Gedankenwelt des anderen eingestiegen. Es war immer noch ein verrücktes Gefühl, ihm so nahe zu sein. Selbst jetzt, da er nicht online war, fühlte ich mich ihm nahe. Er war vor zwei Stunden online gewesen. Hatte er nach mir geschaut? Hatte er mich vermisst? Er hatte sicher an mich gedacht. Vielleicht tat er es gerade, jetzt, in diesem Moment? Das Chatfenster poppte auf.

Aber es war nicht Little_Donut, der mich dort begrüßte. Mein Fußfreund, der sich schon ein paar Tage nicht mehr gemeldet hatte, stand schon in den Startlöchern.

***Footy:** Ich hab dich vermisst, mein Füßlein. Wie geht es dir?*
***Jolightly:** Schön, von dir zu lesen. Ich habe übrigens die goldenen Riemchen eingeweiht.*
***Footy:** War es ein besonderer Anlass?*
***Jolightly:** Ja, schon. Nur leider haben sie etwas Erbsensuppe abgekriegt, unabsichtlich.*
***Footy:** Mit Freuden hätte ich die Erbsensuppe von jedem einzelnen Zeh gelutscht …*
***Jolightly:** Immerhin haben sie keinen Schaden davongetragen.*
***Footy:** Erbse für Erbse mit meinen Lippen aufgeklaubt …*
***Jolightly:** Das hat dann ein netter Kollege mit einer Serviette übernommen …*
***Footy:** … deine wunderschönen Füße abgeleckt …*
***Jolightly:** Ich muss mich heute leider kurzfassen. Ich habe gleich noch einen Termin.*
***Footy:** … bis sie vollkommen glänzen …*

Es war seltsam, aber in diesem Moment kam mir zum allerersten Mal das, was ich hier tat, falsch vor und albern, nicht richtig, vollkommen bescheuert. Immer hatte ich geglaubt, nur hier ich selbst zu sein. Aber das war nicht ich, sondern ein Abbild dessen, was andere in mir sehen wollten. Und ich hatte diesen Bildern entsprochen und mich in alles verwandelt, was mein Gegenüber sich gewünscht hatte. Ich hatte das getan, was ich von der Schauspielerei gewohnt war, das Einzige, was ich zu können glaubte. Ich hatte immer nach der Pfeife von Regisseuren getanzt oder getan, was Produzenten oder das Drehbuch von mir verlangt hatten. Das Internet gab mir anfangs das Gefühl, frei von alldem zu sein, aber nun merkte ich, dass ich hier eine Marionette war. Nur diesmal hatte ich es mir selbst ausgesucht.

Aber wo auf diesem Weg hatte ich mein eigenes Ich verloren? Es war zum Spiegelbild für andere geworden, und erst, als Little_Donut mir mein eigenes Spiegelbild vorgehalten hatte, war mir aufgefallen, wie sehr ich mich aufgelöst hatte. Einfach aufgelöst, in eine formbare Masse, ohne Ziele, ohne Wünsche. Ich war einfach nur da, Tag für Tag. Jetzt merkte ich, dass mir das nicht mehr reichte. Etwas hatte sich verändert. Ich hatte mich verändert. Diese wenigen, aber intensiven Gespräche hatte etwas bewirkt, was größer war als der Kummer über mein vermurkstes Leben. Aber wie sollte ich etwas, das genauso auf Sand gebaut war wie mein altes Leben, bewahren können? Auch er gehörte bald zu einer Vergangenheit, die ich hinter mir lassen musste.

Diesen Gedanke wollte ich nicht denken und überlegte mir, was Little_Donut gesagt hatte.

Was, wenn es klappte? Wenn ich alles gab, wenn Walli noch mehr Kunden auftat, Hugo für noch mehr Leute kochte, was wenn das alles mehr einbrachte als angenommen? Dann würde ich Little_Donut nicht um sein Geld bringen, würde ihn vielleicht irgendwann treffen und dann …

Ja. Was dann? Ich wusste es nicht.

Aber eines wusste ich jetzt genau: Das Gespräch mit Footy gerade zeigte es mir deutlich. Das, was für mich sonst immer ein Leichtes gewesen war, fiel mir jetzt unendlich schwer. Die Antworten, die ich sonst wie mit links aus der Pistole geschossen in den Chat getippt hatte, fielen mir nicht mehr ein. Ein dunkles Bauchgefühl hatte stattdessen ihren Platz eingenommen. Ich wollte nur noch mit *ihm* sprechen, und zwar ganz ohne Wunschbild, ohne Verwandlung.

Jolightly ist offline

16. Kapitel: Simon

»Schönen Feierabend!«, sagte Ann-Kathrin und lächelte mich aus der Nussschale in unserer Lobby mit einem Augenaufschlag an, der selbst Eisberge zum Schmelzen bringen würde.

»Das wünsche ich dir auch«, entgegnete ich und verlangsamte meinen Schritt Richtung Ausgang. Wir hatten in den letzten Wochen schon das eine oder andere Mal Smalltalk gemacht, und der Blick, mit dem sie mich ansah, war mir nicht entgangen. Sie trug ihre langen, blonden Haare heute zu einem seitlichen Zopf gebunden, der ihren Hals und den Nacken auf der einen Seite freilegte. Aus dem Augenwinkel hatte ich gesehen, dass sie ihren Kopf schief gelegt hatte.

»Bist du gleich auch noch im Joseph's?«

Bingo.

»Kommt darauf an«, sagte ich und blieb stehen. Dann drehte ich mich um, ging die zwei Schritte zurück, bis ich an der Infotheke, die wir alle nur Nussschale nannten, weil ihre Form und die Farbe des Holzes an eine Walnusshülle erinnerten, stand. Dann beugte ich mich nach vorn und stützte mich mit den Unterarmen darauf auf. Als unsere Blicke sich trafen, war es wieder da, das altbekannte Wissen, was als Nächstes passieren würde. Dieses Spiel war so alt, wie es gut war, und der Ablauf immer gleich. Es war wie ein langsamer Walzer, der, gut getanzt, sich in fließenden Bewegungen abwechselte, Woge um Woge, bis dann, letztendlich dieser eine Moment kam, die Drehung, in der sich die Frau vollkommen in die Arme des Mannes fallen ließ, um sich komplett hinwegspülen zu lassen.

»Worauf?«, fragte Ann-Kathrin.

Ihr Blick verriet, dass sie die Antwort bereits wusste. Aber auch das war eine der Regeln dieses Spiels – jeder einzelne Schritt musste durchlaufen werden, damit es seinen Reiz nicht verlor.

»Auf die Begleitung.«

Ich lächelte sie an und bekam ein unverschämt freches Lächeln zurück.

»Ich wüsste da wen.«

»Und wen?«

»Mich.«

Es war keine Frage, eher eine Abmachung.

»Dann bin ich wohl heute im Joseph's zu finden«, sagte ich und nahm meine Arme von der Theke. »Wann hast du Feierabend?«

»Jetzt«, antwortete Ann-Kathrin und holte ihre Tasche unter dem Tresen hervor. Ihre Entschlossenheit war bemerkenswert und ließ mich schlussfolgern, dass sie sich nicht erst seit heute mit dem Gedanken trug, mich anzusprechen. Aber es wäre ohnehin so gekommen, denn auch ich spielte mit dem Gedanken schon länger. Hätte sie mich nicht gefragt, hätte ich es früher oder später getan, und heute schien mir der passende Abend dafür zu sein.

»Gehen wir?« Ann-Kathrin hatte sich neben mich gestellt. Komisch, ich hatte noch nie ihre Beine gesehen, denn sie saß ja immer in der Nussschale, wenn ich ins Büro kam, und auch abends meist, wenn ich ging. Oder, an langen Tagen, die bei mir nun mal häufiger vorkamen, war sie schon vor mir weg. Jetzt fiel mir auf, was sie für wunderbar geformte Beine hatte, die in den blickdichten Strumpfhosen zu dem Minirock und den Stiefeln toll aussahen. Sie war einen Kopf kleiner als ich, aber ihre Beine waren ungewöhnlich lang. Was ich sah, gefiel mir.

»Wir gehen«, antwortete ich und musste schmunzeln. Mein Abend würde grandios werden, das stand außer Frage.

»Ich habe gehört, im Joseph's bekommt man ein außerordentlich gutes Steak«, sagte sie, als wir das Gebäude verließen.

»Das stimmt.«

Ich freute mich, dass sie keine von der Sorte Frau zu sein schien, die lustlos in ihrem Salat herumstocherte, was ich immer als abtörnend empfunden hatte.

»Du stehst also auf Steak?«

»Nicht nur darauf«, sagte sie und biss sich auf die Lippen. Dass wir mit vollem Karacho in den Abend starteten, störte mich nicht im Geringsten. Wem wollten wir etwas vormachen, wenn ohnehin klar war, auf was es hinauslaufen würde?

»Dann bin ich mal gespannt, auf was alles noch«, erwiderte ich und hielt ihr die Tür zum Joseph's auf, an dem wir mittlerweile angekommen waren.

Sie lief hindurch, und bevor ich die Türschwelle überquerte, fiel mein Blick auf das Henry's, das schräg gegenüber lag. Die Lichter waren bereits gelöscht, nur ein winziges Fenster direkt unter dem Dach war noch hell erleuchtet.

Ob Josy da gerade saß? Hugo hatte bei unserem Essen in der Küche einmal angedeutet, dass die kleine Dachkammer von Josy bewohnt wurde.

»Kommst du?« Ann-Kathrins Stimme holte mich aus meinen Gedanken.

»Natürlich.«

Unwillkürlich schüttelte ich meinen Kopf und folgte ihr in das Lokal.

Mittlerweile war es vollkommen dunkel geworden.

*

»Also ich nehme den Salat ohne Dressing«, sagte Ann-Kathrin, während sie nicht den Kellner, bei dem sie gerade die Bestellung aufgab, sondern mich ansah.

»Wolltest du nicht das Steak?«, hakte ich nach.

»Ach, ich habe heute schon so viel gegessen.«

Ich wusste, dass das eine Lüge war, überging es aber höflich. »Natürlich.«

Dann sah ich den Kellner an. »Dann bitte nur einmal das Steak und einen kleinen Salat dazu. *Mit* Dressing.« Ich zwinkerte dem jungen Mann zu, der neu zu sein schien.

»Gern.«

Ann-Kathrin beugte sich zu mir vor, und ich genoss den Blick in ihr Dekolleté. Der Ausschnitt ihrer Bluse war gerade so groß, dass ich eine vage Vorstellung bekam, aber nicht so tief, als dass er mich meiner Fantasie beraubt hätte.

»Was machst du eigentlich bei ON/SEC?« Ann-Kathrin sah mich neugierig an.

»Ich bin so eine Art Jäger«, antwortete ich augenzwinkernd.

»Und was jagst du?««

»Tagsüber jage ich falsche Hasen«, sagte ich und ließ meinen Blick über sie schweifen, »und abends süße Häschen.«

Ann-Kathrin sah mich lasziv an. »Ich glaube, es sitzt schon wieder eines in der Grube.«

Wir lächelten beide und prosteten uns zu.

»Du, ich glaub's ja nicht, dass du da letztens diesen Besuch hattest«, sagte Ann-Kathrin nun aufgeregt und begann, wild in ihrer Tasche herumzunesteln.

»Wen meinst du?«, fragte ich, während der Kellner uns Brot und Butter servierte. »Brot?«

»Äh, nein! Viel zu viele Kohlenhydrate!« Ann-Kathrin betrachtete das Stück des noch warmen Brotes, das ich in der Hand hielt, wie ein fieses Insekt.

»Dann bleibt mehr für mich«, scherzte ich.

»Hier, hier, guck mal!« Sie blätterte wie wild in der Fotogalerie ihres Telefons.

»Ich kann's selbst noch nicht glauben, dass SIE es war. Ich meine, SIE! Ah, da ist es!«

Ann-Kathrin hielt mir das Handy so nah vor mein Gesicht, dass ich ruckartig mit dem Kopf zurückwich.

»Ja, ist ja schon gut.«

Ich schob das Smartphone einige Zentimeter von mir weg. Mit ein bisschen Abstand konnte ich nun ein Bild erkennen, das zwei Frauen zeigte, ein typisches Selfie, auf dem das Gesicht der Fotografierenden doppelt so groß aussah wie das der Danebenstehenden, weil der Arm zum Fotografieren nicht lang genug war. Das Bild zeigte Ann-Kathrin im Großformat, wie sie mit aufgerissenen Augen in die Kamera grinste, und daneben, etwas kleiner, Josy. Josys Blick wirkte gequält, so als ob sie am liebsten unbemerkt der Situation entfliehen, sich in Luft auflösen wolle.

»Ist das nicht irre?«

»Hm.«

Ich starrte das Bild an, auf dem eine Frau zu sehen war, die vollkommen unglücklich aussah. Die die Schatten der Vergangenheit immer wieder einholten, derer sie sich nicht zu erwehren wusste. Ich fühlte etwas, konnte es aber nicht genau bestimmen. Es war so etwas wie eine Mischung aus Mitleid und Wut.

Unser Essen kam.

»Weißt du, aber eins muss ich sagen«, sagte Ann-Kathrin und sortierte die drei kleinen Mini-Tomaten, die mit Pesto bestrichen waren, mit der Spitze der Gabel aus. Ich beobachtete das Schauspiel mit hochgezogenen Augenbrauen. »Pesto ist mir zu schwer für den Abend«, schob sie ein.

»Aha.«

Ich betrachtete Ann-Kathrins Gesicht. Sie sah gut aus, wie ein Gemälde, das einem beim Vorübergehen gefällt, aber bei dem man nicht stehen bleiben muss, weil es nichts in einem auslöst.

»Also, was ich eigentlich sagen wollte, ich meine, sie ist ja nett oder so, also irgendwie zumindest, obwohl ein wenig verschroben wirkte sie schon, zumal sie noch nicht mal wusste, zu wem sie eigentlich wollte. Weißt du, wie sie dich genannt hat?«

Ich schüttelte den Kopf. »Nein, weiß ich nicht.«

»Ritter-Sport-Gesicht!«

Ich schluckte, und das Stück Fleisch, das ich mir eben in den Mund geschoben hatte, blieb mir fast in der Kehle stecken. Ich nahm mir die Serviette und hustete hinein. »Ritter Sport?«

»Ja!«

Ann-Kathrin stocherte in ihrem Salat herum, piekte ein riesiges Blatt auf und schob es im Ganzen in ihren Mund, sodass rechts und links noch die Blattenden heraushingen, als sie weiterredete.

»Ich wusste aber sofort, wen sie meinte.«

Dass sie mit dem Blatt im Mund überhaupt reden kann, dachte ich, erstaunlich.

»Das spricht wohl für ihre Treffsicherheit«, sagte ich jetzt trocken, nachdem ich mich ein wenig gefangen hatte.

»Oder für meine Klugheit.« Ann-Kathrin kaute ein letztes Mal und schluckte das trockene Blatt herunter, sodass ich mir spontan einbildete, ein *Urgs!* zu hören.

Dann sah sie mich wieder klimpernd an. »Also, was ich eigentlich sagen wollte: Ich hatte sie mir irgendwie toller vorgestellt.«

Ich wischte mir mit der Serviette den Mund ab und winkte dem Kellner, der sofort kam.

»Die Rechnung bitte.«

»Aber gern.«

Ann-Kathrins Gesicht verwandelte sich in ein großes Fragezeichen.

»Aber wir sind doch noch gar nicht fertig!« Sie klang angefressen.

»Ich glaube, ich werde jetzt nach Hause gehen. War ein langer Tag.«

»Was? Aber ich dachte, wir ... also ich dachte, wir würden ...«

Selbst wenn klar war, wie der Abend eigentlich enden sollte, gefiel es mir nicht, wie sie das als eine Selbstverständlichkeit erwartete, und es ärgerte mich zu meinem Erstaunen sogar.

Ich deutete auf ihr Handy, das immer noch zwischen uns auf dem Tisch lag.

»Hast du dir mal überlegt, dass sie vielleicht gar keine Lust auf dieses Bild hatte?«

»Was? Wie meinst du das? Wie kommst du denn jetzt darauf?«

Ich wusste nicht, wie ich darauf kam, und es war mir auch egal. Ich wollte es einfach nur sagen. Dann stand ich auf und legte meine Serviette auf den Tisch.

»Wo willst du hin?«

»Hab ich doch gesagt. Nach Hause. Allein.«

Es stimmte, ich wollte wirklich nach Hause. Allerdings wollte ich nicht allein sein.

Ich wollte mit ihr schreiben.

Mit Jolightly.

17. Kapitel: Josefine

Nachdem ich den Laptop zugeklappt hatte, lag ich nun auf dem Bett und starrte die Decke an. Das Licht in meinem Zimmer hatte ich angelassen, obwohl ich schon bettfertig war. Aber ich konnte noch nicht schlafen. Dieser Abend ohne ein Gespräch mit *ihm* fühlte sich seltsam an, so, als ob dem Tag die Grundlage fehlte. Wir hatten uns nie konkret für einen Chat verabredet, und jetzt merkte ich, wie sehr mich das störte. Es machte mir zu schaffen, nicht zu wissen, was er gerade tat. Das war ein neues, aber nicht sonderlich gutes Gefühl. Ich versuchte, mich zusammenzureißen, aber es war wie ein innerer Zwang. Ich musste einfach noch mal online gehen, um zu sehen, ob er da war. Oder wann er zuletzt on war. Denn wenn er es mehrere Stunden nicht war, dann konnte man daraus schließen, dass er den Abend vielleicht mit jemandem verbrachte und ... dieser Gedanke versetzte mir einen Stich. Ich war eifersüchtig auf die unsichtbaren Bekanntschaften eines Menschen, den ich selbst noch nicht mal kannte. Das war skurril, und es war kindisch. Ach, was soll's, dachte ich und öffnete den Laptop wieder.

Jolightly ist online
Little_Donut ist online

Jolightly: *Ich sage dir jetzt nicht, dass ich mich freue (und wie sehr).*

Little_Donut: *Freust du dich noch mehr, wenn ich dir sage, dass ich es kaum ausgehalten habe, die paar Stunden, ohne dich zu hören?*
Jolightly: *Ja.*
Little_Donut: *Ich habe gerade ein Treffen frühzeitig beendet, um dir zu schreiben. Ist das nicht irgendwie irre? Ich meine, ich lebe in der wirklichen Welt. Und das hier ist … was auch immer.*
Jolightly: *Bis vor Kurzem dachte ich, ich sei komisch. Aber jetzt … jetzt denke ich, alles andere um mich herum ist es.*
Little_Donut: *Es ist doch nichts Schlimmes daran, anders zu sein. Ich halte nichts davon, mit der Masse zu schwimmen. Nur weil alle anderen etwas tun, muss man es doch selbst nicht auch machen. Dieses Lemmingprinzip habe ich noch nie verstanden.*
Jolightly: *Was meinst du mit ›alle anderen etwas tun‹?*
Little_Donut: *Na ja, alles Mögliche. Nehmen wir das Konzept der Ehe zum Beispiel …*
Jolightly: *Das KONZEPT?*
Little_Donut: *Ja. Die Ehe ist wohl die einzige Institution, die seit Jahrhunderten existiert, obwohl sie genauso häufig scheitert, wie sie erfolgreich ist. Wäre sie eine Firma, würde es sie schon lange nicht mehr geben.*
Jolightly: *Du vergleichst die Ehe mit einer Firma? Harter Tobak!*
Little_Donut: *Im Grunde ist es genau so. Sie basiert auf einer Absprache und ist …*
Jolightly: *… ein Deal. Ja, ich weiß, was du sagen willst.*
Little_Donut: *Siehst du es anders?*
Jolightly: *Du kannst doch nicht alles, was im Leben geschieht, auf einen Deal runterbrechen. Es gibt auch Dinge, die einfach so sind, einfach existieren, ohne einen Gegenwert zu verlangen.*
Little_Donut: *Wie zum Beispiel?*
Jolightly: *Wie die Liebe.*
Little_Donut: *Aber sie verlangt einen Gegenwert. Die Men-*

schen wollen zurückgeliebt werden. Sie wollen das, was sie geben, zurückbekommen.
Jolightly: *Vielleicht hofft man das. Aber oft genug passiert es nicht, und man liebt trotzdem.*
Little_Donut: *Und hältst du das für sinnvoll?*
Jolightly: *Du fragst mich, ob ich die Liebe für sinnvoll halte? Sie ist einfach. Sie hat keinen Sinn, außer ihre pure Gegenwart.*
Little_Donut: *Darüber muss ich wohl noch einmal länger nachdenken. Die Liebe. Wegen ihr tut man verrückte Sachen (habe ich gehört).*
Jolightly: *Und das wäre?*
Little_Donut: *Na, heiraten zum Beispiel.*
Jolightly: *Hast du nie verrückte Sachen gemacht?*
Little_Donut: *Du meinst so etwas, wie nachts um halb drei mit einer völlig fremden Person zu schreiben und sich die Nacht um die Ohren zu schlagen?*
Jolightly: *Zum Beispiel.*
Little_Donut: *Dann lautet meine Antwort Ja. Aber den Grund dafür kann ich noch nicht nennen.*
Jolightly: *Ich auch nicht. Außer vielleicht: Es macht Spaß?*
Little_Donut: *Die Tragweite ist mir noch nicht ganz bewusst, aber ich befürchte, dass es darüber hinausgeht.*
Jolightly: *Man sagt ja, eine Frau weiß ab dem Moment, in dem sie sich ihren Namen mit dem Nachnamen des Mannes vorstellt, dass sie verliebt ist. Da ich deinen Nachnamen nicht weiß, nicht mal deinen Vornamen, fällt das ja schon mal weg. Mir kann also nichts passieren.*
Little_Donut: *Also ich finde ja, Jolightly Donut klingt ausgesprochen eloquent.*
Jolightly: *Jetzt muss ich lachen.*
Little_Donut: *Ich stelle es mir gerade vor.*
Jolightly: *Wie ich lache?*
Little_Donut: *Ja. Es ist zauberhaft.*
Jolightly: *Danke dafür.*

Little_Donut: *Es ist mehr meine Freude.*
Jolightly: *Hast du den Mond heute gesehen? Er ist fast ganz voll, und er steht so tief. Morgen wird Vollmond sein.*
Little_Donut: *Ich habe ihn mir nicht angesehen, aber ich gehe jetzt zum Fenster. Und dich nehme ich mit.*
Jolightly: *Ich sehe auch aus dem Fenster.*
Little_Donut: *Du hast recht, er ist fast voll. Heller als jede Lampe. Man könnte draußen ohne Licht spazieren gehen.*
Jolightly: *Ich würde jetzt gerne mit dir spazieren gehen.*
Little_Donut: *Hey, siehst du die Sterne? Ist das der große Wagen, der so gut zu sehen ist?*
Jolightly: *Ich kenne mich mit Sternbildern nicht so gut aus. Und mich wundert es, dass du so etwas weißt. Das passt gar nicht zu dir.*
Little_Donut: *Ist das jetzt etwa eine subtile Anspielung darauf, dass du mich für unromantisch hältst?*

Jolightly: *Nur ganz subtil.*
Little_Donut: *Du ... stück!*
Jolightly: *Und nehmen wir an, wir gingen nun spazieren.*
Little_Donut: *Nehmen wir es an.*
Jolightly: *Wie wäre das?*
Little_Donut: *Ich würde neben dir hergehen, mich deinem Schritttempo anpassen. Wir würden durch die Nacht schlendern, über uns die größte und hellste aller Lampen.*
Jolightly: *Wo würden wir hingehen?*
Little_Donut: *Wir würden einfach gehen. Ohne Ziel. Und wir würden uns unterhalten.*
Jolightly: *Das ist eine schöne Vorstellung. Gehen ohne Ziel.*
Little_Donut: *Ich gebe zu, dass ich das noch nie gemacht habe. Aber ich finde, es passt zu uns.*
Jolightly: *Das tut es. Und dann?*
Little_Donut: *Dann würde ich womöglich deine Hand nehmen.*
Jolightly: *Und ich würde womöglich deine nehmen.*
Little_Donut: *Und dann fallen Sternschnuppen über uns herab?*

Jolightly: *Du Blödmann! Du machst alles kaputt!*
Little_Donut: *Tut mir leid, ich wollte mich in Romantik üben. Hat wohl nicht sonderlich gut geklappt.*
Jolightly: *Also wir gehen, ohne Sternschnuppen.*
Little_Donut: *Eine?*
Jolightly: *Auch nicht eine!*
Little_Donut: *Gut, keine. (Schade. Die Vorstellung begann mir gerade zu gefallen.)*
Jolightly: *Aber wenn es eine gegeben hätte, hätte ich einen Wunsch für dich.*
Little_Donut: *Du würdest deinen einen, wertvollen Wunsch für mich verschwenden? Das ist sehr edel und selbstlos, ich weiß nicht, womit ich das verdient habe.*
Jolightly: *Ja, das würde ich.*
Little_Donut: *Und was würdest du mir dann wünschen? Ich hoffe, nicht so was wie den Glauben an die Ehe oder so, dann würde ich deine Hand nämlich ruckartig loslassen und schreiend davonrennen.*
Jolightly: *Du liegst gar nicht so falsch.*
Little_Donut: *Ich befürchte Schlimmes.*
Jolightly: *Mein Wunsch für dich wäre, dass du dein Herz wieder aufmachen kannst. Ja, dann können Verletzungen hinein, aber die Liebe benutzt dieselbe Tür.*
Little_Donut: *–*
Jolightly: *War er schlimm? Mein Wunsch für dich?*
Little_Donut: *Jolightly, du bist die Axt in meinem Wörterwald. Ich weiß nicht, was ich sagen soll.*
Jolightly: *Dann sag nichts.*
Little_Donut: *Dennoch, ich danke dir für diesen Wunsch. Was ist mit dir? Ist deine Tür verschlossen? Manchmal habe ich das Gefühl, dass sie einen Spaltbreit offen ist, und dann wieder, dass sie verbarrikadiert ist und der Schlüssel auf dem Grund eines tiefen Ozeans liegt, zu dem keiner je tauchen kann.*
Jolightly: *Vielleicht habe ich schon zu viele Türen geöffnet und*

zu viele verschlossen. Und den Schlüssel selbst über Bord geworfen. Ich habe zu viel auf dem Kerbholz, das wird mir alles eines Tages angerechnet, und dann stehe ich da, wenn es zu spät ist.
Little_Donut: *Papperlapapp.*
Jolightly: *Du weißt nicht, was ich meine.*
Little_Donut: *Das mag sein. Aber es wird nichts angerechnet, jetzt nicht, und auch nicht später. Das ist das, was eine Generation aus Angst gesagt hat, von der wir so weit entfernt sind wie vom Mars. Ich glaube, es passiert das, wofür wir uns entscheiden, und sonst nichts. Und es passiert eben auch nichts, wenn wir nichts tun. Ich bin todmüde und weiß gerade nicht mehr viel, aber eines ganz sicher: Ich bin niemand, der irgendwann auf sein Leben zurücksieht und sagt: Ich habe es nicht versucht und hasse mich dafür. Oder: Ich hatte keine Wahl. Und du klingst mir auch nicht danach, Jolightly. Es gibt jeden Moment die Möglichkeit, alles zu ändern. Jede Sekunde deines Lebens. Irgendwie habe ich da Hoffnung für dich (oder so etwas in der Art).*

Jolightly: *Es klingt bei dir wieder so leicht, und doch ist es so schwer.*
Little_Donut: *Es ist nicht schwer, nur die Vorstellung davon ist es.*
Jolightly: *Es ist jenseits von schwer, jenseits von leicht, irgendwo in der schwebenden Mitte von Nichts.*
Little_Donut: *Aber es ist machbar. Man braucht nur Mut. Wenn man etwas erreichen will, braucht man immer Mut. Mut, Entscheidungen zu treffen, zu gehen oder zu bleiben. Für etwas zu kämpfen oder etwas loszulassen. Aber Mut.*
Jolightly: *Das hier ist ein Moment, für den Alkohol erfunden wurde.*
Little_Donut: *Was trinkst du?*
Jolightly: *Capri-Sonne.*
Little_Donut: *Ernsthaft?*
Jolightly: *Capri-Sonne zu trinken ist wie alte Kuschelrocklieder zu hören. Man ist schlagartig wieder 13, hat sich gerade selbst den*

Pony geschnitten und kann deswegen die Wohnung nicht verlassen, was ohnehin nicht geht, weil man den Jungen mit der Zahnspange geküsst hat und nicht weiß, wie man ihn am nächsten Morgen begrüßen, geschweige denn ihm in die Augen sehen soll.
Little_Donut: *Ich war der Junge mit der Zahnspange.*
Jolightly: *Du hast eine getragen?*
Little_Donut: *Ja, ich sah furchtbar aus. Ich hatte eine, die außen um das ganze Gesicht ging. Ich sah aus wie ein Unfall.*
Jolightly: *Denkt man gar nicht, wenn man dich so liest.*
Little_Donut: *Ich habe da so eine Entwicklung durchgemacht, wenn du verstehst, was ich meine.*
Jolightly: *Darauf stoßen wir an.*
Little_Donut: *Mit Capri-Sonne?*
Jolightly: *Ich steige um. Merlot.*
Little_Donut: *Gin Tonic.*
Jolightly: *Eine Flasche.*
Little_Donut: *Einen doppelten. Gut, zwei.*
Jolightly: *Prost!*
Little_Donut: *Santé!*
Jolightly: *Und was tun wir jetzt?*
Little_Donut: *Tanzen?*
Jolightly: *Zu Leonhard Cohen?*
Little_Donut: *Du hörst Cohen?*
Jolightly: *Ich vergöttere ihn.*
Little_Donut: *Du machst mir Angst.*
Jolightly: *Weil ich Cohen höre?*
Little_Donut: *Weil du überhaupt weißt, wer er ist. Wusstest du, dass er Schriftsteller war, bevor er Musiker wurde?*
Jolightly: *Ja! Beautiful Losers!*
Little_Donut: *Was für ein Abend! Wir sind spazieren gegangen (ohne Sternschnuppen), haben Wünsche ausgetauscht, zusammen getrunken und Musik gehört. Und das alles, ohne uns zu sehen.*
Jolightly: *Was passierte erst, wenn wir uns träfen?*
Little_Donut: *Wir würden ins Kino gehen?*

Jolightly: *In welchen Film?*
Little_Donut: *Wir würden den Ticketverkäufer fragen, für welchen Film er die wenigsten Karten verkauft hat. Und in den Film würden wir dann gehen.*
Jolightly: *Höchstwahrscheinlich wäre es ein schlechter Film.*
Little_Donut: *Wer würde es bemerken?*
Jolightly: *Keiner von uns beiden. Und sonst wäre ja niemand da.*
Little_Donut: *Ich stelle es mir vor …*
Jolightly: *Ich stelle es mir schön vor.*
Little_Donut: *Oder desillusionierend?*
Jolightly: *Da ist er wieder, mein Pessimist.*
Little_Donut: *DEIN Pessimist?*
Jolightly: *Ja, meiner. Aber es gehört zu dir, und es passt auch. Pessimismus schützt vor Beulen.*
Little_Donut: *There is a crack, a crack in everything, that's how the light gets in.*
Jolightly: *Also doch ein verkappter Romantiker! Cohen hat es schon früher gewusst als wir.*
Little_Donut: *Es gibt etwas, das ich weiß. Etwas, was du nicht weißt.*
Jolightly: *Dass das Leben kein Ponyhof ist? Das weiß ich längst.*
Little_Donut: *Nein, etwas anderes, es ist …*
Jolightly: *Was?*
Little_Donut: *Ich kann es dir nicht sagen, aber ich merke, dass es mir schwerfällt. Auf einmal.*
Jolightly: *Dass du Gefühle hast?*
Little_Donut: *Ich weiß nicht, ob es Gefühle sind, aber Sehnsucht ist es allemal.*
Jolightly: *So schlimm war es doch nicht, das zu sagen. Oder?*
Little_Donut: *Das war es nicht, was ich sagen wollte.*
Jolightly: *Was war es dann?*
Little_Donut: *Es war … es war …*
Jolightly: *Du musst überlegen?*

Little_Donut: *Das hier, das ist etwas Besonderes.*
Jolightly: *Jeder Mensch hofft, auch wenn er mit seinem Leben noch so zufrieden ist, dass etwas Besonderes passiert, etwas, das ihn aus dem immer gleichen Alltag herausreißt.*
Little_Donut: *Es ist passiert. Es passiert gerade.*
Jolightly: *Hier zieht gerade ein Gewitter auf.*
Little_Donut: *Hier auch!*
Jolightly: *Ich meinte, es ver-zieht sich gerade.*
Little_Donut: *Hier zieht es gerade auf. (Eine Sekunde lang überkam mich die Hoffnung, dass wir in derselben Stadt leben. Schade.)*
Jolightly: *Ich mag Gewitter.*
Little_Donut: *Ich auch. Als würde etwas aufbrechen, was sich viel zu lange aufgestaut hat.*
Jolightly: *Und sich nun seinen Weg bahnt.*
Little_Donut: *Sei ein Gewitter, liebste Jolightly.*
Jolightly: *Du hast so viele Ratschläge für mich, und ich für dich. Und doch fällt es uns so schwer, sie selber zu beherzigen. Wir sind alle nur Fachmann für das Leben der anderen, aber im eigenen bleiben wir immer Anfänger.*
Little_Donut: *Ich weiß, wie es sich anfühlt, jeden Morgen aufzuwachen und zu wissen, dass etwas fehlt.*
Jolightly: *Ich weiß, wie es ist, jeden Morgen aufzuwachen und das Falsche zu tun.*
Little_Donut: *Ist das hier falsch?*
Jolightly: *Es fühlt sich falsch und richtig zugleich an.*
Little_Donut: *Lassen wir es drauf ankommen.*
Jolightly: *Lassen wir es drauf ankommen.*
Little_Donut: *Gute Nacht.*
Jolightly: *Schlaf gut.*
Little_Donut: *Du auch.*
Jolightly: *Gute Nacht.*
Little_Donut: *Träum schön.*
Jolightly: *Du auch.*

Little_Donut: *Du auch.*
Jolightly: *Du auch.*
Little_Donut: *Du auch.*
Jolightly: *Du auch.*
Little_Donut: *Geh du zuerst.*
Jolightly: *Nein du.*
Little_Donut: *Nein du.*
Jolightly: *Du.*
Little_Donut: *Du.*
Jolightly: *Du.*
Little_Donut: *Ich kann nicht.*
Jolightly: *Ich auch nicht.*
Little_Donut: *Okay, wir loggen uns gleichzeitig aus.*
Jolightly: *Bei 3.*
Little_Donut: *1*
Jolightly: *2*
Little_Donut: *3*

Little_Donut ist offline
Jolightly ist offline

*

Jolightly ist online
Little_Donut ist offline

18. Kapitel: Simon

Little_Donut ist online
Jolightly ist offline

*

»Guten Morgen, Simon.«

»Guten Morgen, Ann-Kathrin.« Ann-Kathrin sah mich bemüht freundlich an, was ich ihr nicht vorwerfen konnte.

»Und, was hast du gestern noch so gemacht?«, fragte sie beiläufig. Ihr Tonfall klang so, als würde sie mich nach dem angesagten Wetter für heute fragen, aber ich wusste, dass sie sich zusammenriss.

»Ich habe mich mit Cohen beschäftigt.«

»Oh, ist das eine neue Zigarrenmarke?«

Ich sah sie an, wie sie da in ihrer Nussschale saß und mich fragend anblickte.

Dann lächelte ich und klopfte einmal mit meiner Handfläche auf das dunkle, kühle Holz. »Ich wünsche dir einen schönen Tag, Ann-Kathrin.«

Mit den Worten ging ich zum Aufzug, drückte den Knopf für meine Etage, aber entschied mich in letzter Sekunde, doch die Treppe zu nehmen. Heute war Sauerbratentag, und den wollte ich auf keinen Fall verpassen. Da würde ein wenig Bewegung vorab sicher nicht schaden.

Schwer atmend kam ich in unserem Büro an.

»Was hast du denn gemacht?«, fragte Walli, der gerade dabei war, seine Vorratsarmada an Schokomüsliriegeln aufzufüllen.

»Ich hab zur Abwechslung mal die Treppe genommen«, keuchte ich. »Sollte ich öfter tun. Mein Work-out habe ich in letzter Zeit auch ziemlich vernachlässigt.«

»Wer abends vögelt, kann morgens trotzdem nicht fliegen«, sagte Walli ungerührt, »hab ich mal gehört.«

»Danke für den wie immer schlauen Rat«, antwortete ich und öffnete das Fenster, um frische Luft in unser Büro zu lassen. Der Ausblick auf den Rhein, auf dem noch der letzte Nebel hing, war wie immer fantastisch.

»Ein bisschen Sport könnte dir auch nicht schaden«, feixte ich mit einem scharfen Blick auf Wallis Bauch.

»Ich habe Fastenzeit.«

»Das hier sieht anders aus«, antwortete ich und schnappte mir den einzigen Riegel ohne Schokolade.

»Ich verzichte auf Sport.«

Walli war eben Walli, und daran konnte niemand jemals etwas ändern.

»Nicht dass es dich was anginge«, ließ ich ihn wissen, »aber ich habe gestern gar nichts in der Richtung unternommen.«

»Aber du warst doch mit der Infothekenmaus verabredet?«

»Schon. Aber irgendwie war's das nicht. Keine Ahnung wieso, lag gar nicht an ihr, aber ich bin noch während des Essens gegangen.«

»Oh, oh«, machte Walli, »vom Feeling her hab ich 'n schlechtes Gefühl.«

»Wieso? Weil ich mal ein Date abbreche? Das ist sicher nicht so tragisch.«

»Das passt aber nicht zu dir. Irgendwas stimmt da doch nicht! Das ist doch nicht etwa wegen der ...«

»Quatsch!«, unterbrach ich meinen Freund. »Das ist wegen gar nichts. Es gibt keinen Grund.«

»Und ob es einen gibt. Und der ist«, er tippte mit dem Zeigefinger auf meinen PC-Bildschirm, »hier drin!«

»Der ist da drin«, korrigierte ich ihn und tippte auf seine Stirn. »Du hast doch 'n Vogel.«

»Mag sein, dass ich einen habe«, erklärte Walli, »aber mit so was kenne ich mich aus. Übrigens, ich habe fesche News für dich. Ich konnte die Braut mit der IP-Adresse lokalisieren.«

»Du hast es geschafft!« Ich hielt Walli meine Hand zu einem High Five hin. »Irre!«

Nachdem er eingeschlagen hatte, trommelte er mit den Fingern auf die Schreibtischplatte. »Zauberhände!«

Ich platzte fast vor Neugier. »Und? Woher kommt sie?«

»Du wirst es nicht glauben, aber sie ist aus ...«

»Köln!«

»Woher weißt du das?«

»Ach, wir hatten da so einen Moment mit Gewitter gestern ... da hat sie sich fast verraten.«

Sie kommt aus Köln, sie ist ganz in meiner Nähe. Sie ist unter Umständen sogar irgendwo direkt um die Ecke. Vielleicht bin ich sogar schon mal an ihr vorbeigelaufen. Ob sie mir aufgefallen wäre? Ich ihr? Ob wir uns vielleicht schon mal in demselben Gebäude aufgehalten hatten? Auf derselben Party waren? Im selben Supermarkt einkaufen?

»Warte mal, das Gewitter gestern, das war doch mitten in der Nacht«, bemerkte Walli jetzt grübelnd, »das weiß ich so genau, weil ich deswegen extra noch mal aufstehen musste, um mir einen Trostkakao zu machen. Ein zartes Gemüt wie ich kann Gewitter nicht gut vertragen.«

»Ja, kann sein«, antwortete ich.

»Du chattest also mitten in der Nacht mit unserer Herzfischerin?«

»Na ja, sie hat keine Nine-to-five-Arbeitszeiten, wenn man das so nennen kann«, rechtfertigte ich mich, »wir sprechen doch privat miteinander. Zumindest soll sie das glauben. Da kann ich nicht um Punkt siebzehn Uhr Feierabend machen.«

»Was sprecht ihr denn so *privat* miteinander?«, fragte Walli und grinste mich neugierig an.

»Keine Ahnung ... Ich glaube, sie ist anders, als ich sie mir vorgestellt habe. Eher ... ganz zerbrechlich.«

»Und? Hat sie denn schon nach Geld gefragt?«

Ich schüttelte den Kopf. »Nein. Hat sie nicht.«

»Meinst du, sie wird es bald?«

Hoffentlich nicht, dachte ich. Hoffentlich nicht.

*

»Herr Demand«, sagte der Baron und klang eine Spur zu laut durch den Telefonhörer, »Sie hatten zugesagt, sich zu rühren. Wie ist der aktuelle Stand in der Sachlage mich und diese ... diese Frau oder was auch immer sie ist betreffend?«

»Ich war gerade im Begriff, mich bei Ihnen zu melden«, erklärte ich. »Wir sind einen großen Schritt weitergekommen.«

»Das hoffe ich doch, bei dem horrenden Betrag, den ich Ihnen zahle. Also, wann kann ich diese Akte schließen?«

»Nur ein paar Tage noch«, beteuerte ich, »sie ist kurz davor, einen Geldbetrag zu fordern.«

»Sie ist kurz *davor?*«, äffte er mich ungehalten nach. »Woher wissen Sie das?«

Ich wusste nur, dass es für Jolightly und mich kein gutes Ende geben konnte. Und gleichzeitig wünschte ich mir nichts mehr, als dass ich mich irrte. Zwei komplett gegensätzliche Empfindungen kämpften in meiner Brust, zwei, von deren Existenz ich bis vor Kurzem noch nicht einmal gewusst hatte. Aber das konnte ich dem Baron wohl kaum sagen.

»Es gab da ein paar Andeutungen«, log ich, »das wird sich

alles innerhalb der nächsten zweiundsiebzig Stunden abspielen, ganz sicher.«

»Ich vertraue auf Sie«, sagte er.

»Das können Sie«, erklärte ich, »das können Sie.«

*

Walli hat wieder ganze Arbeit geleistet, dachte ich, als ich nach ihm das Trödelcafé betrat. Diesmal hatte er auch eine Menge Kollegen aus der fünften Etage zusammengetrommelt; viele von ihnen kannte ich nur vom Sehen aus dem Aufzug. Ich hatte nicht vor, diesmal beim Bedienen zu helfen, sondern eher meine Mittagspause mit Hugos Essen zu versüßen, und überließ Walli die Show. Der genoss seinen Auftritt wie immer und störte sich nicht daran, in dem Laden sämtliche Mittagspausen auf den Kopf zu hauen. Es duftete herrlich nach Heimeligkeit, und ich freute mich auf mein Essen. Gleichzeitig war es schön zu sehen, dass ich nicht der Einzige war, dem es so ging.

Ich sah Josy, wie sie geschäftig Teller hin- und hertrug, und winkte ihr. Als sie mich entdeckte, lächelte sie mir freundlich zu.

»Hi«, rief ich ihr über einige Köpfe zu, »aber heute nichts verschütten, bitte!«

Ich konnte erkennen, dass sie schmunzelte, und setzte mich an einen einzelnen noch freien Platz am Fenster neben der Tür, durch die gerade ein neuer Gast kam. Er gehörte definitiv nicht zu Wallis Rekruten und arbeitete ganz sicher nicht in unserem Bürohaus. Es war ein kleiner Mann, ich schätzte ihn ungefähr gegen Ende fünfzig, der vollkommen in Rentnerbeige gekleidet war. Was mir sofort auffiel, war, dass er seine Halbglatze zu kaschieren versuchte, indem er einige Haarsträhnen auf der einen Seite länger wachsen lassen und sie über die Glatze gelegt hatte. Er schien sich auszukennen und ging zielstrebig auf Josy zu, die gerade Gäste bediente, die nur einen Tisch von mir entfernt saßen.

»Frau Bach, wie schön. Hier ist ja richtig was los! Die Totengräberstimmung von meinem letzten Besuch ist ja kaum mehr vorstellbar. Was haben Sie sich Nettes ausgedacht?«

Josy schien der Besuch sichtlich unangenehm zu sein, denn sie wechselte ihr Standbein sekündlich.

»Hallo, Herr Paschulke. Ich bin überrascht, Sie hier zu sehen. War unser Termin nicht erst Ende nächster Woche?«

Ich holte mein Handy aus der Tasche, um nicht zu aufdringlich zu wirken, konnte aber bei dem weiteren Verlauf des Gesprächs nicht weghören.

»Doch, doch. Ich hatte nur ein Vöglein vom Dach pfeifen hören, dass hier etwas im Gange ist. Ich hatte in den Unterlagen nicht gesehen, dass Sie eine Gaststättenerlaubnis beigelegt hatten.«

Der Blick des Mannes, der anscheinend Paschulke hieß, war seltsam scharf und hatte etwas Zynisches, so, als ob er Lust hatte, jemanden in die Pfanne zu hauen.

»Ja, also, das hier ist eher so, also ein Experiment. Wir bieten den Mittagstisch nicht regulär an, also nicht mit einer Speisekarte. Es ist mehr eine Art ... Freundeessen.«

»Bitte was?«

»Es ist ein Essen für Freunde. Es gibt keine Preise, nur wer will, kann eine Anerkennung für die Unkosten dalassen. Es ist demnach nicht meldebedürftig, da es nicht öffentlich ist. Wir kennen jeden einzelnen Gast hier persönlich.«

»Ach ja?« Dieser Paschulke sah sie kampfeslustig an. »Nicht öffentlich also, keine Fremden, ja?«

Josy nickte. »So ist es.«

»Wer ist denn der Herr mit der Brille da vorne?«

Ich sah, wie Josy nach einer passenden Antwort suchte. Sie sah gestresst aus, und als sich unsere Blicke einen kurzen Moment trafen, wirkte sie ratlos.

»Das ist Gotthard Evers, ein Anwalt aus unserem Bürokomplex. Er spielt gern Golf, hat drei Kinder und seine Frau liebt Teerosen, die er ihr jeden Freitag in der Mittagspause besorgt, um sie ihr mitzubringen.«

Josy sah mich erleichtert an.

»Gestatten, Simon Demand mein Name«, sagte ich jetzt. Ich war aufgestanden. Meine Hand, die ich diesem Herrn Paschulke hinhielt, nahm er irritiert. »Ich glaube, Frau Bach hat hier gerade eine Menge zu tun. Lassen wir sie doch ihre Arbeit machen.«

»Na ja, wenn diese Arbeit nicht gemeldet ist, dann können wir sie wohl nicht einfach machen lassen«, erklärte er.

»Sie sagte Ihnen doch bereits, wie die Sachlage hier ist.«

»Na bitte. Wer ist sie?«, fragte Paschulke und deutete auf Nadia. Ich hatte sie in dem Gewusel bis jetzt noch gar nicht bemerkt. »Das ist auch eine Kollegin, Nadia Valeska. Sie arbeitet in der Werbeagentur gegenüber.«

»Das wollen wir doch mal überprüfen«, sagte Herr Paschulke in seinem scharfen Ton und winkte Nadia herbei. Ich flüsterte Josy ein: »Schon gut, alles okay«, zu, als Herr Paschulke uns den Rücken zugewendet hatte.

»Ja?«, fragte Nadia, die Herr Paschulke jetzt in unsere Runde geholt hatte.

»Paschulke mein Name, ich überprüfe hier gerade einige amtliche Details. Mir wurde gesagt, dass dieser Mittagstisch eine Art Freundetreffen sei und dass man sich kenne. Darf ich um ihren Namen bitten?«

»Nadia Valeska«, antwortete Nadia und sah mich fragend an. »Simon, was soll das?«

»Sie kennen sich, sehr schön. Sie sind also alle befreundet?« Er sah auffordernd in die Runde.

Nadia sah erst mich an, dann zu Josy, dann wieder mich. Dann blieb ihr Blick wieder an Josy hängen. Es lag etwas darin, das mir nicht gefiel.

»Befreundet ist wohl etwas zu viel gesagt«, antwortete sie jetzt süffisant, »aber wenn Sie es so wollen. Befreundet sind wir eher unterhalb der Gürtellinie.«

Mit diesen Worten drehte sie sich um und ging zu ihrer Gruppe zurück. Herr Paschulke öffnete den Mund, um etwas zu sagen, brachte es aber nur zu einem irritierten Räuspern.

»Öhöhm ...«

Josy sah mich mit dem gleichen Blick an, mit dem sie mich bei unseren ersten Treffen betrachtet hatte.

»Dann wäre das hier ja wohl geklärt«, sagte sie.

Herr Paschulke nickte. »Ich komme wieder.«

»Ich bitte darum.«

Als Herr Paschulke gegangen war, ging Josy mit ein paar Tellern an mir vorbei. Dann sah sie noch einmal über ihre Schulter zu mir. »Danke für deine hilfreichen Informationen.«

*

»Wieso bist du denn so früh abgehauen?«, fragte Walli mich, »Es gab noch ein paar grandiose Soßenreste!«

Er schloss die Augen und schwelgte augenscheinlich in kulinarischen Genüssen.

»Ich hatte den Eindruck, meine Anwesenheit war nicht gerade über alle Maßen erwünscht«, antwortete ich.

»Über alle Maßen erwünscht«, äffte Walli mich nach, »ach herrje! Wenn das so wäre, dürfte ich seit dreißig Jahren mein Bett nicht mehr verlassen!«

Ich musste mal wieder ob der Ehrlichkeit meines Freundes schmunzeln. »Stimmt auch wieder.«

»Was war denn da los mit dem freakigen Typen?«

Ich hob die Schultern. »Jemand vom Amt, vielleicht wegen der Insolvenz des Ladens. Wollte rumschnüffeln und Josy vorführen und gleich den Mittagstisch dichtmachen. Wir haben's ihm aber gezeigt.« Ich merkte in dem Moment, als ich es aussprach, dass ein wenig Stolz im Ton mitklang.

»*Ihr?* Ich sehe, es gibt eindeutig Fortschritte an der Front.«

»Josy und ich kämpfen nicht. Wir ... keine Ahnung, was das ist, in jedem Fall ist es nicht so dramatisch, wie du es darstellst. Wir mögen uns eben nur nicht über alle Maßen, wenn ich mich selbst zitieren darf.«

»Darfst du. Obwohl es nicht stimmt.«

»Was nicht stimmt?«

»Dass ihr euch nicht mögt.«

»Wir sind total unterschiedlich. Deswegen kommen wir uns immer in die Quere.«

»Hast du schon mal überlegt, in deinem schlauen Köpfchen«, bemerkte Walli und klopfte mir liebevoll wie eine Mutter auf mein Haupthaar, »unter deiner Playmobilmännchenfrisur hier, dass es genau andersrum sein könnte?«

»Dass wir uns mögen, weil wir unterschiedlich sind? No way!«

Walli schüttelte den Kopf. »Schwer von Begriff, unser Lebensretter heute, hm?«

»Was meinst du, dann sag's halt!«, blökte ich Walli an.

»Dass ihr euch immer in die Quere kommt, weil ihr so gleich seid?«

Ich prustete meinen Freund an. »*Ich* wie *sie?* Ganz sicher nicht. So verschroben ist sonst niemand, den ich kenne!«

»Und wie nennst du das, wenn man nachts die heißesten Frauen vor die Tür setzt, weil man sonst nicht einschlafen kann?«

»Das nennt man *One Night Stand.*«

»Jupp. One *NIGHT* Stand. Demnach würde die Nacht voll zählen«, erklärte Walli wichtigtuerisch und legte seinen Kopf schief, »was sie bei dir ja nicht tut. Du rennst schon viel früher weg.«

»Ich renne nicht weg«, antwortete ich gereizt.

»Meiner Meinung nach rennt ihr beide weg. Nur jeder in eine andere Richtung.«

»Du solltest vielleicht nicht so viel nachdenken.«

»Stimmt. Gerade dachte ich, ich hätte ein Schokocroissant gegessen.«

»Und?«

»Es waren zwei.«

Little_Donut: *Wie hältst du es mit dem Davonlaufen?*
Jolightly: *Ich kenne mich ganz gut damit aus.*
Little_Donut: *Du bist Weglaufexpertin?*
Jolightly: *Meine Fluchtwege sind schon Trampelpfade.*
Little_Donut: *Ich habe nie darüber nachgedacht, ob das, was ich tue, ein Weglaufen sein könnte. Wenn man etwas immer tut, dann fühlt es sich gewohnt an.*
Jolightly: *Gewohnt, aber deswegen nicht unbedingt gut.*

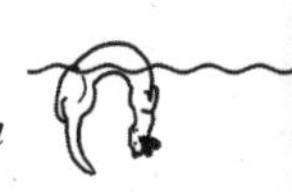

Little_Donut: *Da wären wir wieder beim Glück. Alle wollen immer glücklich sein. Das ist keine Option. Das ist utopisch.*
Jolightly: *Und Unglücklichsein ist eine Option?*
Little_Donut: *Ich glaube weder an das eine, noch an das andere. Beides ist nicht dauerhaft haltbar.*
Jolightly: *Was ist Glück für dich?*
Little_Donut: *Ein erfolgreiches Leben.*
Jolightly: *Monetär?*
Little_Donut: *Das auch.*
Little_Donut: *Was ist denn Glück für dich?*
Jolightly: *Ich weiß es nicht mehr so genau.*
Little_Donut: *Ich weiß, dass du es weißt.*
Jolightly: *Vielleicht ist Glück, irgendwo richtig zu sein.*
Little_Donut: *Bist du irgendwo richtig?*
Jolightly: *Manche Gespenster der Vergangenheit werfen ihre Schatten so weit, dass sie dir immer einen Schritt voraus sind. So ist jeder Platz besetzt.*
Little_Donut: *Mein Großvater hat mir, als ich noch ganz klein*

war, oft Geschichten aus aller Welt erzählt. Es waren wahrscheinlich oft gar keine Kindergeschichten, aber er war der Meinung, dass es da keinen Unterschied gäbe. Geschichten finden ihre Ohren, sagte er immer. Eine handelte von Gespenstern. Ich konnte nie allein einschlafen, weil ich immer welche unter meinem Bett vermutete. Er erzählte mir, dass man in Grönland Gespenster einlädt, sich mit an den Tisch zu setzen. Manche decken an bestimmten Tagen sogar für sie am Esstisch mit. Es gibt ein grönländisches Sprichwort darüber.

***Jolightly:** Dein Großvater hört sich nach einem besonderen Mann an.*

***Little_Donut:** Das war er. Ich bin praktisch bei meinen Großeltern aufgewachsen.*

***Jolightly:** Was war damals mit deinen Eltern?*

***Little_Donut:** Für meinen Vater ist Arbeit das ganze Leben. Er wollte immer, dass ich in etwas der Beste bin.*

***Jolightly:** Und?*

***Little_Donut:** Ich bin es geworden.*

***Jolightly:** Ich glaube, jeder Mensch will nicht für das geliebt werden, was er tut, sondern für das, was er ist.*

***Little_Donut:** Es klingt so, als hättest du Erfahrung damit.*

***Jolightly:** Vielleicht, ja. Die Geschichte mit den Gespenstern ist eine verrückte Vorstellung. Irgendwie gruselig, aber gleichzeitig witzig.*

***Little_Donut:** Damit hatte er mir damals den Grusel dieser Vorstellung genommen. Ich habe mir einfach vorgestellt, wie wir zusammen Butterbrote essen. Und ab da konnte ich nachts besser schlafen. So gut, dass ich nur noch allein schlafen kann.*

***Jolightly:** Ich mag es nicht, allein zu schlafen.*

***Little_Donut:** Ich kann es nicht anders.*

***Jolightly:** Nur weil es sich gewohnt anfühlt, ist es gut, ja?*

***Little_Donut:** Mit manchen Gewohnheiten sollte man vielleicht nicht brechen.*

***Jolightly:** Wie lautete das Sprichwort?*

Little_Donut: *Welches?*
Jolightly: *Über die Gespenster, das, das dein Großvater dir in der Geschichte erzählt hat.*
Little_Donut: *Verschweigt man ein Gespenst, wird es größer.*
Jolightly: *Ich glaube, mein Gespenst ist riesig.*
Little_Donut: *Ich dachte immer, ich hätte keines mehr.*
Jolightly: *Und nun ist es doch noch da?*
Little_Donut: *Ich glaube, es belegt im Bett den Platz neben mir.*
Jolightly: *Hast du es dahin auch eingeladen?*
Little_Donut: *Bis gerade war mir nicht klar, dass auf dem Platz jemand liegt.*
Jolightly: *Ich läge gerne dort.*
Little_Donut: *Ich würde den Platz für dich frei machen.*
Jolightly: *Und das Gespenst einfach so vertreiben?*
Little_Donut: *Es liegt schon viel zu lange dort.*
Jolightly: *Ich glaube, wir haben uns beide zu sehr an unsere Geister gewöhnt.*
Little_Donut: *Du bist ja irgendwie auch einer.*
Jolightly: *So wie du.*
Little_Donut: *Ich bin dein guter Geist.*
Jolightly: *Manchmal habe ich das Gefühl, ich kann dich spüren. Als wärst du da, in der Nähe. Als würdest du mich beobachten. Als wärst du in dem Raum, in dem ich gerade bin, schon gewesen.*
Little_Donut: *Das hab ich auch schon gedacht. Als wärst du gerade noch da gewesen, wenn ich irgendwo hinkomme.*
Jolightly: *Ja, du bist mein guter Geist.*
Little_Donut: *Jolightly?*
Jolightly: *Ja?*
Little_Donut: *Ich lebe in Köln.*
Jolightly: *Ich weiß.*
Little_Donut: *So wie du.*
Jolightly: *Ich weiß.*

19. Kapitel: Josefine

Little_Donut: *Was ist dein Lieblingsplatz in Köln?*
Jolightly: *Es gibt viele. An fast jede Ecke habe ich eine bestimmte Erinnerung.*
Little_Donut: *Aber wo würdest du mit mir hingehen, wenn wir uns träfen? Ich hoffe, es ist bleibt kein Konjunktiv, und wir sehen uns bald – endlich!*
Jolightly: *Es gibt tatsächlich einen Ort, zu dem ich früher immer gegangen bin, wenn es mir nicht besonders gut ging. Irgendwann hab ich es wohl vergessen, denn ich war schon sehr lange nicht mehr dort.*
Little_Donut: *Welcher Ort ist es?*
Jolightly: *Es ist ein Kraftort. Eine Bronzeplatte auf dem Boden von St. Maria im Kapitol mit dem Grundriss der Kirche darauf.*
Little_Donut: *Hat sie eine Bedeutung?*
Jolightly: *Für mich ja. Sie hat eine ganz besondere Wirkung. Wenn man sich ohne Schuhe auf die Platte stellt, kann man fühlen, wie die Energie den Körper durchfließt. Es ist wie ein Auftanken in müden Zeiten.*
Little_Donut: *Ich kenne diesen Ort nicht, aber ich würde ihn gern zusammen mit dir besuchen.*

Die nächsten Tage im Henry's waren anstrengend, aber gut. Das ständig wiederkehrende »Sie sind doch die, die, die ...« überhörte ich geflissentlich und ackerte, so viel ich konnte.

Hugo sah man den Stress und die Erschöpfung mehr an, als mir lieb war, aber er bestand darauf, wie geplant weiterzumachen. Der eine freie Tag in der Woche, der Sonntag, reichte ihm kaum zur Regeneration, seine »alten Knochen machten ihm zu schaffen«, wie er zwar immer lachend sagte, aber ich wusste, dass ihm nicht zum Lachen zumute war.

Wir einigten uns darauf, die nächste Woche, bis zum Fälligkeitsdatum der offenen Summe und Paschulkes angekündigtem Besuch, weiterzumachen. Ich war auch erschöpft, aber ich wollte unbedingt für das Henry's durchhalten. Und gerade heute, an meinem freien Tag, wollte Walli seinen Geburtstag feiern. Am liebsten wäre ich den ganzen Sonntag im Bett geblieben, aber ich war so dankbar und froh über seine Hilfe, dass ich es nicht übers Herz gebracht hätte, ihm abzusagen.

Also schleppte ich mich wohl oder übel an den vereinbarten Ort. Als ich an der angegebenen Adresse ankam, sah ich nichts. Außer einem verramschten Dönerladen, über dessen Tür in Leuchtbuchstaben *Alis weltbester Döner!* stand. Darunter: *Alis weltbeste Backwaren!*

Ob ich mich vertan hatte? Ich holte den Zettel aus meiner Tasche. Kein Irrtum, hier stand die Adresse, bei der ich mich befand. Ob Walli sich vertan hatte? Ich versuchte, etwas durch das große Glasfenster zu sehen, aber die Scheibe war so beschlagen, dass ich nichts erkennen konnte. Plötzlich ging die Tür auf, und eine warme Duftmischung aus gebratenem Fleisch und süßem Kuchen strömte mir entgegen.

»Hehe, was machst du da draußen in der Kälte!«, rief mir Walli entgegen, der im Türrahmen stand. »Komm rein, wir warten schon auf dich!«

Mein Blick schien entsprechend irritiert zu sein, denn Walli legte jetzt seinen Arm um mich. »Keine Sorge, das hier ist wirklich der Welt bester Dönerladen. Du wirst es lieben!«

Ich legte meine Arme um Walli, besser gesagt, ich versuchte es, denn sie reichten nur so gerade um den vorderen Teil seines Oberkörpers. »Alles Gute zum Geburtstag!«

»Danke!«

Ich hielt Walli eine Karte entgegen. »Lebenslange freie Kost im Henry's«, erklärte ich, »auch nach dem Mittagstisch. Na ja, so lange es das Henry's eben gibt.«

Walli nahm die Karte entgegen. »Das gefällt mir. Dann werde ich in der nächsten Woche gleich doppelt zulangen.« Mit einem Blick auf seine knapp sitzende Hose fügte er zwinkernd hinzu: »Die Hose wächst mit ihren Aufgaben.«

»Hier feierst du also deinen Geburtstag?«, fragte ich jetzt erstaunt nach.

»Wo denn sonst?«, sagte Walli und schob mich in den Laden, aus dem jetzt auch laute Musik dröhnte, die mich an eine Art Balalaika-Melodie erinnerte. Als ich den Raum betrat, der nicht größer war als ein üblicher Imbiss, strahlten mir gleich mehrere unbekannte Gesichter entgegen.

»Darf ich vorstellen«, sagte Walli und schob mich vor sich, »das ist Mira, meine ...« Er machte ein kurze Pause, in der sie ihm liebevoll zunickte. »... meine, also, so was wie meine Freundin. Wir haben uns über einem Stück Emmentaler kennengelernt.«

Die junge Frau, die ein weiches, rundes Gesicht hatte, trug ihre lockigen, blonden Haare offen. Sie war kurvig und hatte rote Wangen und leuchtend blaue Augen und sah aus, als wäre sie geradewegs von einer Almhütte hierhergekommen.

»Wir haben uns an der Käsetheke kennengelernt«, sagte sie und streckte mir ihre Hand entgegen. »Hallo. Ich bin Mira. Und du musst Josefine sein?«

»Hallo«, begrüßte ich sie und nickte. »Genau.«

Hinter Mira saß eine Gruppe Männer in unserem Alter, von denen zwei auf winzigen Klampfen spielten, und einer von ihnen begann nun etwas in einer mir unbekannten Sprache – es konnte Türkisch, aber auch Klingonisch sein – zu singen.

»Hey, Josy.« Die Stimme in meinem Nacken kam mir bekannt vor. Ich drehte mich um.

»Hallo Simon. Ich wusste gar nicht, dass du auch kommst.« In dem Moment, in dem ich es ausgesprochen hatte, wäre ich am liebsten im Boden versunken. Simon war Wallis bester Freund und Arbeitskollege – warum sollte er nicht hier sein? Alles andere wäre merkwürdig gewesen. Aber er überging meinen unqualifizierten Kommentar höflich.

»Walli hat mir gerade gesagt, dass du auch kommst. Ich hoffe, du hast Hunger mitgebracht. Hier gibt's nämlich wirklich den weltbesten Döner.«

So wie er dastand, in seinem obligatorischen Anzug, passte Simon ganz und gar nicht in den Laden, er wirkte seltsam fehl am Platz.

»Ja, etwas Hunger habe ich schon.«

»Etwas?«

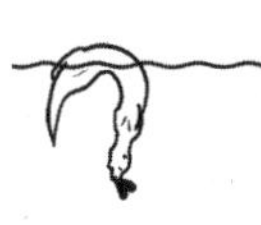

Hugo hatte heute nicht gekocht, und ich war mehr oder weniger geradewegs aus dem Bett hierhergekommen.

»Na ja, ein halbes Schwein auf Toast würde mir jetzt schon gefallen«, scherzte ich.

»Schwein gibt's hier nicht«, rief mir der Mann zu, der hinter der Theke stand. Ich nahm an, dass es Ali war. »Aber dafür das beste Lamm der Stadt!«

»Dann nehme ich das«, rief ich über den lauten Gesang der Männer hinweg, »eine große Portion, bitte!«

»Mit allem?«

»Mit allem!«

Ehe ich michs versah, hatte Walli jedem ein Wasserglas mindestens halbvoll mit Raki in die Hand gedrückt, erhob seines und schlug mit einer Gabel gegen sein Glas. Augenblicklich wurde es still.

»Auf euch, Leute!«, rief er und kaute dabei auf irgendetwas herum, sodass beide Wangen noch aufgeplusterter als sonst hamsterartig rechts und links abstanden. »Auf meine

Freunde, denn Freunde sind das Wichtigste auf der Welt!« Mit einem Blick auf Mira fügte er dann noch hinzu: »Neben den Schnuckelmäusen natürlich!« Mira quittierte den Spruch mit hochgezogenen Augenbrauen. »Ich meine, neben der Liebe natürlich«, ergänzte Walli.

»Auf dich!«, riefen alle zurück, und sofort setzte die Musik in voller Lautstärke wieder ein.

Alle tranken das Glas in einem Zug leer. Ich nahm vorsichtshalber erst mal nur einen kleinen Schluck. Sofort protestierten alle um mich herum lautstark. »Austrinken!«

Simon lachte mich an. »Die sind hier andere Kaliber gewohnt. Du musst alles geben, wenn du mithalten willst.«

»Aus-aus-austrinken!«, rief Ali hinter der Theke hervor, während er das Fleisch mit einem großen Messer, das mich an einen Säbel erinnerte, vom Spieß schnitt.

»Schon gut!«, rief ich zurück und nahm einen weiteren, kräftigeren Schluck. Der Schnaps schmeckte nach Anis und rann mir warm und leicht brennend die Kehle hinunter. Jetzt konnte ich erst recht etwas zu essen vertragen. Ich setzte mich zu Walli, Mira und Simon an den langen Holztisch in der Mitte des Raums, an dem auch die anderen saßen. Sofort stellte Ali einen Teller vor mich.

»Salat, weltbestes Lamm, Reis und Brot. Bitte sehr, die Dame!«

Auch die anderen hatten bereits mit dem Essen begonnen, und ich fragte mich, wie man gleichzeitig singen und essen konnte – aber es schien möglich zu sein.

»Noch eine Runde Raki!«, rief einer. »Wir sitzen auf dem Trockenen.«

Dieser Satz fiel im Laufe des Abends noch gefühlte hundert Mal, und ich wusste ab einem bestimmten Punkt nicht mehr, wie oft ich »Nein danke« gesagt, aber trotzdem wieder ein volles Glas Raki vor mir stehen hatte. Irgendwann nach dem Essen sprang Walli auf den langen Tisch, der zwar stabil, aber nicht *so* stabil aussah, und begann, wild und unkoordiniert gegen den Takt zu tanzen. Dabei sang er unverständliches Zeug, das aber jeder außer mir zu verstehen schien, denn alle klatschen wild mit.

»Wenn er zu weit nach rechts tanzt, kippt der ganze Tisch um«, brüllte ich über den Lärm hinweg in Simons Ohr.

Er winkte ab. »Ach, alles schon passiert. Du hättest bei seinem dreißigsten dabei sein sollen. Er ist in die Salattheke gefallen.«

»Und dann?«, fragte ich erschrocken.

»Na, nichts. Ist eben Walli. Er bedauerte, dass es nicht der Teil mit dem Dessert gewesen ist.«

Simon prostete mir zu, und wir stießen an. Es war ein seltsames Gefühl, hier neben ihm zu sitzen, als würden wir uns schon ewig kennen. Oder zumindest ziemlich gut. Dabei wussten wir praktisch nichts übereinander.

»Was machst du eigentlich mit deiner Firma?«, fragte ich deswegen jetzt, »ich habe Walli und dich nie danach gefragt.«

»Wir machen Online Security«, erklärte Simon, »verschlüsseln und sichern zum Beispiel Überweisungsschnittstellen für Internetseiten von Firmen.«

Ich hatte Simon als jemanden eingeschätzt, der es genoss, einen ganzen Abend nur von sich zu sprechen.

»Wir machen alles Mögliche im Bereich Security Standards. Ziemlich trocken zu erklären.«

Ich lag mit meiner Annahme augenscheinlich falsch.

»Du hast mich nie nach meiner Schauspielerei gefragt«, sagte ich.

»Weil es keine Rolle mehr für dich zu spielen scheint. War zumindest mein Eindruck.«

Er war der erste Mann – neben Walli, aber der zählte nur halb –, für den die Tatsache, dass ich Du-warst-mal-Jojo war, keine Rolle spielte. Ich genoss dieses seltene Gefühl von Befreiung.

»Wie ist deine Einschätzung, was die Rettung des Henry's betrifft?«, fragte Simon mich jetzt in besorgtem Ton. Wir saßen eng nebeneinander, weil sich im Laufe des Abends immer mehr Leute spontan dazugesellt hatten, die im Imbiss aufkreuzten. Und als ich meine Schulter jetzt hob, berührte ich seine.

»Ich weiß es nicht. Es sieht nicht schlecht aus, aber es wird sicher knapp. Wahrscheinlich werden wir nicht die ganze Summe aufbringen können. Aber vielleicht reicht es für einen weiteren Aufschub.«

Simon sah mich geradewegs an, als wollte er durch mich hindurchsehen. Seine Augen schienen blauer als bei unseren ersten Treffen, als hätten sie zu leuchten begonnen, und auch sein Lächeln war längst nicht mehr so schmal.

»Ich habe mich nie so richtig bei dir bedankt. Für deine Idee und so. Für die Unterstützung.«

»Ich hab's gern getan«, antwortete Simon und klang selbst irgendwie verwundert.

Ich spürte, wie der Raki mir zu schaffen machte und wie mir langsam schwindelig wurde. Oder war es etwas anderes ...?

»Ich glaube, ich muss mal an die frische Luft«, sagte ich und stand auf. Jetzt erst merkte ich, dass ich kaum noch gerade gehen konnte, und wankte zum Ausgang.

»Warte«, sagte Simon, »ich komme besser mit.«

Als wir vor der Tür standen und die kalte Luft meinen aufgeheizten Körper umwehte, atmete ich tief durch. Das hatte ich gebraucht, es ging mir schlagartig besser.

»Du erfrierst ja noch«, sagte Simon, zog sein Jackett aus und legte es mir um die Schultern.

»Danke. Ich glaube, ich fahre jetzt lieber. Wird ein langer Tag morgen.«

Simon nickte. »Ich komme mit, wir haben ja denselben Weg. Ich rufe uns schnell ein Taxi. Und ich sag Walli Bescheid.«

Aus dem Augenwinkel konnte ich durch die Fensterscheibe Wallis exorbitante Umrisse erkennen. Er tanzte jetzt in enger Umarmung mit Mira auf dem Tisch.

Ich schloss die Augen, um den leichten Raki-Schwindel loszuwerden. Und nur ein Gedanke schoss mir durch den Kopf: Warum zur Hölle hatte ich das Gefühl, dass eine Taxifahrt jetzt gefährlich für mich war?

*

»Da wärn ma!«, krakeelte der Taxifahrer, »zehnfuffzich!«

Ich kramte in meiner Tasche, aber Simon war schneller und hielt ihm einen Zehn- und einen Fünfeuroschein hin.

»Stimmt so.«

Der Wagen hatte direkt vor einem der Kranhäuser am Rheinauhafen gehalten. Simon stieg zuerst aus und reichte mir seine Hand. Als ich sie nahm, spürte ich, wie warm sie war.

»Du hast ja eiskalte Finger«, sagte Simon. Ich versuchte, mich so gerade wie möglich neben ihm zu halten, merkte aber, dass auch er schwer mit dem Gleichgewicht zu kämpfen schien.

»Ich glaube, der Raki hat mich umgehauen«, sagte ich und drehte mich einmal um meine eigene Achse. »Ich weiß gar nicht mehr, in welche Richtung ich muss.«

Während ich mich drehte, hielt Simon mich an der Hand, und als ich wieder genau vor ihm angekommen war, trennten unsere Gesichter nur wenige Zentimeter.

»Ich weiß gar nicht ...«

»Ich auch nicht ...«

»Irgendwas hat dich zu mir geführt ...«

»Du meinst so was wie Schicksal?«

Ich nickte wortlos.

»... oder ein dicker Junge mit Hunger!«

Jetzt mussten wir beide lachen, obwohl es mir im Kopf wehtat.

»Ich glaube, ich muss da lang«, flüsterte ich, zeigte an Simon vorbei und drückte mich an ihn, sodass wir Brust an Brust standen.

»Ich glaube, ich muss da lang«, murmelte er und kam noch näher an mich heran.

»Ich glaube ...« Doch bevor ich den Satz zu Ende gesprochen hatte, spürte ich seine Lippen auf meinen. Ich schloss die Augen und dachte nur noch eines: Das war die richtige Richtung gewesen.

*

In einer Nacht, in der man nicht weiß, ob man Sterne sieht, weil sie wirklich da sind oder weil sie dem Raki geschuldet waren, ist praktisch alles möglich. Und so war es auch nicht verwunderlich, weder für Simon noch für mich, dass wir in seiner Wohnung gelandet waren. Als er mich langsam auszog und mich ein wohliger Schauer nach dem anderen überkam, hatte ich keine Sekunde lang das Gefühl, etwas Falsches zu tun. Es war auch nicht so, dass mein Kopf voller Fragen war wie sonst immer, und auch nicht voller Zweifel. Es war das erste Mal seit langer Zeit, dass ich etwas nicht infrage stellte.

»Du bist ein komisches Mädchen«, murmelte Simon, während er an meinem Ohr knabberte und ich über seine Schulter hinweg den grandiosesten Ausblick aller Zeiten genoss, »du bist anders als alle anderen.«

»Es ist nicht schlimm, anders zu sein«, sagte ich und ertappte mich dabei, dass ich Little_Donuts Worte wiederholte. Konnte es möglich sein, dass ich nach einer so langen Zeit gerade dabei war, mich Hals über Kopf in gleich zwei Männer zu verlieben?

»Da hast du recht«, sagte Simon und sah mich an. Der

Mond schien samtig hell in den dunklen Raum, wir brauchten kein Licht.

Er ging einen Schritt zurück und betrachtete mich. »Du bist ungewöhnlich schön in diesem Mondlicht.«

Ich konnte ihm nicht sagen, dass diese Situation es für mich ebenso war. Ich sah ihn forschend an.

»Ich würde dich ja gern auf deine charakterlichen Werte reduzieren, wenn ich könnte. Aber ich fürchte, das kann ich nicht mehr.«

Ich lächelte. »Ja, es ist fast unwirklich.«

Das war es. Es fühlte sich so gut an, beinahe irreal. So wie alles, was ich in letzter Zeit erlebte. Dass ich eine Art Geist beim Herzfischen entdeckt hatte, der immer in meinen Gedanken war, und sogar jetzt, hier, in dieser Situation bei mir zu sein schien. Und dass sich das keineswegs widersprach, dass mein Herz keinen Alarm auslöste, sondern es sich anfühlte, als ob alles genau richtig war. Ich konnte es nicht beschreiben, und ich wollte es auch nicht. Das Einzige, was ich wollte, war, alles um mich herum vergessen. Die Welt, das Henry's, das Herzfischen. Jetzt zählte nur dieser Augenblick und sonst nichts.

Ich schloss die Augen, als ich Simons Lippen erneut auf meinen spürte. Es fühlte sich an, als würden sich unsere Seelen einen kurzen Moment berühren.

20. Kapitel: Simon

Ein Lichtstrahl blendete mich. Anscheinend hatte ich den Wecker überhört, dachte ich, und öffnete meine Augen. Die Sonne war gerade aufgegangen und tauchte das Rheinpanorama in goldgelbes Morgenlicht. Ein Blick auf den Wecker neben dem Bett verriet mir, dass es 7:03 Uhr war, und das hieß: nicht verpennt. Erleichtert drehte ich mich auf den Rücken, und mein Blick fiel auf die Wölbung neben mir unter der übergroßen Bettdecke. Neben mir lag Josy. Wir waren gestern nach Wallis Party zusammen hierhergefahren. Diese Tatsache schockierte mich keinesfalls, obwohl es ungewöhnlich war, weil ich weder damit gerechnet hatte noch dachte, dass Josy mein und ich ihr Typ sei. Das, was mich allerdings völlig aus der Fassung brachte, war, dass es bereits nach sieben Uhr morgens war. Das bedeutete, dass die Nacht hinter uns lag. Und dass ich geschlafen hatte.

Zum allerersten Mal nicht allein.

Ich betrachtete sie in ihrem anscheinend festen Schlaf. Sie atmete ruhig und gleichmäßig, und es sah fast so aus, als würde sie im Schlaf lächeln. Das Licht, das gleißend durch das Fenster strömte, ließ ihre Haare glänzen, die völlig verstrubbelt um ihr Gesicht herum auf dem Kissen lagen. Der Wimpernkranz ihrer Augen war ein wenig mascaraverschmiert, und im rechten Augenwinkel war ihr Lidstrich verschmiert. Je länger ich sie betrachtete, so unperfekt, wie sie dalag, desto perfekter erschien sie mir. Mich überkam das spontane Gefühl, sie wachküssen zu wollen, was ich nun auch tat.

»Guten Morgen«, flüsterte ich.

Überrascht öffnete Josy ihre Augen und blinzelte mich an. Als sie zu begreifen schien, wo sie war, setzte sie sich ruckartig auf.

»Ach du Scheiße!«

»Nette Begrüßung!«

»Tut mir leid, ich bin nur so ... so ...«

»Überrascht?«

»Das unter anderem, ja.«

Ich setzte mich ebenfalls auf. »Lust auf Kaffee?«

Sie nickte. »Ja, schon.«

Ich stand auf, so wie ich war, und ging zum Kaffeevollautomaten. Aus dem Augenwinkel konnte ich erkennen, dass Josys Blick mir folgte. Es war seltsam, ja, und dass auch sie mehr als nur überrascht war, hier neben mir aufzuwachen, konnte ich gut verstehen, mir ging es ja nicht anders. Aber die Verwunderung über die erste durchgeschlafene Nacht neben einer Frau toppte alles. Neben Josy. Ich konnte es immer noch kaum fassen.

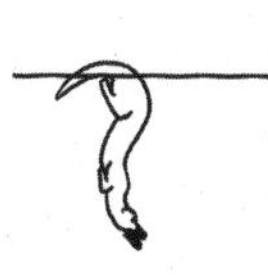

»Bitte.« Ich reichte Josy die Tasse mit dem frisch gebrühten Kaffee.

»Ehrlich gesagt ist das eine etwas schwierige Situation«, begann sie und nahm einen Schluck. »Ich weiß nicht, was ich sagen soll.«

Erstaunt sah ich Josy an. War sie etwa gerade dabei, Schluss zu machen, bevor wir überhaupt angefangen hatten?

»Ich meine, es war ein lustiger Abend, Walli hat auf dem Tisch getanzt, wir waren betrunken und ...«

»Ich verstehe schon.«

Stille.

»Ist Walli noch vom Tisch gefallen? Ich kann mich nicht mehr daran erinnern.«

»Soweit ich weiß, nicht«, sagte ich in gleichgültigem Ton. Es passte mir ganz und gar nicht, dass sie die letzte Nacht anscheinend am liebsten ungeschehen machen wollte. Ich wollte nicht, dass unsere Nacht dem Alkohol geschuldet war.

»Ich muss dann jetzt mal los.«

Sie schnappte sich ihr Oberteil, das neben dem Bett lag, und zog es sich ohne BH über. Dann stand sie auf und suchte den Rest ihrer Kleidung zusammen.

»Das ist alles?«, fragte ich. »Du gehst jetzt, und das war's?« Meine Tonlage erinnerte mich an etwas, an das ich nicht erinnert werden wollte. Ich klang wie Nadia letztens, als ich sie aus meiner Wohnung begleitet hatte.

»Wir passen doch gar nicht zusammen, Simon. Das weißt du besser als ich. Und jemand, der den ganzen Rheinauhafen gleichzeitig flachlegt, braucht ganz sicher nicht noch jemanden wie mich dazu.«

Ich fühlte mich verschmäht, abgestellt, ungewollt. Genau das war das Gefühl, das ich unter allen Umständen und immer zu vermeiden versucht hatte. Und es war mir immer gelungen. Bis auf dieses eine Mal, bei dem ich es am wenigsten erwartet hätte. Jetzt sprang es mich an wie eine Raubkatze aus einem dunklen Busch.

»Das ist kein Grund.«

Ich klang jämmerlich.

»Doch. Und es gibt noch einen.«

»Welchen?«

»Ich bin in jemanden verliebt.«

»Das merkst du ja recht früh.«

Ich klang nicht nur jämmerlich, sondern auch bedauernswert. Es war eine Farce.

»Ich wusste es bis gerade eben auch nicht so genau. Gestern fühlte sich alles richtig an, als sei das kein Widerspruch. Aber heute merke ich, dass er mir ... fehlt.«

»Ihr seid zusammen?«

»Nicht so, also, nicht so direkt, nicht, wie man es im üblichen Sinne kennt.«

»Was soll das bedeuten?«

Josy war mittlerweile komplett angezogen. »Ich weiß es selbst nicht genau. Es ist, als wären wir zusammen, über eine Art Verbindung. Ich kann es nicht beschreiben.«

»Du versetzt mich für eine *eingebildete* Beziehung?«

Diese Frau war noch durchgeknallter, als ich anfangs angenommen hatte. Und es bestätigte sich wieder einmal, dass der erste Eindruck meist der richtige war.

»Ich weiß nicht, ob sie eingebildet ist. Es fühlt sich anders an. Aber ob sie wirklich ist, muss ich noch herausfinden.«

Wut stieg in mir auf, die ich kaum kontrollieren konnte. Es war nicht nur albern, was sie da gerade von sich gab, sondern auch völlig irre. Doch dann schoss mir ein Gedanke durch den Kopf, eine Sache, die ich bis eben gänzlich vergessen hatte. Eine Art Verbindung, die da war, obwohl nicht greifbar, hatte auch ich. Ich hatte sie, und obwohl ich wusste, dass sie in der Form nicht sein durfte, war sie es. Jolightly war unwirklich, aber sie war da. Immer. Auch jetzt wieder. Es fühlte sich fast ein wenig so an, als ich hätte ich sie betrogen. Anderseits auch nicht, so, als würde sie es bereits wissen. Ein Widerspruch, den ich einfach nicht zuordnen konnte. Ich atmete tief durch.

»Ich verstehe.«

»Gut.«

Als Josy die Tür hinter sich schloss, sah sie mich ein letztes Mal an. Sie sagte nichts, aber das brauchte sie auch nicht. Sie hätte es noch so sehr bestreiten können, aber ich sah etwas in ihrem Blick, das ich vor vielen Jahren in den Augen meines Vaters gesehen hatte, als er sich im Türrahmen noch einmal umdrehte, bevor er unsere Familie für immer verließ.

In ihrem Blick lag Bedauern.

*

Jolightly: *Little_Donut, wo steckst du? Ich vermisse dich.*

*

Jolightly: *Ich warte schon den halben Tag ...*

*

Jolightly: *Bist du krank? Weg? Hast du eine neue Freundin?*

*

Jolightly: *Langsam mache ich mir Sorgen ...*

*

Jolightly: *Soll ich mir Sorgen machen?*

*

Jolightly: *Bitte rühr dich doch!*

*

Jolightly: *Du willst anscheinend nicht?*

*

Jolightly: *Habe ich etwas falsch gemacht?*

*

Jolightly: *Sag doch was!*
Jolightly: *Bitte!*

*

Jolightly: *Das ist nicht fair! Du kannst dich wenigstens verabschieden, wenn du nicht mehr mit mir sprechen willst!*

*

Jolightly: *Ich vermisse dich.*
Jolightly: *Du fehlst mir.*
Jolightly: *Unser Wir fehlt mir.*

*

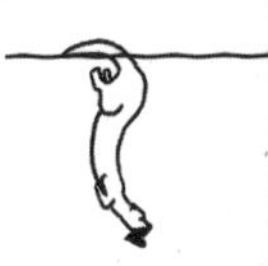

Jolightly: *Jetzt schreib doch bitte was!*

*

Jolightly: *Hallo?*
Jolightly: *Hallo?*

*

Jolightly: *Ich bin traurig.*
Jolightly: *Du hast eine andere. Ich spüre es.*
Jolightly: *Ich weiß es. Es ist okay. Ich bin nicht wütend. Es wäre nur schön, wenn du dich von mir verabschieden würdest.*

*

Jolightly: *Langsam werde ich doch wütend!*

*

Jolightly: *Okay, ich bin wütend!*
Jolightly: *Du bist ein Blödmann!*
Jolightly: *Es musste ja so kommen.*
Jolightly: *Danke für die schöne Zeit mit dir. Dazu hätte es ja wohl noch reichen müssen!*
Jolightly: *»Ja, ich werde immer an dich denken, Jolightly. Auch wenn ich jetzt eine andere habe.« Das wäre ein Text! Aber nichts, nichts von dir! Kein Wort!*

*

Jolightly: *Das war's dann wohl.*
Jolightly: *Ich bedaure, dich überhaupt kennengelernt zu haben.*

*

Jolightly: *Okay, ich bedaure es nicht. Ich bedaure gar nichts! Aber ich will verdammt noch mal, dass du dich meldest!*

*

Jolightly: *Machst du das extra? Willst du mich quälen? Auf die Probe stellen? Bitte! Hier hast du es. Ich gebe auf. Ich vermisse dich.*

*

Jolightly: *Ich kann nicht glauben, dass du nicht antworten willst.*

*

Jolightly: *Das war doch nicht alles eingebildet zwischen uns. Das war doch ... ich weiß nicht, was es war!*

Jolightly: *Ich weiß es doch.*
Jolightly: *Es war echt.*

*

Little_Donut: *Es tut mir leid, Jolightly. Ich wollte dich nicht beunruhigen. Ich musste mir nur über einiges klar werden. Es ist etwas passiert, und das hat etwas verändert. Ich wusste nicht mehr, was ich wollte.*
Jolightly: *Und weißt du es jetzt?*
Little_Donut: *Ich weiß jetzt, was ich nicht mehr will.*
Jolightly: *Und was willst du nicht mehr?*
Little_Donut: *Einige Dinge aus meinem alten Leben will ich hinter mir lassen. Ich will etwas Echtes, so wie du es gesagt hast. Entschuldige noch mal, dass ich dich so lange habe warten lassen.*
Jolightly: *Eigentlich war ich sicher, dass ich wütend sein würde, aber ich bin es nicht.*

Little_Donut: *Was dann?*
Jolightly: *Erleichtert.*
Little_Donut: *Ich auch. Dass du mir verzeihst. Verzeihst du mir denn?*
Jolightly: *Ja, natürlich.*
Little_Donut: *Jetzt bin ich erleichtert.*
Jolightly: *Ich hatte da so ein Gefühl, als du nicht geantwortet hast. So, als ob da eine andere gewesen wäre.*
Little_Donut: *Du hast recht gehabt.*
Jolightly: *–*
Little_Donut: *Alles okay bei dir?*
Jolightly: *Ich weiß, dass ich dir nicht böse sein kann, nicht darf. Zumal ich auch kein Kind von Traurigkeit bin. Seit Neuestem zumindest.*
Little_Donut: *Autsch!*
Jolightly: *Ja, autsch.*
Little_Donut: *Das tut weh, irgendwie.*

Jolightly: *Auch wenn es verrückt klingt.*
Little_Donut: *Das tut es, und es ist trotzdem so.*
Jolightly: *Ich glaube, ich will dich exklusiv.*
Little_Donut: *Ich glaube, ich dich auch.*
Jolightly: *Dann sind wir uns einig.*
Little_Donut: *Und nun?*
Jolightly: *Treffen wir uns.*

21. Kapitel: Josefine

»Wo warst du heute Nacht?« Hugo sah mich erstaunt an. »Hast du etwa unter Wallis Partygästen jemanden kennengelernt?«

Ich winkte ab. »Ach was, das war ... ein Ausrutscher oder so.«

»Simon?« Hugo zwinkerte mir zu.

»Ich sag ja, ein Ausrutscher.«

»Warum bezeichnest du es so?«

»Weil es keinen Sinn macht. Wir passen nicht zusammen, das sieht jeder auf den ersten Blick. Und außerdem habe ich da online jemanden ...«

»Du verwirfst die Chance auf eine reale Beziehung, weil du im Internet jemanden kennengelernt hast?«

Hugo starrte mich entgeistert an. »Das ist doch nicht dein Ernst?«

Ich wusste selbst keine Antwort darauf, es war alles so verwirrend. Meine Gefühle drehten sich wie in einem Karussell in meinem Herzen herum, und ich brachte es nicht fertig, es anzuhalten, um sie zu sortieren. Natürlich hatte er recht – das mit Little_Donut war eine Seifenblase, die jederzeit platzen konnte. Aber war es denn so abstrus, dass ich ihn kennenlernen wollte? Ich könnte das Herzfischen aufgeben, ihn treffen, mich im echten Leben verlieben, wir könnten zusammen sein ...

»Simon ist ein feiner Kerl. Er hat uns geholfen, ganz ohne Hintergedanken.«

»Und deswegen soll ich ihm jetzt eine Chance geben?« Ich pfiff genervt durch meine Schneidezähne. »Das ist ja wohl kein besonders guter Grund.«

»Ein besonders guter Grund ist es aber, jemandem eine Chance zu geben, wenn man sich verliebt hat.«

»Ich bin nicht verliebt. Zumindest nicht in ihn. Glaube ich.«

»Du klingst nicht wirklich überzeugend.«

»Er ist ... so ... anstrengend. Irgendwie arrogant. Manchmal.«

»So arrogant, dass du einen Teller Erbensuppe verschüttest, wenn er zur Tür reinkommt.«

»Das war Usch.«

»Das war nicht Usch. Das warst du, die Usch nicht gesehen hat. Du hast schon zig Gedecke durch das Café getragen und Usch immer gesehen.«

»Das ist natürlich ein Beweis dafür, dass wir zusammenpassen.«

»Du willst es einfach nicht erkennen«, seufzte Hugo. »Dabei liegt das Glück genau vor deinen Augen.«

»Das ist ein ziemlich abgedroschener Spruch.«

»Und er ist wahr.«

»Und was ist mit dir?«, wechselte ich das Thema, verließ meine Rechtfertigungsposition und ging zum Angriff über. »Du hast mir nie wirklich gesagt, warum du Henry hast auf seine Weltreise gehen lassen. Warum du einfach so hiergeblieben bist. Warum du nie gekämpft hast!«

Hugo stützte sich auf einen der schweren Sessel und ließ sich langsam hineinsinken.

»Manchmal liegt das Glück eben auch in der Ferne.«

»Ich lasse mir von dir doch kein schlechtes Gewissen einreden, wenn du selbst noch nicht mal in der Lage bist, die Liebe deines Lebens festzuhalten. Du hast ihn einfach so gehen lassen. Das würde mir nie passieren.«

Hugo sah mich mit seinen faltigen Augen traurig an. »Du tust es gerade.«

*

Der Montag im Henry's verlief ebenso wie der Dienstag und der Mittwoch gut: Wir hatten immer bessere Einnahmen, und Walli kam in jeder Mittagspause, um uns zu unterstützen. Simon ließ sich nicht mehr blicken, was mich nicht wunderte, ich hatte damit gerechnet. Mit Walli sprach ich nicht über Simon, obwohl ich ahnte, dass er etwas wusste. Aber was hätte es genützt, es war, wie es war.

Der Donnerstag war der vorletzte Tag, bevor am Freitag die Zahlung für Paschulke fällig war. Er hatte sich für nachmittags telefonisch angemeldet, und um Punkt drei klingelte Hugos Festnetztelefon, das wahrscheinlich das einzige in ganz Köln war. Für mich klang das Klingeln wie die Melodie aus *Der weiße Hai*. Meine Hände zitterten, als ich dranging.

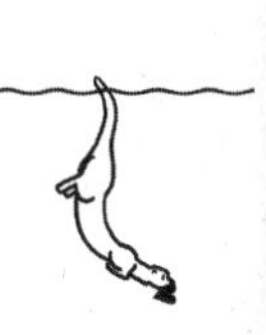

»Paschulke hier.«

»Hallo Herr Paschulke, hier spricht Josefine Bach.«

»Frau Bach, wie Sie wissen, ist die Frist mit dem morgigen Tag abgelaufen. Ich hoffe für Sie, dass Sie den restlichen Betrag zusammenhaben. Mit ihren sogenannten Freundschaftsessen.«

Ein schepperndes Lachen drang durch das Telefon in mein Ohr.

»Essen mit Freunden, ja genau«, bestätigte ich. »Wir haben insgesamt dreitausendzweihunderteinunddreißig Euro zusammen.«

»Das ist nicht die komplette Summe.«

»Ich weiß«, antwortete ich und atmete schnell, »es kommt noch mehr, wir sind dabei, und in ein, zwei Wochen, da ...«

»Es gibt aber keine ein, zwei Wochen mehr.«

»Aber Sie sehen doch, dass das Café was hergibt. Auf die paar Tage kommt es doch nun wirklich nicht an.«

»Ich habe Ihnen bereits eine Verlängerung gewährt, Frau Bach.« Paschulkes Ton klang lehrerhaft, und ich fühlte mich schlagartig, als hätte ich meine Hausaufgaben nicht rechtzeitig abgegeben.

»Es gibt keinen weiteren Aufschub. Ich komme morgen Nachmittag, um die dreitausend Euro zu holen. Und um den Laden zu schließen. Er wird so bald wie möglich zwangsversteigert. Es gibt genug Investoren, die sich für die Lage einen Arm ausreißen.«

Mein Herz schien einen Moment auszusetzen. »Sie wollen den Laden schließen? Morgen? Morgen schon?«

»Ich mache gerade die Papiere fertig. Dann ist es amtlich.«

»Aber ich, wir, ich meine, ich könnte ...«

»Sie müssen endlich einsehen, dass so ein Unternehmen eine klare Strategie braucht. Und eine feste Hand in der Führung. Ihnen fehlt beides.«

Ich wusste nicht, was ich antworten sollte. Aber es gab auch nichts mehr zu sagen.

»Bis morgen.«

»Ja. Bis morgen.«

»Auf Wiederhören.«

Es war, als würde eine Tür hinter mir zufallen, die ich nicht schließen wollte. Aber sie war mir zu schwer geworden, und jedes Dagegenstemmen zeigte mir nur noch mehr, wie machtlos ich war.

Als ich den Telefonhörer aufgelegt hatte und Hugo mich fragend ansah, schüttelte ich nur wortlos meinen Kopf. Dann rannte ich hoch in mein Zimmer und schaltete meinen Laptop an. Ich öffnete den Chat, und meine Finger tippten die Worte, die ich nicht mehr tippen wollte. Die ich nie wieder tippen wollte, und erst recht nicht hier. Ich tippte die Worte, von denen ich wusste, dass sie eine weitere Tür hinter mir schließen würden. Aber vielleicht retteten sie den Spalt, der bei der anderen noch offen war.

Jolightly: *Ich brauche deine Unterstützung.*
Little_Donut: *Was kann ich tun?*
Jolightly: *Ich brauche eine Summe Geld.*
Little_Donut: *Wie viel?*
Jolightly: *Zweitausend Euro.*
Little_Donut: *Bis wann?*
Jolightly: *Sofort. Morgen Mittag spätestens.*
Little_Donut: *Ich frage dich jetzt nicht, wofür.*
Jolightly: *Es ist kompliziert zu erklären. Ich wünschte, ich müsste dich nicht darum bitten. Aber ich würde dir im Gegenzug meine Daten geben, du wärst auf der sicheren Seite, ich würde alles zurückzahlen.*
Little_Donut: *Dann sag mir deinen Namen.*

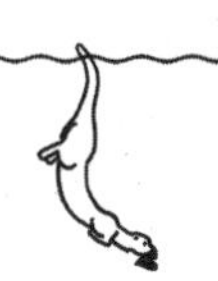

Jolightly: *Natascha. Natascha Vings.*
Little_Donut: –
Jolightly: *Bist du noch da?*
Little_Donut: *Du bekommst das Geld. Nenne mir den Treffpunkt, und ich werde da sein.*
Jolightly: *Du hilfst mir wirklich?*
Little_Donut: *Aus Liebe tut man verrückte Dinge. Oder wie war das?*
Jolightly: *Liebe bringt vieles erst zum Vorschein, von dem man nie geglaubt hätte, dass es da ist.*
Little_Donut: *Die Liebe ist eine Insel, Jolightly, man findet dort nichts, was man nicht mitbringt.*
Jolightly: *Auf manchen Inseln findet man wunderschöne Dinge.*
Little_Donut: *Dieser Chat war immer wie eine Insel für mich.*
Jolightly: *War?*
Little_Donut: *Jedes Mal, wenn man ein Ziel erreicht, verliert man einen Traum. Ist es nicht so?*
Jolightly: *Was meinst du damit?*

Little_Donut: *Du bist das dümmste klügste Mädchen, Jolightly, das mir je untergekommen ist.*
Jolightly: *Ich bin wahrscheinlich der unperfekteste Mensch, den du je kennengelernt hast.*
Little_Donut: *Gerade deswegen bist du es. Du bist perfekt. In meinen Augen. Ich hatte auf etwas anderes gehofft, ja, aber das spielt nun keine Rolle mehr.*
Jolightly: *Auf was?*
Little_Donut: *Eher: auf was nicht. Ich hatte auf etwas gehofft, trotz aller Zweifel.*
Jolightly: *Hoffnung und Zweifel sind Geschwister.*
Little_Donut: *Das sind sie, untrennbar verbunden.*
Jolightly: *Oft weiß ich nicht, welche Stimme in mir die lautere ist. Zum wem ich gehöre. Wer ich sein will.*
Little_Donut: *Sei du selbst, Jolightly, was Besseres kann dir nicht passieren.*
Jolightly: *War es falsch, dich zu bitten?*
Little_Donut: *Nein, du bekommst dein Geld.*
Jolightly: *Danke. Das werde ich nie vergessen.*
Little_Donut: *Ich fürchte wirklich, du wirst es nicht.*

22. Kapitel: Simon

»Sie hat es getan«, sagte ich und starrte wie versteinert auf den Bildschirm. »Sie hat es getan.«

»Die erste Geldforderung?«, fragte Walli aufgeregt und kam mit seinem Schreibtischstuhl angefahren, bremste aber zu spät und rammte meinen Stuhl mit einem lauten Rums.

»Mann, Walli! Pass doch auf!«

»Das ist heiß, heiß, heiß, heiß! Wie soll das vonstatten gehen?«

»Es gibt einen Übergabeort. Ich soll das Geld in einen Umschlag stecken und an ein Postfach schicken. Sie hat mir ihre Daten im Gegenzug zugesichert, die in einem Umschlag an dem Postfach kleben. Und einen unterschriebenen Vertrag, dass sie mir alles zurückzahlt. Erst wenn alles geklärt ist, will sie sich mit mir treffen.«

»Ein Vertrag, der aber gefaked ist?«

Ich nickte. »Wahrscheinlich. Sie nennt sich jetzt Natascha Vings. Ich weiß nicht, ob es ihr echter Name ist. Ich schätze nicht.«

»Wir haben sie, Simon! Wir haben sie!«

»Ja, wir haben sie.«

»Du freust dich gar nicht. Du freust dich doch immer! Was ist los?«

»Ich weiß nicht, ich bin irgendwie leer.«

»Mach jetzt nicht den Woody Allen, Simon!«, rügte Walli mich.

»Ja, ja, passt schon.«

»Was hat sie dir als Grund genannt, warum sie das Geld braucht?«

»Sie hat keinen genannt.«

»Keinen? Das verstehe ich nicht. Das war doch beim Baron anders.«

»Das war es ja eben. Es klang so *echt*. Als würde sie mich nicht belügen wollen. Als hätte sie Druck. Druck verändert alles.«

Walli sah mich entgeistert an. »Drehst du jetzt total ab, Alter? Sie hat dich echt ganz schön eingefangen, Mann, Mann, Mann.«

»So einfach ist das nicht. Die Geschichte hat nun mal zwei Seiten. Eine negative, klar. Aber so verrückt es sich anhört, auch eine positive. Alles hat eben auch eine gute Seite.«

»Ja, bis auf Reiswaffeln.«

»Vergiss es!«

»Hallo! Wach auf! Sie ist eine Abzockerin, verstehst du? Und wir liefern sie morgen der Polizei. Sie gesteht, und der Baron zahlt uns unser Honorar. Es wird kein Aufhebens darum gemacht, der Baron kann nicht erpresst werden, seine Frau kriegt nichts mit, alles schön leise und unter der Decke. Und damit ist der ganze Spuk beendet. Ganz einfach.«

»Ja«, antwortete ich. »Ganz einfach.«

»Du bist ganz schön blass, mein Lieber. Du musst mal an die frische Luft. Ich war gerade schon draußen, die Schlange bei Henry's ging bis vor die Tür. Einige wollten sogar was Togo haben. Mir ist schon ganz schwindelig von dem vielen Sauerstoff.«

»To go. Es heißt *to go*. Nicht Togo. Es handelt sich nicht um einen Staat in Westafrika.«

»Ich hab da so ein proaktives Hungergefühl. Bringst du mir einen Donut mit? Oder drei?«

Ich nickte. »Ich wollte ohnehin das blöde Handy von Josy holen. Es müsste längst fertig sein.«

Bevor ich meine Jacke vom Ständer nahm, fiel mir ein, dass ich Walli schon lange nicht mehr nach Mira gefragt hatte. »Wie läuft's eigentlich bei euch?«, hakte ich jetzt nach.

»Ganz ooookäse«, beteuerte Walli. »Wir teilen die gleiche Leidenschaft.«

»Das heißt, es gibt bald kleine dicke Wallidinger, die sämtliche Donutläden unsicher machen?«, feixte ich.

»Ach was, wir verhüten noch.«

Ich sah meinen Freund an, der heute einen groben, hellblauen Strickpulli trug, auf dessen Vorderseite ein rotes *The Flash*-Zeichen gestickt war.

»Du verhütest mit deinem Pulli?«

Ein halber Schokoriegel flog mir entgegen und verfehlte meine Stirn nur knapp.

*

Schlussmachen ist wie ein Pflaster abziehen, man muss es schnell machen, jedes unnötige in-die-Länge-ziehen verursacht nur noch mehr Schmerzen. Ich würde die Sache mit Jolightly schnell hinter mich bringen, es würde morgen eine Sache von Minuten sein. Ich hatte gehofft, ja ich war fast sicher, dass sie mich nicht um Geld bitten würde. Dass das mit uns anders wäre als ihre Herzfischerchats. Aber ich hatte mich wohl getäuscht. Es fiel mir schwer, das zu akzeptieren. Etwas, das sich so echt angefühlt hatte, als Illusion anzunehmen. Aber das war es, und es war so gekommen, wie ich es geplant hatte. Meine Pläne funktionierten immer, und nun hatte sich das wieder einmal bestätigt. Es gab also keinen Grund, enttäuscht zu sein. Und doch war ich es, als hätte ich in letzter Sekunde auf die Überraschung gehofft, die mein Leben verändert.

Als ich um die Ecke bog, um den Rheinauhafen zu verlassen, riskierte ich einen Blick in das Henry's. Ein Blick auf die Uhr verriet mir, dass es halb sechs war. Die letzten Gäste würden gerade bedient werden, denn das Henry's schloss bald. Ich war die ganze Woche nicht mehr hier gewesen, und seltsamerweise merkte ich jetzt, dass mir der Laden fehlte. Ich sah durch die Fensterscheibe Hugo, wie er einen Gast gerade mit Kaffee versorgte. Als er mich erblickte, winkte er mich rein. Ich folgte seiner Aufforderung.

»Simon! Du hast dich aber lange nicht mehr blicken lassen!«

Er zog mich fast schon in den Laden, und ich fragte mich, warum er es so eilig hatte.

»Ich bin gerade auf dem Weg, Josys Handy zu holen. Ich muss mich beeilen, die machen gleich zu ...«

»Ach was, jetzt hat Josy tagelang keins gehabt, da kommt es auf den einen oder anderen Tag mehr auch nicht an. Komm, trink einen Kaffee mit uns!«

Ich sah mich um. Außer dem einzelnen Gast, eine ältere, sonnenbankaffine Dame mit einer Frisur wie eine Ananas, war keiner mehr im Laden. Von Josy war nichts zu sehen.

»Josy kommt gleich. Ich sage ihr, dass du da bist.«

Hugos Worte waren mir unangenehm – ich wollte nicht, dass Josy dachte, ich sei wegen ihr hier, es würde glatt aussehen, als bettle ich um ihre Aufmerksamkeit.

»Hugo, ich muss wirklich ...«

»Jooooooooooosiiiiiiiiiiiiiiiiiiiiii!«, rief Hugo die Treppe hoch und hielt seinen Arm fest um meine Schulter, als wolle er mich festhalten.

Wenige Augenblicke später hörte ich Josy die Treppe herunterpoltern.

»Jahhhaaaaaa!«

Als sie den letzten Treppenabsatz genommen hatte und mich erblickte, blieb sie abrupt stehen.

»Oh.«

»Simon wollte vorbeikommen, um mal Hallo zu sagen. Ich mache uns einen Kaffee.«

Hugo, du alter Kuppler, dachte ich und musste grinsen. Josy schien ähnliche Gedanken zu haben, denn sie lächelte auch und bekam dabei rote Wangen.

»Peinlich.«

»Ach was.«

»Total.«

»Okay, stimmt.«

»Und nun?«

»Trinken wir wohl einen Kaffee, hm?«

Josy nickte. »Sieht so aus.«

Wir setzten uns in eine Sitzecke gegenüber der Fensterfront. Es war bereits dunkel und heute besonders windig. Man konnte den vorbeieilenden Passanten ansehen, dass sie auf dem schnellsten Weg nach Hause wollten.

»Irgendwie bin ich in letzter Zeit nicht ganz bei mir«, sagte Josy nun und sah mich entschuldigend an. »Sorry für meinen Abgang letztens. Aber ich weiß gerade nicht, wo mir der Kopf steht.«

»Kenne ich gut«, antwortete ich und rieb mir die Hände; sie waren immer noch kalt vom eisigen Novemberwind draußen. »Ich weiß das auch schon lange nicht mehr. Eigentlich passiert mir das nie.«

»Das eigentlich klingt sehr eigentlich.«

»Ich weiß.«

»Sei du selbst, was Besseres kann dir nicht passieren«, sagte Josy jetzt nachdenklich und nahm die Tasse Kaffee entgegen, die Hugo ihr nun reichte.

»Bitte sehr«, sagte Hugo und hielt mir auch meine hin. Ich nahm sie entgegen, war aber nicht in der Lage, eine Antwort zu formulieren.

Hatte ich da gerade richtig gehört? Hatte Josy diesen Satz

gerade gesagt, oder hatte mein wirrer Kopf sich das nur eingebildet?

»Ich lass euch mal«, sagte Hugo und machte sich schneller aus dem Staub, als ich antworten konnte. Dann sah ich zu Josy. »Woher hast du diesen Ratschlag?«, fragte ich sie.

»Aus einem anderen Leben«, lautete ihre Antwort. Mir wurde heiß und kalt zugleich, fast schwindelig, und ich war nicht mehr in der Lage, meine im Kopf umherirrenden Gedanken zu sortieren.

»Das hört sich jetzt vielleicht komplett bescheuert an«, druckste ich, »aber ... aber chattest du manchmal?«

Josy sah mich an, als hätte ich sie beim Klauen erwischt.

»Nein! Nie!«

»Ach so.«

»Wie kommst du darauf?«

»War nur so ein Gedanke, vergiss es wieder. War bescheuert.«

»Aha«, antwortete Josy und die Farbe kehrte in ihr Gesicht zurück.

Der beste Lügner glaubt seine Lügen selbst, schoss es mir durch den Kopf.

23. Kapitel: Josefine

Es war ein seltsames Treffen gerade mit Simon, wie eigentlich alle, die ich mit ihm hatte, dachte ich, als ich mich wie immer rücklings auf mein Bett warf. Aber heute wirkte er zerstreut wie noch nie, und das passte auch gar nicht zu ihm. Die Frage nach dem Chatten kam wie aus dem Nichts, und ich hatte mich regelrecht erschrocken. Es fühlte sich fast an, wie ertappt zu werden. Dabei war es sicher einfach nur ein blöder Zufall und ich paranoid, weil der morgige Termin anstand.

Ich klappte meinen Laptop auf, um mich ein letztes Mal in den Chat einzuloggen, der in den vergangenen Monaten mein Leben geprägt hatte. Jolightly in all ihren Versionen würde es ab morgen nicht mehr geben. Wenn ich das Geld zur Auslösung des Henry's hatte, würde ich ein neues Leben beginnen. Die virtuelle Begegnung mit Little_Donut hatte mir vor Augen geführt, dass der Preis, den ich für dieses zweite Leben zahlte, zu hoch war. Meine Sehnsucht nach ihm war wie Wasser, das sich jeden noch so kleinen Spalt von Zweifel suchte, um meinen Entschluss hinwegzuspülen. Der Gedanke daran, dass ich Little_Donut morgen opfern würde, brachte mich fast um. Es war, als würde ich mich von innen auflösen, mit jeder Stunde, die verging und mit der der Todesstoß unseres Chats näherrückte, ein Stück mehr, bis ich morgen nicht mehr Jolightly war und es nie wieder sein würde. Usch maunzte laut unter meinem Bett, anscheinend hatte sie etwas zum Spielen gefunden. Ich beugte mich über die Kante, um unter das Bett zu sehen. Usch schob eine DVD vor sich her, direkt in meine ausgestreckte Hand.

JOJO – die komplette letzte Staffel stand in fetten Lettern darauf, und als Untertitel *JOJO findet ihren Weg.* Es kam mir fast wie Häme vor, das gerade jetzt zu lesen. Ja, Jojo hatte ihren Weg gefunden, allerdings mithilfe fähiger Drehbuchautoren, einem Arsenal an Stylisten und wunderbaren Schauspielkollegen. Ich griff nach der DVD und setzte mich auf. Sie war ganz verstaubt. Mit dem Handrücken wischte ich den Staub ab und ging zum Regal gegenüber. Dann stellte ich die DVD zurück in die Reihe – mein ganzes altes Leben in einem Regal.

Jetzt war es amtlich, Josefine Bach. Ein neuer Anfang stand ins Haus.

Jolightly: *Ich wünschte, es würde anders ablaufen. Unter anderen Umständen.*

Little_Donut: *Es ist, wie es ist.*

Jolightly: *Bevor ich dich kannte, wusste ich gar nicht, was mir fehlt.*

Little_Donut: *Nun hast du es.*

Jolightly: *Ich wollte nie gerettet werden.*

Little_Donut: *Und ich nie retten.*

Jolightly: *Und doch tust du es, mit jedem einzelnen Wort.*

Little_Donut: *Man wird zu dem, was man tut.*

Jolightly: *Nicht immer. Man kann sich dagegen entscheiden.*

Little_Donut: *Worte. So schwer von Bedeutung und im nächsten Moment doch wie Schall und Rauch.*

Jolightly: *Seit dir denkt mein Herz in Zeilen.*

Little_Donut: *Und trotzdem habe ich das Gefühl, dass dein Herz, wenn es ein Haus wäre, mir nur ein Gästezimmer anbietet.*

Jolightly: *Was ist falsch an einem Gästezimmer?*

Little_Donut: *Der Besuch ist nicht von Dauer. Es bleibt eben nur ein Besucher. Und manche kommen nie wieder.*

Jolightly: *Ich wünsche mir, dass du wiederkommst. Nichts wünsche ich mir mehr.*
Jolightly: *Little_Donut?*
Jolightly: *Bist du schon weg?*
Jolightly: *Ich sehe dem Cursor beim Atmen zu. Wo bist du?*
Jolightly: *Du bist weg.*

*

Jolightly: *Ich habe dich nie gesucht, weißt du. Irgendwie hast du mich gefunden. Und in dem Moment wusste ich, wie sehr ich dich doch gesucht hatte. Gesucht und gesucht, und all die, die es nicht waren, habe ich dafür bestraft. Und du, wo warst du, warum hast du mich nicht vor mir gerettet, lange bevor es zu spät sein würde, wo warst du mein Leben lang?*

Seit du da bist, scheint alles Sinn zu machen. Jede Narbe, jeder Schmerz schien mich näher zu dir gebracht zu haben oder zu mir, zur Welt. Und trotzdem war ich noch nie so weit entfernt von allem und gleichzeitig so nah bei mir selbst. Durch dich sehe ich alles wie durch ein Mikroskop – jeder kleine Riss, jeder Sprung ist sichtbar. Deine Worte schmiegen sich darauf wie wärmender Balsam, wie ein Kitt, der mein Leben zusammenhält. Du hast die vielen verlorenen Teile aufgesammelt, sortiert und zusammengesteckt.

Ich habe mich in deine Worte verliebt.

Und du bist deine Worte.

Little_Donut ist offline.

Eine Welle von Traurigkeit überkam mich und schien mich komplett hinwegzuspülen. Ich scrollte mit der Maus das Textfeld hinunter, an dem mich rechts und links Bilder von anscheinend glücklichen, frisch verliebten Pärchen ansahen, deren beseelte Blicke mich zu verhöhnen schienen. *Schau her*, schienen sie mir zu sagen, *wir haben den perfekten Seelenpartner gefunden. Und du bist allein und wirst es immer bleiben!*

Am Ende des Textfeldes angekommen, blinkte ein grauer, auf den ersten Blick unscheinbarer Button auf.

Abmelden stand da.

Ich klickte mit der Maus darauf.

Wollen Sie sich wirklich abmelden? erschien.

Ich klickte ein zweites Mal.

Ihre Daten werden unwiderruflich gelöscht tauchte nun auf. Hoffentlich, dachte ich. Hoffentlich wird alles unwiderruflich gelöscht, und nicht nur da, am liebsten würde ich alles, was ich getan hatte, löschen. Nicht nur im World Wide Web sondern auch in meinem Kopf, in meinem Herzen. Einfach überall.

Ich hatte den größten Fehler meines Lebens begangen. Ich hatte die Liebe meines Lebens verloren. *Sie sind unwiderruflich abgemeldet*, blinkte jetzt vor mir auf. *Ihr Konto kann nicht mehr wiederhergestellt werden.* Ich hatte zugelassen, dass meine Vergangenheit über meine Zukunft bestimmte.

Seufzend klappte ich den Laptop zu.

Ich hatte einfach alles verloren.

24. Kapitel: Simon

Freitag, der Tag, an dem ich alles zu Ende bringen würde. Die Polizei war informiert, und ein Ermittler würde an dem vereinbarten Treffpunkt inkognito warten, bis Jolightly den Briefumschlag mit dem Geld an sich nehmen würde. Sie würden sie festnehmen, und wir würden unser Honorar vom Baron bekommen. Alles so, wie es sein sollte.

Und doch fühlte es sich völlig falsch an.

Ich würde sie sehen, aus der Ferne. Ich würde Jolightly heute zum ersten und letzten Mal sehen. Ich hatte sie geangelt. Ich hatte gewonnen. Und es war nichts Erhebendes dabei.

Walli würde auch dabei sein. Er war stolz, dass wir dieses Projekt in so kurzer Zeit abschließen konnten, und hatte das Honorar schon im Vorhinein für den Gourmettrip *Mit Käse einmal um die Welt* zusammen mit Mira ausgegeben.

Ich hatte es nicht geschafft, heute einen klaren Kopf zu bewahren, und entschieden, die letzte Stunde, bevor es zur Übergabe kommen würde, mit Erledigungen zu verbringen. Ich würde auch Josys Handy endlich abholen, was ich schon gestern erledigt haben wollte, wovon Hugo mich aber abgehalten hatte. Ich ging quer über den Rheinauhafen, und es war wie in den letzten Tagen windig und grau. Auf einmal kam mir alles nicht mehr so glänzend und imposant vor, wie es sonst auf mich wirkte. Es wirkte trist, wie ein Jahrmarkt am helllichten Tag. Ohne all den Glanz, den ich sonst in den Kranhäusern zu sehen glaubte, wirkten sie seltsam kühl.

Als ich den Handyshop betrat, winkte mich der Verkäufer, bei dem ich das Teil damals abgegeben hatte, sofort eifrig herbei. »Endlich Sie sind da! Handy klingelt immer und immer!«

»Ja, ich wollte es schon gestern holen, aber es kam was dazwischen.«

»Hier, nehmen.« Er hielt mir das Handy entgegen. »Und rufen zurück!«

»Ich kann da nicht zurückrufen«, erklärte ich, »das ist nicht mein Handy. Es gehört mir nicht.«

In dem Moment begann das Handy, das auf der Glastheke zwischen mir und dem beturbanten Verkäufer lag, zu vibrieren. Ich sah reglos darauf, als es begann, sich durch das Vibrieren um sich selbst zu drehen.

»Los, gehe dran!«, forderte mich der Verkäufer vehement auf.

»Nein, ich …«

Doch da hatte er sich schon das Handy geschnappt, legte es mir in die offene Handfläche, schloss meine Finger darum und hielt es mir ans Ohr.

»Jolightly, bist du es? Hier ist Footy! Mein Gott, ich bin fast umgekommen vor Sorge! Auf einmal hieß es im Chat, dass du abgemeldet wärst!«

Wie versteinert starrte ich den Verkäufer an. Sie war es – ich wusste es. Mein Herz hatte es schon viel früher gewusst. In dem Moment, als ich Josy gefragt hatte, ob sie chattete, sie es abstritt und ich die Enttäuschung fühlen konnte, spürte ich, wie sehr ich es mir gewünscht hatte. Es gab sie wirklich, und sie war in meinem Leben.

»Gut, du drangegangen bist. Wichtige Nachricht?«

Als ich mich umdrehte, um wie im Wahn durch die halboffene Tür des Ladens zu rennen, hörte ich das laute Klirren, mit dem das Handy auf die Glastheke krachte.

*

»Josy, wo ist Josy?« Keuchend war ich im Henry's aufgeschlagen, in dem Hugo gerade mit den letzten Vorbereitungen für den Mittagstisch beschäftigt war. »Wo ist sie?«

Hugo sah mich fragend an. »Keine Ahnung, sie musste dringend weg. Wir fangen deswegen heute etwas später an, ich hab mich auch schon gefragt, was denn so wichtig ist.«

Ich sah auf die Uhr. In weniger als zwanzig Minuten würde es losgehen. Wo zur Hölle war Josy jetzt?

»Wo könnte sie denn sein?«, hakte ich weiter nach. »Gibt es irgendwelche Besorgungen, die sie noch machen wollte? Einkaufen? Irgendwas?«

»Wieso bist du denn so panisch, Junge?« Hugo sah mich an, als ob er die Welt nicht mehr verstünde, und ich konnte es ihm kaum übel nehmen. »Ist was passiert?«

»Kann ich dir jetzt nicht erklären, Hugo, ich muss sie nur finden. Jetzt!«

»Ich weiß es wirklich nicht«, sagte Hugo entschuldigend, »beim besten Willen nicht. Das heißt, es gibt einen Ort, zu dem sie früher öfter gegangen ist.«

»Die Kirche St. Maria im Kapitol!«

»Woher weißt du das?«

»Später!«, rief ich noch und rannte aus der Tür. Es waren ungefähr zwei Kilometer vom Rheinauhafen bis zur Kirche im Kapitol, und ich hatte noch zwanzig Minuten. Ich musste es einfach versuchen.

*

»Simon!« Walli brüllte mir hinterher, als ich gerade um die Ecke bog. »Was rennst du denn so?«

»Ich muss zur Kirche im Kapitol!«

»Warum?«

»Josy! Jolightly!«, rief ich rennend zurück. »Ich muss sie aufhalten!«

»Alle beide? Ich verstehe nur Bahnhof!«

»Alle beide sind *dieselbe* Person!«

Wallis Brüllen erinnerte an einen Löwen, der beim Kopulationsversuch gestört wurde. »WAAAS?« Und dann: »STOOOPP!«

Ich blieb ruckartig stehen.

»Das glaube ich jetzt nicht! *Unsere* Josy ist die Herzfischerin?«

»Shit, ich fühle mich gerade so, als ob ich rausgefunden hätte, dass mein Lieblingsliebeslied von einem Salat ohne Dressing handelt ...«

Walli sah mich mit aufgerissenen Augen an. »... Was haben wir nur getan?«

»Walli, es ist keine Zeit mehr! Es sind jetzt nur noch achtzehn Minuten!«

»Du weißt, ich renne nie.«

»Ich weiß!«

»Nur wenn etwas ganz Schlimmes passiert.«

»Ich weiß!«

»Das ist soeben eingetreten.«

Walli rannte wirklich, und wie. Ich hatte fast das Gefühl, die Erde unter uns würde beben und die zwei Kilometer lange Strecke würde in dem Moment mit einem Erdriss versehen, jedes Mal, wenn Walli mit einem dumpfen Aufprall den Boden berührte. Mir blieb zwar kaum Zeit, mich zu wundern, aber ich war überrascht, dass Walli die Strecke tatsächlich durchhielt. Er schnaufte zwar wie eine der alten Dampfloks des Barons es tun würde, aber er blieb nicht eine Sekunde stehen.

»Da, da ist sie!«

Wir kamen vor der Kirche an, und Walli blieb prustend stehen. Er beugte sich vor, stützte seine Arme auf die nicht vorhandenen Knie und atmete heftig schnaubend aus. Dann streckte er einen Arm vor und stellte die Handfläche dabei auf. Er konnte nicht mehr, das war eindeutig zu sehen.

»Ich muss die Bronzeplatte finden«, rief ich und rannte weiter.

»Ich komme nach!«, hörte ich noch, bevor ich das Kirchenschiff betrat. Die romanische Kirche verfügte über die typischen Rundbögen. Groß und mächtig säumten sie rechts und links das Längsschiff. Dunkelbraune Holzbänke waren in zwei Reihen am Rand aufgestellt. Ich sah mich hektisch um: Die Kirche war vollkommen leer, von Josy keine Spur.

Großer Gott, dachte ich, wo soll ich jetzt die Bronzeplatte finden? Ich rannte unkoordiniert das Längsschiff auf und ab, konnte aber nichts dergleichen erkennen.

»Hier! Hier! Hier!«

Walli schnaufte zwar noch, aber er konnte zumindest wieder reden. Er winkte mich zu sich, in den vorderen Teil der Kirche.

»Daha!«

Und da war sie wirklich. Die Bronzeplatte, von der Jolightly mir erzählt hatte. Oder sollte ich Josy sagen? Wer von beiden war sie überhaupt wirklich? Mein Kopf war so voll und so leer zur gleichen Zeit, dass ich keinen klaren Gedanken zustande brachte. Ich ging auf die Knie und legte meine Hand auf die Platte mit dem Grundriss der Kirche, der diagonal in einem quadratischen Bronzerahmen steckte. Die Platte fühlte sich kühl an, aber ich meinte, eine gewisse Wärme wahrzunehmen. So, wie wenn man eine Herdplatte zwar ausgeschaltet hatte und sie fast abgekühlt war, aber man einen winzigen Teil der Restwärme durch Handauflegen noch lange später spürte.

Dann blickte ich um mich. Josy war nicht da. Ob sie gerade gegangen war? Überhaupt hier gewesen war?

»Sie ist nicht da«, sagte ich mehr zu mir als zu Walli. »Ich war so sicher, dass sie da sein würde.«

Walli sah mich mit zusammengepressten Lippen an. Dann riss er die Augen auf. »Fuck! Die Polizei! Sie kommen jetzt!«

Ich sah auf die Uhr. »Das wird knapp!« Ich deutete mit der Schulter Richtung Ausgang.

Walli schüttelte den Kopf. »Lass mich zurück.« Er schnaufte. »Die Schwachen werden immer zurückgelassen, Natur der Dinge!« Ich sah meinen Freund eine Sekunde lang unschlüssig an, dann nickte ich ihm zu.

Ich hatte nur noch ein paar Minuten, also rannte ich, was das Zeug hielt.

Nach wenigen Metern spürte ich, wie mein Handy in der Tasche vibrierte. Ohne stehen zu bleiben holte ich es aus der Hosentasche und sah *Hohenstein* im Display aufblinken. Ohne zu überlegen, drückte ich ihn weg.

Ich rannte, als ginge es um mein Leben.

Und das war ja auch so.

25. Kapitel: Josefine

Ich wusste nicht, warum ich gerade heute in die Kirche im Kapitol gegangen war. Ich war lange nicht mehr dort gewesen, aber alles kam mir noch genauso vertraut vor wie vor vielen Jahren. Als ich an der Bronzeplatte angekommen war, zog ich meine Schuhe aus – die Versace-Pumps mit den Swarowski-Steinen. Es waren die perfekten Schuhe für ein erstes Date, auch wenn es keines war.

Ich stellte mich in Strümpfen auf die kühle Platte. Dann schloss ich meine Augen und versuchte, alles um mich herum zu vergessen. Jedes Mal, wenn ich das tat, spürte ich, wie mich ein Energieschub durchströmte, warm und weich, von meinen Füßen die Beine hinauf, längs durch meinen ganzen Körper. Ich versuchte, meinen Kopf zu leeren von all dem, was ich in der letzten Zeit falsch gemacht hatte und was ich gleich noch vorhatte falsch zu machen.

Wir werden zu dem, was wir tun, dachte ich.

Aber war ich das? War ich Jolightly, die sich hinter einem Pseudonym versteckte, weil sie der Welt entkommen wollte? Oder Jojo, die bei jedem Blick Angst hatte, auf eine längst abgeschlossene Vergangenheit angesprochen zu werden? Oder Josefine Bach, die niemand kannte und auch niemand sehen wollte? Oder Josy, die mit Walli und Simon Raki trank und am Tisch schunkelte? Wer war ich wirklich? War ich keine von ihnen? Oder war ich alle?

Und vor allem: Wer wollte ich sein? Konnte ich jetzt noch

jemand werden, der ich nie war? Oder war ich schon längst dieser Jemand, der ich nicht sein wollte? Gab es ein Leben nach dem eigenen Ich, wenn man feststellte, dass man zur schlimmsten Version seiner selbst geworden war?

Gab das Leben einem eine zweite Chance?

Als ich meine Augen öffnete, hörte ich lautes Gebrüll vor dem Kircheneingang. Ich wollte jetzt niemanden sehen, und erst recht keine Köln-Touris, die vermutlich gleich die Kirche lautstark unsicher machen würden. Ich schlüpfte schnell in meine Schuhe und nahm den Hinterausgang. Gleich würde die Übergabe mit Little_Donut sein, nur noch wenige Minuten trennten uns voneinander. Ich wusste, dass er sich vielleicht nicht an unsere Abmachung halten würde. Er würde mich vielleicht von irgendeinem versteckten Winkel aus beobachten, wenn ich das Geld holte, weswegen ich Mütze und Sonnenbrille trug, obwohl es ein trüber Tag war. Doch selbst dieses Wissen konnte mich nicht von meinem Vorhaben abbringen. An erster Stelle stand die Rettung des Henry's – komme, was da wolle.

Es gab kein Zurück mehr, dachte ich, als ich schnellen Schrittes die Abkürzung über einen Anwohnerparkplatz nahm. Gleich würde es so weit sein.

*

Es war Punkt zwölf, als ich am Postfach ankam, an das Little_Donut seinen Brief geschickt hatte. Als ich es öffnete, fiel er mir entgegen. Ich sah kurz nach rechts und links und riskierte dann einen Blick in den Umschlag. Ein Stapel Geldscheine kam zum Vorschein, fein säuberlich sortiert, sie rochen noch ganz neu. Dann ein Zettel. Ich stellte meine Tasche auf den Boden zwischen meine Beine und klebte einen zusammengefaltetes Blatt Papier an die Außenseite des Postfachs, mit den erfundenen Daten einer Natascha Vings darin. Dann zog ich den Zettel aus dem Umschlag mit dem Geld und faltete ihn auf.

Es waren genau sechs Worte, die mich wie ein wildes Tier hinterrücks ansprangen und sich in meinen Schulterblättern festzubeißen schienen:

Es tut mir leid.
Little_Donut, und im echten Leben: Simon.

26. Kapitel: Simon

»Die Überweisung ist immer noch nicht eingegangen!«, echauffierte sich Walli. »Ich habe gerade das Firmenkonto gecheckt. Erst groß auf Baron machen und dann nicht zahlen, so was haben wir ja gern!«

»Er hat das Geld längst gezahlt«, antwortete ich tonlos, »ich habe es zurücküberwiesen.«

»Waaaas?«

Ich nickte. »Ich will es nicht. Nicht mehr.«

»Das habe ich noch nie von dir gehört.«

»Das habe ich auch noch nie gesagt.«

»Wie war denn euer Gourmettrip eigentlich?«, wechselte ich das Thema.

»'n Flop. Irgendwie hatte ich keinen Appetit mehr.«

»Hmm.«

»Es fühlte sich alles falsch an. Es war so harmonisch, dass es schon wieder langweilig war. Sie hat sogar immer alles bestellt, was ich bestellt habe, kannst du dir das vorstellen? So konnte ich nie von ihrem Teller probieren. Es war alles irgendwie so ... fad! So wie dieser neue milde Edamer, weißt du? Der ganz ohne Gewürze.«

»Hm ...«

»Ich konnte nicht mal schlafen vor lauter Langweile, obwohl ich extra meine absolut realistische Pizzabettwäsche mitgenommen habe.«

»Hm ...«

»Ich glaube, ich brauche doch eher eine Chorizo-Frau.«

»Hm …«

Ich starrte apathisch auf den Bildschirm und sah dem Cursor beim Atmen zu. Selbst dabei musste ich an Josy denken. Josy, Jolightly, Jojo. Wer auch immer sie war.

»Und nun?«

»Machen wir weiter.«

»Als wär nichts gewesen?«

»Ja. Unser Anwalt regelt's für uns. Die Schweigepflicht für den Baron ist längst unterschrieben.«

Walli klickte eine Zeit lang vor sich hin, und ich starrte weiter regungslos auf den Bildschirm.

Nach drei Minuten Stille: »Ich kann das nicht.«

Ich sah meinen Freund an. »Ich auch nicht.«

»Wann ist die Verhandlung?«

Ich sah auf die Uhr. »In einer Stunde.«

»Prima, das reicht noch, um mir eine Folge *Law & Order* reinzupfeifen.«

»Wofür willst du dir jetzt eine Anwaltsserie ansehen?«

»Für das Schlussplädoyer! Dazu schaffen wir es sicher pünktlich.«

»Das hält aber der Anwalt«, erklärte ich.

»Wer hat Josy in die Scheiße geritten?«, fragte Walli mich jetzt mit vorwurfsvoller Miene.

»Sie sich selbst?«

»Stimmt«, grübelte Walli. »Aber wer noch?«

»Wir?«

»Siehste!« Walli klatschte in beide Hände. »Und deswegen«, dann sah er mich mit wichtiger Miene an, »und deswegen holen wir sie da auch jetzt wieder raus!«

*

Es war nicht schwer, in den Verhandlungssaal zu kommen, den Walli als Anwalt der Gerechtigkeit wie eine Dampfwalze stürmte. Wir waren tatsächlich spät dran, aber immerhin noch nicht zu spät, denn die Verhandlung lief noch. Außer Hugo sah ich niemanden, den ich kannte. Ich sah Josy nur von hinten, wie sie da wie ein kleines Häufchen Elend auf der Anklagebank saß. Sie hatte ihre Haare nach hinten gebunden und trug eine ihrer unsäglichen Strickjacken, die schon vor zwanzig Jahren unmodern waren. Ein spontaner Impuls, sie zu umarmen, überkam mich.

Bis zu diesem Moment wusste ich nicht, was wir hier überhaupt vorhatten. Zum ersten Mal in meinem Leben hatte ich keinen Plan.

Ich hörte eine dumpfe Stimme durch den Raum hallen. »Bitte erheben Sie sich.«

Alle erhoben sich still, und auch ich stand wieder auf.

»Hohes Gericht, Herr Verteidiger! Aufgrund des glaubhaften Geständnisses der Angeklagten steht fest, dass sich der Sachverhalt so zugetragen hat, wie er in der Anklageschrift beschrieben wurde. Für die Angeklagte spricht hier ein straffreies Vorleben, dagegen sprechen die ungünstigen häuslichen Verhältnisse, die nachteilig auf die Entwicklung wirkten. Ein Mitverschulden anderer, namentlich die mangelhafte Sicherung des Geschädigten selbst, ist ebenfalls zu verzeichnen. Der kriminellen Energie bei der Tat und ihrer Wiederholung steht ein offenes, volles reuiges Geständnis entgegen. Ich beantrage daher …«

»Stopp!«, rief Walli schnaubend, »bevor Sie das Dingsda verkünden, haben wir noch was zu sagen!«

Die Richterin, auf deren Namensschild in goldenen Lettern *Dr. P. Domínguez* stand, war eine zierliche, drahtige Person. Ihre schwarzen Locken ringelten sich wild um ihr winziges Gesicht, und ihre kleinen Augen verfolgten die Geschehnisse wachsam. Sie trug roten Lippenstift, der ihre schmalen Lippen streng wirken ließ, und eine Nerd-Brille, die ihr halbes Gesicht einnahm.

»Hier ist kein Wortbeitrag im Verzeichnis angemeldet«, sagte sie nachdrücklich.

»Angemeldet hin oder her«, echauffierte Walli sich jetzt und ging nach vorn. Bevor ich ihn abhalten konnte, stand er auch schon vor der Richterin. Er begrüßte Josy mit einem Augenzwinkern. Dann feuchtete er seine beiden Zeigefinger an und strich sich damit über die Augenbrauen.

»Wir sind wegen unserer Freundin hier«, erklärte er fachmännisch und zeigte auf Josy. »Ich glaube, wir müssen hier einiges klarstellen.«

»Das mag ja sein«, antwortete die Richterin scharf, »aber Sie können hier nicht einfach vortreten. Es ist nicht von Belang, was Sie denken. Und wer ist *wir?*«

»Ich und er.« Walli zeigte auf mich. »Das ist mein Freund Simon Demand. Ein Supertyp, wissen Sie. Er tut immer so schnöselig, aber in Wirklichkeit ist er ein Pfundskerl! Und mein bester Freund.«

»Das ist schön für sie«, sagte die Richterin nun ungehalten. »Trotzdem bitte ich Sie, zu Ihrem Platz zurückzukehren. Das sage ich nur einmal.«

»Frau Richterin, euer Ehren, eine Minute!« Walli stand mit geschwellter Brust vor ihr und sah ihr unverwandt in die bebrillten Augen wie die Schlange Kaa, als sie Mogli hypnotisieren wollte.

»Josy ist keine Dings, also keine Kriminelle, sie wollte nur ihrem Patenonkel helfen, wissen Sie, ihr Laden stand vor dem Aus und ...«

Walli beugte sich auf Zehenspitzen vor, sodass er den Richtertisch beinahe erreichte; er sah aus wie eine Orange, die man auf zwei Zahnstocher gespießt hatte. Die Richterin sah ihn weiter regungslos mit ihren winzigen Rosinenaugen an. Ihr Blick war so unbeirrbar, dass man vor dieser kleinen, höchstens ein Meter fünfzig langen Frau Angst bekommen konnte.

»Hier geht's um mehr als nur Online-Dating und ein mieses Timing. Hier geht's um die großen Säulen der Erde, verstehen Sie, die ganz, ganz großen Themen. Um Liebe, Glück, Sehnsucht, Verlust, Verrat. Um Freundschaft. Josy hat keinen Ausweg gesehen und dann etwas getan, was nahelag, wie ein Reflex oder so. Das ist so wie mit einer Verabredung zum Vier-Gänge-Menü. Waren Sie schon mal bei einem Vier-Gänge-Menü, Euer Ehren?«

Dr. P. Domínguez sah Walli entgeistert an. »Ich wüsste nicht, inwiefern diese Information zur Klärung der Sachlage beitragen ...«

»Man weiß ganz genau, dass gleich ein ganz feines Essen kommt, aber der Hunger ist so groß, dass man es vor Bauchschmerzen kaum noch aushalten kann, und obwohl man sich den feinen Gaumen nicht verderben will, liegt dann auf dem Weg ein Burger-Laden, und man hält an, weil es ja auf dem Weg lag und man solchen Hunger hatte ...«

Walli holte tief Luft. »Was ich damit sagen will, ist, auch wenn man sich vorher einen Burger reingezogen hat und weiß, dass es falsch war, darf man nicht einfach so für die Versuchung bestraft werden, der man nachgegeben hat, wissen Sie; das sollte man nämlich, denn man weiß ja nie, wie lange es dauert, bis die nächste kommt, und schwupps fährt man hundert Kilometer im Outback und weit und breit ist kein Imbiss in Sicht und ...«

Das Gesicht der Richterin wirkte immer noch angestrengt, allerdings nicht mehr streng, sondern eher so, als müsse sie ihre schmalen Lippen davon abhalten, sich zu einem Lächeln zu formen.

»Josy hat keinen anderen Ausweg gesehen, ich weiß, man sagt ja, man hat immer eine Wahl, und das stimmt ja auch, aber nicht so ganz. Josy war Jojo, und Jojo war weg, und da blieb nichts mehr, kein Ausweg, denken Sie an den Burger-Laden, wenn Ihr Bauch schon so grummelt und Sie das Gefühl haben, Sie müssen gleich jemanden anspringen vor lauter Hunger und ...«

»Die Metapher habe ich schon verstanden«, sagte die Richterin jetzt in sanfterem Tonfall. »Dennoch möchte ich Sie bitten, sich nun ...«

»Und Liebe!« Walli drehte sich um und zeigte auf – mich. »Er!«

Mir lief es warm und kalt den Rücken hinunter. Sofort richteten sich die Augen aller auf mich. Josy drehte sich um, und als unsere Blicke sich trafen, spürte ich einen feuerheißen Stich in der Brust. In ihrem Blick lag so vieles, was ich nicht benennen konnte, von dem ich aber wusste, was es war, denn ich spürte dasselbe.

»Er!«, wiederholte Walli. »Er liebt sie! Er hat sie verraten und verkauft, ja, das schon, und immerhin für 'ne Menge Geld, aber jetzt geht's ihm dreckig, und das ist ja auch eine Strafe. Und stellen Sie sich vor, Josy müsste in den Knast, das würde er sich ein Leben lang nicht verzeihen und ...«

Walli unterbrach sich und holte dann ein letztes Mal aus. Wenn man es nicht besser wusste, konnte man meinen, dass er in den letzten Sekunden zehn Zentimeter gewachsen war.

Ich stand auf. »Eurer Ehren«, begann ich, und wusste nicht, was ich sagen wollte. Ich öffnete einfach meinen Mund, und es kamen Worte hinaus, ohne dass sie den Umweg über meinen Kopf nahmen.

»Es stimmt, ich habe Josefine Bach verraten. Ich bin der Grund, warum sie jetzt vor Ihnen sitzt. Ich war auf der Jagd nach einer Herzfischerin und habe meinen Job erledigt. Sie müssen wissen, dass ich meinen Job immer und unter allen Umständen erledige. Ich bin gut darin. Ich bin sogar der Beste, wenn sie die einschlägigen Rating-Agenturen fragen.

Es war immer wichtig für mich, der Beste zu sein. Ich habe nach einer Abzockerin gesucht, die eiskalt und ohne mit der Wimper zu zucken Menschen betrügt und ihnen ihr Geld aus der Tasche zieht. Aber was ich gefunden habe, war etwas völlig anderes. Das, was Sie hier gerade von Josefine Bach sehen, ist nur ein winziger Ausschnitt von ihr. Ein Puzzleteil, das falsch sitzt, und nun passt das ganze Bild nicht mehr.«

Ich atmete tief durch.

»Ich habe das ganze Puzzle kennengelernt. Ich habe eine Frau kennengelernt, die sich und ihr Leben an der Garderobe abgegeben hatte. Ein Mädchen, das seine Träume vergessen hatte, weil die Realität keinen Platz mehr für sie ließ. Eine unsichere, ängstliche Josy, die unter all dem verblassten Glanz, all den Erwartungen und Masken vergessen hat, wer sie eigentlich ist und wer sie sein will. Und diese Angst bewirkte, dass sie sich vor den Menschen und vor ihrem eigenen Leben versteckte. Und als sie unsichtbar war, gab es nur noch diese einzige Möglichkeit, in Kontakt mit Menschen zu sein – in einem virtuellen Raum. Dort war sie frei und von allen Vorurteilen und Zwängen losgelöst. Es gab kein Bild mehr, das die Leute von ihr hatten und dem sie entsprechen musste. Und dort hat sie all das ausgelebt, was sie im Leben schon lange vergessen hatte. Ich hatte erwartet, eine Herzfischerin zu finden, die sich über das Begehren der Männer definiert, die sie abzockt. Aber es war ganz anders. Ich fand eine Herzfischerin, die selbst einsam im Meer herumschwamm wie ihre Fische und die sich schon längst in ihrem eigenen Netz verfangen hatte. Deren Sorgen, Zweifel und Ängste so schwer wogen, dass sie sie immer wieder auf den Meeresgrund zogen, ohne eine Chance, wieder zurück an die Oberfläche zu kommen. Sie war dabei, an dem, was sie falsch gemacht hatte, was sie versäumt hatte, zu ersticken. Aber unter all dieser Angst war da immer noch das kleine Mädchen, das sich wünschte, einfach nur irgendwo richtig zu sein. Einen Ort zu haben, an dem man so geliebt wird, wie man ist. Einen Ort, an dem die Menschen keine Erwartungen an einen haben. Einen Ort, an dem man einfach nur *sein* kann. So ein Ort, eurer Ehren, ist eine Familie. Der Laden ihres Patenonkels Henry ist für Josefine dieser Ort gewesen. Sie hat versucht, ihn mit aller Kraft zu retten.«

Die winzige Richterin presste ihre Rosinenaugen immer wieder zusammen und blinzelte mich an.

»Glauben Sie nicht, dass ich damit sagen will, dass der Zweck die Mittel heiligt. Es war kriminell, was Josefine Bach getan hat.«

Ich ging nun auch nach vorn und stellte mich direkt vor den Richtertisch. »Aber ich habe eine andere Seite von Josefine kennengelernt. Eine Seite, die nicht hier«, ich tippte auf die Akte, die aufgeschlagen auf dem Richtertisch lag, »auf diesem Papier vermerkt ist. Eine verwundete, verlorene Seite. Eine Seite, die so wie wir alle nur einen Ort sucht, an dem sie leben kann, wie sie ist. Ohne Filter, ohne Schablone.«

Ich beugte mich vor und sah der Richterin direkt in ihre immer noch blinzelnden Augen. Dann flüsterte ich: »Was würden Sie für Ihre Familie tun?«

Dr. P. Domínguez bewegte kurz ihren wirren Lockenkopf, als müsse sie ein Tier, das sich darin verirrt hatte, abschütteln. Dann zog sie ein Leinentaschentuch aus dem Ärmel ihrer Robe, auf das *P & E* graviert war. Die Art, wie sie nur eine halbe Sekunde lang mit dem Daumen über das eingravierte *E* strich, verriet mir, dass sie sich mit verlorenen Lieben auskannte. Sie tupfte sich unauffällig die Nase. Dann steckte sie das Taschentuch wieder zurück in den Ärmel.

»Ich verstehe, was Sie mir sagen wollen, Herr Demand.«

»Er kann nicht mehr arbeiten, wissen Sie«, echauffierte sich Walli, »und das passiert wirklich nie. Das ist so ähnlich, wie wenn ich nicht mehr essen könnte.«

Die Richterin kämpfte einen Augenblick mit sich, nicht zu schmunzeln. Dann setzte sie wieder ihre strenge Miene auf und schob ihre Brille bis ganz nach vorn auf ihre winzige Stupsnase.

Sie sah erst zu mir, dann zu Josy, die mich immer noch anstarrte, und dann zu Walli.

»Was halten Sie von einem Abendessen, wir zwei beide?«, fragte Walli jetzt. »Kerzen, Oliven, scharfe Salami?«

»Setzen Sie sich hin, Herrgott noch mal!«, antwortete sie unnachgiebig. »Das kann man sich ja nicht weiter anhören!« Walli war zu weit gegangen, das war klar. Aber ich sah doch etwas in Dr. Domínguez' Blick, was mir verriet, dass sie verstanden hatte.

Auf dem Weg zurück zu seinem Platz legte Walli seinen wurstigen Zeigefinger auf den Richtertisch. »Zschhh!«, machte er leise. »Caramba! Olé, Euer Ehren!«

»Ich komme nun zum Urteil«, erklärte Dr. Domínguez reserviert.

»In Anbetracht der, nun ja, recht ungewöhnlichen und bildhaften Zeugenaussagen und dem zwar mutwilligen, aber von mittlerer krimineller Energie getriebenen Delikt sehe ich von einer Freiheitsstrafe ab. Neben dem zurückzuzahlenden Geldbetrag und der sich daraus zusammensetzenden doppelten Geldstrafe verordne ich hundertachtzig Stunden Sozialarbeit in einem gemeinnützigen Verein.«

»Yeah!«

Bevor die Richterin ihren Hammer auf den Tisch hauen konnte, sprang Walli mit Anlauf und ausgebreiteten Armen zurück zu dem Richtertisch und warf sich mit aller Kraft darauf. Es erinnerte an einen Walrossbullen, der aus dem Wasser auf einen Felsen springen will, aber ab dem Moment, in dem er sein Element verlässt, bemerkt, dass die Schwerkraft gegen ihn arbeitet.

»Heute Abend?«, flüsterte Walli, allerdings doch so laut,

dass es nicht zu überhören war. »Nur Sie und ich, Euer Ehren? Ich bin zu allen Schandtaten bereit. Nur bitte nichts mit Käse!«

27. Kapitel: Josefine

»Bist du sicher?«

Hugo nickte. »So sicher wie noch nie in meinem Leben.«

Er steckte den Schlüssel, der sich im Laufe der Jahre schon ein wenig verbogen hatte, in das Schlüsselloch der Tür zum Henry's. Dann drehte er ihn zweimal um, zog ihn heraus, nahm meine Hand und legte ihn mir in die offene Handfläche.

»Veränderung ist die Natur der Dinge. Sie gehört zum Leben wie das Atmen.«

»Das sagen doch nur immer alle, um darüber hinwegzukommen, dass etwas vorbei ist. Das Café aufzugeben bricht mir das Herz. Aber ich habe ja noch Usch.«

Ich drückte die Katze, die ich in einem Arm hielt, liebevoll an mich. Usch schnurrte leise.

»Ich habe viel zu lange an dem Laden festgehalten, ohne zu merken, wie er immer mehr zu Ballast wurde. Im Alter lernt man eben, wann es Zeit ist loszulassen.«

»So alt bist du doch gar nicht«, sagte ich schniefend und stützte meinen Kopf in Hugos Halsbeuge.

»Ich bin in der Bronzezeit geboren, mein Schatz«, feixte Hugo, aber als ich mich wieder aufrichtete, sah ich, dass auch er nasse Augen hatte.

»Es ist Zeit für mich. Ich habe Henry viel zu lange viel zu viel zugemutet und nicht wahrhaben wollen, dass er eigentlich immer recht hatte. Das Café ist nichts mehr für mich, und zwar schon lange nicht mehr.«

»Meinst du, er wird überrascht sein, dich zu sehen?«, fragte ich und sah meinen Patenonkel an.

»Mehr als das. Vor allem sicher ganz aus dem Häuschen, wenn er erst mein neues Hawaiihemd sieht.«

»Ich wünsche euch alles Glück der Welt«, sagte ich leise.

»Außerdem bin ich froh, Herrn Paschulke endlich vom Hals zu haben. Ich kann immer noch nicht glauben, dass er bei dir Schuhe für seine Frau gekauft hat.«

»Sparfuchs durch und durch«, lachte ich. »Du kannst dir sein verdutztes Gesicht nicht vorstellen, als er mich hinter der Kasse entdeckt hat. Ein Bild für die Götter!«

Und mit einem Zwinkern fügte ich noch hinzu: »Wer weiß, ob sie wirklich für seine Frau waren. Hat er zwar behauptet, aber einen Ehering trug er nicht.«

Wir mussten losprusten.

Dann hielt Hugo inne. »Und du? Was willst du?«, fragte er nachdenklich.

»Ich glaube, ich weiß vielleicht, was ich will«, flüsterte ich.

»Das hört sich konsequent an.« Hugo lachte.

»Die Leiterin vom Kleiderspendeladen ist beinahe ausgeflippt, als ich am ersten Arbeitstag mit den ganzen Säcken ankam. Bei einigen Teilen war sie so euphorisch, dass sie sie beinahe nicht in die Liste aufnehmen wollte. Bei den Louis Vuittons hat sie sich sogar auf die Lippe gebissen. Ich musste ihr regelrecht versichern, dass ich Herrin meiner Sinne bin und die Sachen wirklich spenden will. Aber du hast recht, es war ein befreiendes Gefühl. Die Idee, einen eigenen Secondhand-Laden aufzumachen, schwirrt immer noch in meinem Kopf herum. Wenn ich die hundertachtzig Stunden rumhabe, denke ich weiter darüber nach.«

Ich zwinkerte Hugo noch einmal zu. »Einen Namen für den Laden hätte ich auch schon.«

»Augen zu und Karte durch?«, scherzte Hugo.

Ich schüttelte den Kopf. »Hugo's.«

»Ich danke dir.«

Wir fielen uns in die Arme, und ich merkte, wie mir eine Träne aus dem Augenwinkel lief.

Als Hugo mich losließ, schniefte er kurz und plinkerte mit den Augen. »Los, geh schon. Du hast doch noch was Wichtiges vor.«

»Woher weißt du …?«

»Ich sagte doch, im Alter ist man schlauer. Ab und zu zumindest. Na ja, auch nicht unbedingt. Aber dieses eine Mal. Ich habe mich gewundert, dass ihr noch nicht miteinander gesprochen habt.« Ich hob die Schultern. »Ich wollte ja. Irgendwie. Aber ich wusste nicht wie. Das Schlimmste in den letzten Tagen war, so zu tun, als müsse ich nicht sterben. Im Gegenteil – einfach so weiterzumachen.«

»Du bist nicht gestorben.«

»Das bin ich nicht. Aber jemand anders ist es.«

»Wer?«

»Jolightly.«

Hugo nickte.

»Und noch jemand.«

Hugo legte seine kalte Hand auf meine Wange. »Es war an der Zeit, Jojo gehen zu lassen.«

»Ja«, flüsterte ich, »das war es.«

*

Ich legte mir meinen Poncho um und verließ das winzige Zimmer hinter dem Kleiderspendebüro, in dem ich zum Übergang wohnen durfte, nachdem ich, wie unsere Leitung mich wissen ließ, wohl die wertvollste Kleiderspende aller Zeiten hier abgegeben hatte. Ich sah mich um. Usch lag nicht mehr in der alten Fellmütze, die sie sich zum Schlafen ausgesucht hatte.

»Usch? Usch, wo bist du?«

Kein murriges Maunzen kam zurück. Mich ergriff Panik. Wo konnte sie sein?

»Usch!«

Ob sie vorhin hinausgelaufen war? Ich musste sie suchen! Als ich den Laden am Rand der Kölner Altstadt hektisch verließ, war es bereits dunkel. Ich hastete den Weg zum Rheinauhafen hinunter, als mir ein Mann mittleren Alters entgegenkam.

»Entschuldigen Sie, können Sie mir sagen, in welcher Richtung der Alter Markt liegt?«, fragte er, und auf seinem Gesicht breitete sich Erstaunen aus. »Sind Sie nicht die ... die ...?«

Ich nickte. »Ja, bin ich.«

»Wissen Sie, ich mag Sie«, sagte er und lächelte mich freundlich an.

»Ich mag mich auch«, antwortete ich und zwinkerte ihm zu.

Noch im Gehen rief ich ihm zu: »Sie müssen da lang«, und zeigte hinter mich. »Einfach immer weiter geradeaus.«

»Danke!«, erwiderte er amüsiert und ging mit einem Gruß weiter.

Das war neu gewesen – und es war gut. Ja, ich mochte mich. Endlich.

*

Als ich den Rheinauhafen Richtung Kranhäuser überquerte, kam mir ein Gedanke, wo Usch sein könnte. Ich machte einen Schlenker Richtung Henry's, und ich hatte recht: Usch saß maunzend vor der verschlossenen Tür.

»Wir wohnen hier nicht mehr«, flüsterte ich ihr zu und hob sie auf meinen Arm. »Es ist Zeit für ein neues Zuhause.«

Usch schmiegte sich an mich, aber ihr zufriedenes Murren blieb aus.

Als die gläserne Aufzugstür in der Etage, in der Simon wohnte, aufgegangen war, vernahm ich aufgeregte Stimmen. Ich steckte meinen Kopf hindurch und erkannte Simon, wie er im offenen Bademantel in seinem Türrahmen stand, und vor ihm die junge Frau, die sich im Henry's als Nadia vorgestellt hatte.

»Es ist aber wichtig«, drängte sie, »lass mich rein.«

Sofort zog ich meinen Kopf zurück in den Aufzug und presste mich mit dem Rücken an die Wand. Usch hielt ich dabei fest in meinen Armen. Das mieseste Timing aller Zeiten! Mein Herz klopfte so stark, dass ich glaubte, es hören zu können.

»Josy?« Simons Stimme ließ mich zusammenzucken. Ich drückte auf den Knopf für das Erdgeschoss, einmal, zweimal, dreimal. Wieso ging die verdammte Tür nicht zu? Gerade, als sich die Tür schloss und ich aufatmete, schob sich ein nackter Fuß durch den schmalen Spalt. Simon sah mich durch die Glastüren des Aufzugs an, während sie sich wieder öffneten. Reflexartig legte sich meine Hand auf den Schließenschalter, aber die Türen gingen durch Simons Fuß in der Lichtschranke erneut auf. Vor mir stand Simon im offenen Bademantel und eng anliegenden Boxershorts – ein Anblick, der mir sofort Herzrasen verursachte.

»Josy.«

Simon stieg zu mir in den Aufzug.

»Ach, *Sie?*« Nadia stand nun auch in der Tür. »*Sie* ist also der Grund?« Nadias Stimme war zittrig. »Das hättest du mir ruhig früher sagen können!«

Simon sah mich an, als er ihr antwortete. »Ich wusste es damals selbst noch nicht.«

»Ich hab doch gesagt, ihr seid alle gleich!«, krakeelte Nadia schnaufend vor der Aufzugstür, als diese sich jetzt schloss. Kurz bevor der Spalt komplett zuging, fauchte Usch noch hindurch: »Chhheeeee!«

»Usch!«, sagte ich und legte meine Hand auf ihren Kopf. »Das macht man nicht!« Ich sagte es zwar in einem ermahnenden Ton, aber meine Mundwinkel zogen sich dabei leicht nach oben.

Simon stand direkt vor mir.

»Du und die Katze, ja?«

»Sie sucht nach einem neuen Zuhause.«

Er legte seinen Finger auf die Knopfleiste für die Etagen.

»Und wohin soll's gehen?«, fragte er.

Ich blickte auf den Boden. »Für das, was ich sagen will, brauche ich wohl ein paar Etagen.«

»Gut«, antwortete er und drückte die Fünfzehn, den obersten Knopf.

Der Aufzug setzte sich in Bewegung. Durch den Glasboden sah ich Nadia, die uns wild fluchend ihren ausgestreckten Mittelfinger hinterherhielt. Usch fauchte ein zweites Mal, aber diesmal ermahnte ich sie nicht.

Ich atmete tief durch und sah an Simon hoch. Wie er dastand, mit seinen muskulösen, behaarten Beinen, den engen Shorts, dem nackten Oberkörper, den ich schon mal berührt hatte, und fragendem Blick – das half mir nicht gerade, meine Fassung wiederzufinden.

»Ich ... ich ... also ich ...«

»Du.«

»Ja ... ich ...«

»Du. So weit wären wir also schon mal.«

»Ich ... habe alles falsch gemacht«, sagte ich. »Alles ... was man nur falsch machen kann.«

Simon nickte mit hochgezogenen Augenbrauen.

»Ich weiß, dass es jetzt wahrscheinlich zu spät ist ...« Ich machte eine Kopfbewegung Richtung Tür, vor der Nadia bis vor einer Sekunde noch stand. »Ich muss es dir einfach sagen ... lass es mich nur sagen, und dann bist du mich ein für alle Mal los ... Ich meine, ich muss mich, also ich will mich einfach entschuldigen. Für das, was ich gemacht habe, gibt es keine Ausrede.«

Simon schmunzelte und hatte wieder diesen besonderen, jungenhaften Blick, der meine Knie weich wie eingeweichte Brötchen werden ließ.

»Wenn man jeden Tag lügt, ich meine, praktisch immer, dann wird die Lüge irgendwann wahr. Wenn man sie nur oft genug erzählt, dann glaubt man seine eigenen Lügen selbst. Ich war davon überzeugt, ich hätte keine andere Wahl. Ich dachte, ich sei das Opfer. Aber so war es nicht. Ich hab mich selbst dazu gemacht.«

Simons Schmunzeln verschwand und wich einem ernsten Blick.

»Du hast geschrieben, dass man immer eine Wahl hat, zu jeder Zeit. Dass man immer die Möglichkeit hat, sein Leben zu ändern. Ich wollte es nur nicht wahrhaben. Vielleicht weil es einfacher war, ein kaputter Kinderstar zu sein, als ein neues Leben anzufangen. Vielleicht habe ich immer nur nach der Bestätigung gesucht, dass ich sowieso nichts mehr wert bin, anstatt mein Leben selbst in die Hand zu nehmen. Ich habe mir eingeredet, dass ich die Kontrolle habe, solange ich die Bälle in der Hand jongliere. Und dabei habe ich nicht gemerkt, dass ich schon längst selbst zum Spielball geworden bin.«

Simon sah mich weiter wortlos an.

»Ich ... ich kann nur sagen, dass es mir leidtut. Das war wirklich die bescheuertste Idee meines Lebens.«

»Stimmt«, pflichtete Simon mir jetzt bei. »Aber ohne sie hätten wir uns nie kennengelernt.«

»Dazu will ich auch noch etwas sagen. Alles, was ich dir in den Chats geschrieben habe, das war ... das war echt.«

Ich sah Simon tief in die Augen. »Außer einer Sache.«

Simons Augen sahen mich fragend an.

»Ich habe gar nicht Schuhgröße 41. Ich habe das immer nur behauptet, weil Audrey Hepburn sie hatte.«

Simon sah mich überrascht an. »Das heißt, du bist dein Leben lang in zu großen Schuhen herumgelaufen?«

Ich nickte. »In den falschen.« Ich atmete erneut tief durch. »Aber alles andere, das stimmt. Auch dass ... dass ich dich ... also dass ich mich ...«

Ich hatte den Satz noch nicht zu Ende gebracht, da zog er mich an sich. Usch, die ich immer noch auf dem Arm hielt, schmiegte sich genügsam zwischen uns.

Ich sah ihn irritiert an. »Ich habe dir gesagt, ich will nicht gerettet werden.«

»Ich tu's trotzdem«, flüsterte er. »Vielleicht haben wir uns ja gegenseitig gerettet«, sagte Simon.

»Du bist mein Herzfischer.«

»Du hattest mein Herz von Anfang an. Ihr beide, Josy *und* Jolightly. Ich wusste es nur nicht«, antwortete Simon und nahm mein Gesicht in seine Hände. »Josefine, Jojo, Jolightly, Josy. Wer auch immer ihr seid. Ich liebe euch.«

Unsere Lippen wurden wie zwei Magnete voneinander angezogen, und ich hatte nicht vor, etwas dagegen zu tun. Im Aufzug ertönte ein lautes *Pling!* zum Zeichen, dass wir in der fünfzehnten Etage angekommen waren.

Die Türen öffneten sich, und ein Zug kühler Luft strömte in den winzigen Aufzugsraum hinein. Mein Gesicht war direkt vor Simons, und seine Hände hielten es noch immer. Er schloss seine Augen und ich tat dasselbe. Als unsere Lippen sich berührten, war das Gefühl, das ich bei unserem ersten Kuss hatte, wieder da.

»Das ist das perfekte Ende für unsere verrückte Geschichte«, flüsterte ich.

Simon schüttelte den Kopf. »Das ist erst der Anfang.«

Etwas Warmes durchströmte meinen gesamten Körper.

Hier ist dein richtiger Ort, Josefine Bach.

Liebe ist, irgendwo richtig zu sein.

Usch schnurrte.

Was sonst noch geschah ...

»Ja, gib's mir!«

»Hab Gnade mit mir, Euer Ehren! Die scharfe Salami hat mir fast den Rachen verbrannt! Beinahe hätte ich zu einem Stück Käse gegriffen, um den Brand zu löschen!«

»Du löschst jetzt erst mal gar keinen Brand!«

»Ja, aber ich ...«

»Weiter, weiter!«

»Das ist jetzt die vierte Runde, ich brauche eine Verschnaufpause!«

»Keine Pause! Nicht, dass das hier zum Kuschelstündchen mutiert! Du weißt, dass ich Harmonie nicht ausstehen kann!«

»Ich weiß, ich weiß, aber ein kleiner Brunch am Rande?«

»Nichts da!«

»Ein Snack?«

»Ich versnacke dich jetzt! Du weißt, was dir blüht, wenn du schlappmachst!«

»Oh, bitte, Eurer Ehren, liebste Richterin, lasst mich nicht verhaften!«

»Schlappmachen ist nicht! Jetzt kommt überhaupt das Beste!«

»Was denn?«

»Umdrehen!«

*** ENDE ***

Danksagung

Ein Buch zu schreiben ist immer eine Reise. Man weiß, wo man ungefähr hinwill, aber nicht, wie man es schafft. Oft denkt man sogar mittendrin, dass man nie ankommt. Das erste Mal habe ich diese Reise nicht allein gemacht, sondern hatte einen Kopiloten an meiner Seite, dich, liebe Maite, du verrückte Nudel! Wir sind zusammen durch die Hochs und Tiefs dieser Idee gegangen, und nicht nur diese haben sich abgewechselt. Immer, wenn ich nicht weiterwusste, warst du zur Stelle, und wenn dir die Worte fehlten, kamen sie zu mir. Die Momente, in denen unsere Gedanken sich überschnitten, ohne dass wir sie ausgesprochen hatten, waren besondere. Ich danke dir für den Spaß, die verrückten und irren Momente und für die Inspiration. Man trifft nicht viele Menschen im Leben, bei denen man weiß, dass eine Verbindung besteht, die über Worte hinausgeht. So einen Menschen habe ich in dir. Danke dafür.

(Die Mini-Salami unter dem Kissen nehme ich dir trotzdem übel und meine Minischokoladen und die unzähligen Cookies hole ich mir alle wieder. Und die Ausrede »Ich bin schwanger!« gilt ja nicht mehr.)

Ich möchte meinen Freunden und meiner Familie danken, dafür, dass ihr euch sicher oft fragt, was ich da Seltsames tue, aber immer daran glaubt, dass es genau richtig ist.

Kai, für deine geduldigen Extraschichten für www.brittasabbag.de, du weißt, du bist unbezahlbar!

Regina – wie immer: Danke.

Gregor, du hast mal gesagt, wenn alle anderen Fähnchen sind, bin ich der Fahnenmast. Du bist mein Leuchtturm.

Last but not least möchte ich euch danken, die ihr dieses Buch in den Händen haltet, es kauft, lest, verleiht, darüber sprecht. Jede Geschichte kann nur dann leben, wenn sie Leser findet.

Es gibt den berühmten Satz *Nie wird ein- und dasselbe Buch zweimal gelesen*, der sagen soll, dass jeder sein Buch liest und das, was er daraus mitnimmt, der Spiegel für die ganz persönliche, eigene Geschichte ist.

Macht Josys Geschichte zu eurer, nehmt sie mit in euer Leben, und lasst das los, was euch zurückhält.

Britta

Britta, du Nuss! Dass du, Madame Bestsellerin, es überhaupt erwogen hast, mit mir, Madame Multiholic, dieses Abenteuer anzugehen, zeigt deine wahre Größe. Mein Papa sagte immer, der Unterschied zwischen den Guten und den wirklich Großen ist die Bereitschaft loszulassen.

Ich denke noch gern an unsere Brainstorm-Sessions im Bett, auf dem Sofa, überall – natürlich du mit deinen Füßen neben mir und meine Stinkfüße neben dir (manchmal frage ich mich, wer von uns beiden mehr Simon und wer mehr Walli ist).

Ich werde die kreative Phase vermissen, die und auch die Skypes, während ich badete (Gott sei Dank konntest du nur mein Gesicht sehen), ich mein frisch geborenes Baby stillte, während ich ... okay, keine weiteren Details. Britta, im Ernst – Danke für dein Vertrauen. Und wie ich dir sagte, du bist nicht allein ... das weißt du jetzt, glaube ich.

Mein Mann Florent – du hast mich gerettet, obwohl ich dich vor mir warnte.

Meine Kinder Agnès, Josephine und Solène – ihr seid mein Antrieb, mich in neue Horizonte zu wagen. Seid gewiss, ich liebe euch inside out.

Jürgen, du zweifelst nie an mir.

Oma – dreams are never wasted.

Mom and Dad: I love you.

Meinen Freunden und meiner Familie, dass ihr mich liebt für die, die ich bin, und nicht für das, was ich tue … (Gut, ich ließ euch auch keine andere Wahl.)

An alle meine Follower und treuen Fans: Ich hoffe, Josy hat euch ermutigt, auch mal loszulassen, um neue Wege zu gehen – denn wer sagt schon, dass Träume nicht Wirklichkeit werden können?

Maite

Wenn du den roten Faden verloren hast, halt nach einem anderen Ausschau – vielleicht ist deiner bunt!

Britta Sabbag
DAS LEBEN IST
(K)EIN PONYHOF
Roman
224 Seiten
ISBN 978-3-404-16977-1

Antonias Leben ist perfekt. Bis ihre Mutter sie dazu verdonnert, ein paar Tage auf ihren schrulligen und leicht senilen Stiefvater aufzupassen. Dabei hat die Karrierefrau für so etwas nun wirklich keine Zeit. Schließlich steigt sie gerade zur Partnerin in einer Unternehmensberatung auf und will ihren langjährigen Freund und Kollegen heiraten. Widerwillig mach sie sich auf den Weg in ihr Heimatkaff, um sich um den eigenwilligen Walter zu kümmern. Bald steht ihr ganzes Leben Kopf. Oder lernt sie vielleicht gerade erst zu leben?
Eine Liebeserklärung an die Familie und das Leben

Bastei Lübbe

Liebe ist wie Fußball – nach vielen Vollpfosten landet man auch mal einen Treffer

Petra Hülsmann
WENN SCHMETTERLINGE LOOPINGS FLIEGEN
Roman
416 Seiten
ISBN 978-3-404-17272-6

Na, das kann ja heiter werden! Als Karo ihre neue Stelle bei einem großen Hamburger Fußballverein antritt, muss sie feststellen, dass sie nicht wie geplant im gehobenen Management anfangen wird, sondern sich ausschließlich um den Spitzenspieler des Vereins kümmern soll – als Chauffeurin und Anstandsdame. Denn Patrick ist zwar ein Riesentalent, steckt seine Energie aber momentan lieber ins ausschweifende Nachtleben als ins Training. Von der ersten Begegnung an ist klar, dass Patrick und Karo sich nicht ausstehen können. Doch irgendwann riskieren die beiden einen zweiten Blick – und das Gefühlschaos geht erst richtig los …

Bastei Lübbe

Werde Teil der Bastei Lübbe Welt
You Tube
www.lesejury.de
Lesen, rezensieren, Bücher gewinnen
Lerne Autoren, Verlagsmitarbeiter und andere Leser kennen